LE
CODE DE COMMERCE

MIS A LA PORTÉE

DE TOUS LES NÉGOCIANTS

PARIS

IMPRIMERIE DE J. CLAYE ET Cᵒ

Rue Saint-Benoît, 7

LE CODE

DE COMMERCE

mis à la portée

DE TOUS LES NÉGOCIANTS

AVEC

L'EXPOSITION DES PRINCIPES EN MATIÈRE DE COMPTABILITÉ COMMERCIALE
ET DE TENUE DE LIVRES;

LES MODÈLES ET FORMULES DES PRINCIPAUX ACTES
ET DES LIVRES EN USAGE DANS LE COMMERCE

SUIVIS

de la Loi du 5 juillet 1844 sur les Brevets d'Invention
et des Lois des 17 avril 1832 et 13 déc. 1848 sur la Contrainte par Corps

PAR M. J.-J. JAVERZAC

ancien négociant

REVU

PAR M. H. BELLOC

avocat à la Cour impériale de Paris, ancien avocat général

PARIS

CHEZ COTILLON, LIBRAIRE

16, RUE DES GRÉS

1854

AVANT-PROPOS

<hr>

En composant cet ouvrage, notre but a été de mettre le *Code de Commerce* à la portée de tous.

Nous avons été frappés de voir combien de personnes, déjà dans les affaires ou qui désiraient y entrer, étaient peu familiarisées avec les prescriptions de la loi qui doit présider à toutes leurs opérations ; combien peu, dans un cas donné, pouvaient, par elles-mêmes et sans perte de temps et d'argent, résoudre les difficultés qui se présentaient dans la pratique. Nous avons donc pensé qu'un commentaire simple, clair, sans prétention scientifique, de la loi qui régit les relations commerciales, serait une chose profitable aux négociants, et comblerait une lacune qu'ils ont eu souvent l'occasion de regretter.

Sans doute, les traités savants et les commentaires renfermant des dissertations sur le texte et sur la jurisprudence ne manquent pas, et, moins que personne, nous ne pouvons révoquer en doute leur valeur et leur mérite ; mais il faut reconnaître que la lecture n'en est que fort peu accessible au plus grand nombre des commerçants. Ces ouvrages ne sont généralement consultés que par les personnes chargées de défendre les intérêts compromis des négociants.

Ce qu'il faut rechercher, ce nous semble, c'est moins de fournir des armes pour soutenir la lutte que de procurer les moyens qui peuvent en faire disparaître ou en diminuer les causes.

Tout en profitant des lumières des éminents auteurs qui ont écrit sur cette matière, nous avons donc laissé de côté les longs commentaires et les dissertations. Notre livre est un exposé concis des principes du Code et des lois et usages en vigueur dans le monde commercial. Nous avons voulu que le négociant le moins versé dans les questions légales, le moins habitué à la langue du droit, pût lire dans notre livre, et trouver lui-même la solution de la difficulté qui pourrait surgir inopinément sous ses pas.

Nous avons eu aussi pour but d'offrir au jeune homme qui veut entrer dans le commerce un guide où, sans de grands efforts, il pût s'initier aux premiers éléments des principes légaux qui régissent les transactions qu'il est appelé à faire, et où il trouvât exposées, brièvement, et cependant d'une manière complète, les règles qu'il devra observer dans la carrière qu'il se propose de suivre.

Faite sans prétention, nous avons la conscience d'avoir créé une chose bonne, utile au commerce, et qui ne doit pas être moins profitable à ses intérêts qu'à sa moralité.

LIVRE PREMIER

TITRE PREMIER

DU COMMERCE EN GÉNÉRAL

Le commerce est le négoce des productions de la nature et de l'industrie qu'on nomme généralement *marchandises*.

Il consiste principalement dans les opérations d'achats, de ventes et d'échanges de ces diverses productions.

Le commerce est une branche importante des spéculations humaines, et une des principales sources de la prospérité publique.

Il se divise en *commerce de terre* et en *commerce de mer* ou *commerce maritime*.

On nomme *commerce intérieur*, celui qui se fait dans chaque État, et qui ne s'étend pas au dehors de son territoire.

On nomme *commerce extérieur*, celui qui, au contraire, se fait hors du territoire où habite le commerçant qui l'exerce, et qui a pour objet, d'une part, l'importation des produits étrangers, et d'autre part, l'exportation des marchandises dans les États autres que ceux qui les ont produites.

On nomme *commerce interlope*, celui qui a pour but d'introduire en fraude dans un État, des denrées ou marchandises dont l'entrée est prohibée ou soumise à des droits pécuniaires plus ou moins élevés. Dans le monde cela s'appelle *faire la contrebande*, et celui qui s'y livre porte le nom de *contrebandier*. Ce commerce est réprouvé par la morale, et surtout par la loi positive qui l'a érigé en délit.

On distingue dans le commerce maritime le *grand* et le *petit cabotage*.

Le *petit cabotage* comprend la navigation le long des côtes de France et des îles voisines.

Le *grand cabotage* comprend les voyages hors de France et de long cours.

Nous ne traiterons dans cet ouvrage que du commerce de terre, nous réservant de développer dans un volume spécial les principes du droit maritime.

Le *droit commercial* se compose des règles spéciales applicables, tant aux personnes qui font le commerce ou quelques actes de commerce seulement, qu'aux transactions commerciales et aux contestations qui peuvent en résulter.

Le *Code de commerce* renferme la plus grande partie de ces règles spéciales, mais il ne les comprend pas toutes.

Dans le silence du Code de commerce, les tribunaux doivent juger les questions particulières qui se présentent, d'après le droit commun, c'est-à-dire, le Code Napoléon, et les usages du commerce.

Il est généralement admis que pour que les tribunaux de commerce appliquent un usage, il faut qu'il soit uniforme et fondé sur un grand nombre de précédents.

DES COMMERÇANTS

Art. 1er. — Sont commerçants ceux qui exercent des actes de commerce, et en font leur profession habituelle.

Le mot *commerçant*, pris dans son sens général, comprend les négociants, marchands, fabricants, banquiers, etc.

Les *négociants* sont ceux qui achètent et vendent en gros les marchandises de leur commerce, ou dont les opérations de détail ont une grande importance.

Les *marchands* sont ceux qui vendent leurs marchandises en détail.

On distingue parmi les marchands, les *marchands en gros* et les *marchands en détail*, dits *détaillants*.

Les *marchands en gros* sont ceux qui vendent les marchandises telles qu'elles sont entrées dans le commerce, par pièces, par balles, etc., ils sont assimilés aux négociants.

Les *marchands en détail* sont ceux qui servent d'intermédiaires entre les marchands en gros ou les négociants et les consommateurs, et qui vendent par petites quantités.

Les *fabricants* ou *manufacturiers* sont ceux qui, à l'aide de machines, mécaniques ou métiers, convertissent des matières premières en objets de forme et de qualité différentes. Par exemple : celui qui avec de la laine ou de la soie fabrique des étoffes, des tissus, etc., etc.

Les *banquiers* sont ceux qui spéculent sur l'argent et les effets de commerce ; qui se livrent aux opérations de change, recouvrements et escomptes d'effets, aux avances de fonds, etc.

Il ne faut pas confondre l'*artisan* avec le *commerçant*.

L'*artisan* est celui qui exerce un métier, qui reçoit un salaire pour son travail, et qui ne travaille qu'au fur et à mesure des commandes de chaque jour. Il ne peut être considéré comme commerçant, même dans le cas où il fournirait la matière qu'il met en œuvre.

Cependant, les tailleurs, les cordonniers, etc., qui exposent en vente et offrent au public leurs produits confectionnés à l'avance, ne doivent plus être considérés comme simples artisans, mais bien comme marchands, et dans ce cas ils sont justiciables des tribunaux de commerce.

La profession de *commerçant* oblige à la tenue des livres, à la publication du contrat de mariage, à celle des séparations judiciaires de biens, lorsque les époux ou l'un d'eux est commerçant, et à l'impôt de la patente. Elle soumet en outre à la contrainte par corps, et rend susceptible de faillite ou banqueroute.

Mais, en même temps, elle confère des prérogatives, telles que le droit d'être admis au nombre des commerçants *notables*, de nommer les membres du tribunal de commerce et du conseil des prud'hommes, et celui d'être éligible à ces deux juridictions.

La profession de commerçant résulte de l'habitude de se livrer à des actes de commerce. Cette habitude seule confère les droits et impose les obligations spéciales dont il vient d'être parlé.

On entend par *acte de commerce* tout achat de denrées et marchandises pour les revendre, toute opération de change, banque, courtage, toute entreprise de manufacture, de commission, de fournitures, d'agence, etc.

On ne doit pas confondre la qualité de *commerçant* avec celle de *justiciable des tribunaux de commerce*. Il n'appartient qu'aux tribunaux de prononcer sur le fait de l'habitude et d'apprécier les circonstances qui peuvent les éclairer sur cette question. Un acte ou quelques actes isolés de commerce ne suffisent pas pour constituer commerçant celui qui les a faits, quoiqu'ils suffisent pour le soumettre à la juridiction commerciale.

Pour qu'un achat soit commercial, il faut qu'il ait été fait dans l'intention de revendre la chose ou d'en louer l'usage, et que cette chose puisse être considérée comme une denrée ou une marchandise. Ainsi, par exemple : Celui qui achète des denrées ou marchandises pour son usage personnel, ne fait pas acte de commerce. Le restaurateur qui achète des denrées pour son établissement, fait un acte de commerce, et celui qui en achète pour sa consommation particulière, n'en fait pas, etc.

Les personnes pour lesquelles certains actes de commerce sont une nécessité de leurs fonctions, ne sont pas réputées commerçantes; ainsi, par exemple, les comptables des deniers publics, qui ne peuvent opérer leurs mouvements de fonds que par des remises de place, des revirements et autres opérations de banque.

Les *comptables des deniers publics* sont ceux qui font

partie des administrations publiques et auxquels est confié un maniement de deniers dont ils doivent rendre compte, soit au trésor, soit aux communes, etc.

Toute personne capable de contracter peut faire le commerce, mais certaines incompatibilités résultant des convenances ou de prohibitions légales, l'interdisent aux agents de change et courtiers, aux magistrats, aux ecclésiastiques, aux notaires, avocats, avoués, enfin à tout officier ministériel.

Il existe cependant deux arrêts, l'un de la Cour de cassation du 28 mai 1828 (J. du Pal.), l'autre de la cour de Paris, 24 février 1851, qui considèrent comme commerçants les notaires qui s'adonnent habituellement à des opérations de banque et de courtage.

Tout commerçant étant soumis à la contribution des patentes, celui qui aurait formé une demande en justice ou signifié un acte relatif à son commerce sans qu'il y fût fait mention de sa patente, serait passible d'une amende de 25 francs. Cette même amende est encourue par les huissiers, avoués, notaires et autres fonctionnaires publics qui auraient fait au reçu les actes sans mentionner la patente.

La *patente* est un impôt de quotité qui se compose d'un droit fixe et d'un droit proportionnel.

Le *droit fixe* est déterminé dans un tarif gradué d'après la population des villes ou des communes, et de l'importance des professions. Ce tarif divise toutes les industries en sept classes qui servent de base à l'impôt du droit fixe.

Le *droit proportionnel* est réglé d'après la valeur

locative des maisons d'habitation, boutiques et magasins occupés par le contribuable.

Les patentes sont personnelles et ne peuvent servir qu'à ceux qui les ont prises. Dans une maison de commerce où il y a plusieurs associés chacun d'eux est obligé d'avoir la sienne. Cependant, lorsqu'ils résident dans la même commune ou la même ville, le principal associé paie le droit fixe en entier, et les autres ne paient qu'un demi-droit fixe chacun. S'ils occupent en commun les mêmes locaux il n'est dû qu'un droit proportionnel pour tous.

Lorsqu'on exerce plusieurs industries à la fois, on n'a besoin que de la patente qui donne lieu aux droits les plus élevés.

ART. 2. — Tout mineur émancipé de l'un et de l'autre sexe, âgé de dix-huit ans accomplis, qui voudra profiter de la faculté que lui accorde l'art. 487 du Code civil, de faire le commerce, ne pourra en commencer les opérations, ni être réputé majeur, quant aux engagements par lui contractés pour faits de commerce, 1° s'il n'a été préalablement autorisé par son père, ou par sa mère, en cas de décès, interdiction ou absence du père, ou, à défaut du père et de la mère, par une délibération du conseil de famille, homologuée par le tribunal civil; 2° si, en outre, l'acte d'autorisation n'a été enregistré et affiché au tribunal de commerce du lieu où le mineur veut établir son domicile.

Il est donc très-important avant de traiter d'affaires avec un mineur de s'assurer préalablement si les formalités exigées par la loi ont été remplies.

Le *mineur* est l'individu, de l'un et l'autre sexe, qui n'a pas atteint encore l'âge de vingt et un ans accomplis, âge ou l'on devient *majeur*, c'est-à-dire, capable de tous les actes de la vie civile.

L'*émancipation* est un acte qui donne au mineur le droit de se gouverner lui-même et d'administrer ses biens sous certaines restrictions portées aux art. 481 482 et suivans du Code Napoléon.

Le mineur est émancipé de plein droit par le mariage. (Art. 476, C. N.)

Le mineur non marié peut être émancipé par son père, ou à défaut de père, par sa mère, lorsqu'il a atteint l'âge de quinze ans révolus; mais il ne peut exercer le commerce qu'à l'âge de dix-huit ans accomplis.

Le mineur resté sans père ni mère peut aussi, mais seulement à l'âge de dix-huit ans accomplis, être émancipé, si le conseil de famille l'en juge capable. (Art. 478, C. N.)

Art. 3. — La disposition de l'article précédent est applicable aux mineurs même non commerçants, à l'égard de tous les faits qui sont déclarés faits de commerce par les dispositions des art. 632 et 633.

On veut parler ici des actes qui, quoiqu'on ne soit pas réellement commerçant, soumettent à la juridiction commerciale, et qui seraient faits par des mineurs émancipés, mais non commerçants.

Art. 4. — La femme ne peut être marchande publique sans le consentement de son mari.

C'est une condition absolue. Et elle n'est réputée *marchande publique* ou *commerçante* que lorsqu'elle fait un commerce séparé de celui de son mari.

La nécessité de ce consentement dérive de la puissance maritale qui existe sous tous les régimes du mariage.

Ce consentement peut être *exprès*, c'est-à-dire, donné par acte ou par écrit, ou *tacite*. Il est tacite lorsque la femme exerce un commerce public au su de son mari et sans opposition de sa part.

Si le mari était mineur, la femme ne pourrait devenir commerçante qu'avec l'autorisation de la justice. Si c'était la femme qui fût mineure, il faudrait qu'elle fût âgée de dix-huit ans, et que les formalités voulues par l'art. 2 fussent remplies.

Le mari, après avoir donné son consentement, a le droit de le rétracter; mais cette rétractation ou révocation n'a d'effets qu'autant qu'elle a été rendue publique par l'affiche du tribunal de commerce et la publication dans les journaux. Cette révocation ne peut d'ailleurs atteindre que les actes postérieurs à sa date, et laisse subsister les engagements pris par la femme antérieurement à la publication.

Le mari peut révoquer l'autorisation qu'il a donnée à sa femme alors même qu'ils seraient séparés de biens.

Art. 5. — La femme, si elle est marchande publique, peut, sans l'autorisation de son mari, s'obliger pour ce qui concerne son négoce; et, audit cas, elle oblige aussi son mari, s'il y a communauté entre eux. — Elle n'est pas réputée marchande publique, si elle ne fait que détailler les marchandises du commerce de son mari; elle n'est réputée telle que lorsqu'elle fait un commerce séparé.

La *communauté* entre époux est une société de biens qui se compose de tous les biens *mobiliers* appartenant aux époux le jour du mariage, de tout le mobilier qui leur échoit pendant le cours de ce mariage, et des revenus respectifs des immeubles des époux. Le mari étant l'administrateur et le maître de la communauté dans laquelle tombent tous les bénéfices que la femme fait dans son commerce, il est juste qu'il soit considéré comme associé et qu'elle l'oblige en s'obligeant elle-même pour son commerce; cette obligation s'étend même jusqu'à la contrainte par corps. (Rogron.)

La femme commerçante, en se mariant sous le régime de la communauté, cesse de l'être après la célébration du mariage; son commerce devient celui de la communauté dont le mari est le chef.

Mais si les époux sont séparés de biens, alors ils en conservent chacun l'administration et la jouissance, et le mari ne saurait être tenu des engagements de sa femme, puisqu'il ne profite pas des bénéfices. Il en est de même s'ils sont mariés sous le régime dotal et que la femme ait des *paraphernaux*, c'est-à-dire, des biens qui n'aient pas été constitués en *dot*; mais s'il n'y a qu'exclusion de la communauté, comme le mari administre les revenus et en est le maître, il doit être obligé comme dans le cas de communauté. (Rogron.)

Art. 6. — Les mineurs marchands, autorisés comme il est dit ci-dessus, peuvent engager et hypothéquer leurs immeubles. — Ils peuvent même les aliéner, mais en suivant les formalités prescrites par les articles 457 et suivants du Code civil.

C'est-à-dire, en y étant autorisé par le conseil de famille, qui indiquera, dans ce cas, les immeubles qui devront être vendus ou hypothéqués de préférence, et toutes les conditions qu'il jugera utiles.

Le mineur commerçant peut donc, pour sûreté des engagements que ses opérations nécessitent, pour se procurer des fonds et le crédit dont il a besoin, engager, donner antichrèse et hypothéquer ses immeubles. Mais il ne peut les aliéner ni les vendre que dans les cas de nécessité absolue ou d'avantages évidents et par une autorisation du conseil de famille homologuée par le tribunal civil.

L'antichrèse est une convention par laquelle on abandonne les fruits d'un bien pour les intérêts d'un emprunt.

Le mineur émancipé, autorisé à faire le commerce, ne peut s'engager que pour les faits relatifs à son négoce; il ne peut le faire pour d'autres faits qui y seraient étrangers et par lesquels il s'engagerait pour autrui. Il peut former une société commerciale.

ART. 7. — Les femmes marchandes publiques peuvent également engager, hypothéquer et aliéner leurs immeubles. — Toutefois leurs biens stipulés dotaux, quand elles sont mariées sous le régime dotal, ne peuvent être hypothéqués ni aliénés que dans les cas déterminés et avec les formes réglées par le Code civil.

Les droits des femmes sont plus étendus sous ce rapport que ceux des mineurs commerçants, puisque, mariée sous le régime de la communauté, la femme peut aliéner ou engager ses immeubles sans l'autorisation spéciale de son mari pour chaque aliénation; le consentement qu'il lui a donné de faire le commerce est suffisant.

Mais lorsqu'elle est mariée sous le régime dotal ses biens ne peuvent être hypothéqués ni aliénés que dans les cas et avec les formes ci-après :

La femme peut, avec l'autorisation de son mari, ou sur son refus, avec permission de justice, donner ses biens dotaux pour l'établissement des enfants qu'elle aurait d'un mariage antérieur ; mais, si elle n'est autorisée que par justice, elle doit conserver la jouissance à son mari.

Elle peut aussi, avec l'autorisation de son mari, donner ses biens dotaux pour l'établissement de leurs enfants communs.

L'immeuble dotal peut être aliéné lorsque l'aliénation en a été permise par le contrat de mariage.

L'immeuble dotal peut être encore aliéné avec permission de justice, et vendu aux enchères après trois affiches :

Pour tirer de prison le mari ou la femme ;

Pour fournir des aliments à la famille ;

Pour payer les dettes de la femme ou de ceux qui ont constitué la dot, lorsque ces dettes ont une date certaine, antérieure au mariage ;

Pour faire les grosses réparations indispensables pour la conservation de l'immeuble dotal ;

Enfin, lorsque cet immeuble se trouve indivis avec des tiers et qu'il est reconnu impartageable.

L'hypothèque est un droit réel du créancier sur les immeubles du débiteur, affectés à l'acquittement d'une obligation.

Elle est, de sa nature, indivisible, et subsiste en entier sur tous les immeubles affectés, sur chacun et sur chaque portion de ces immeubles.

Elle les suit dans quelques mains qu'ils passent.

Il y a trois sortes d'hypothèques :

L'hypothèque légale ;

L'hypothèque judiciaire ;

L'hypothèque conventionnelle.

L'hypothèque *légale* est celle qui résulte de la loi. Les droits auxquels elle est attribuée sont :

Ceux des femmes sur les biens de leur mari;

Ceux des mineurs et interdits sur les biens de leurs tuteurs;

Ceux de l'État, des communes et des établissements publics sur les biens des receveurs et administrateurs comptables.

Le créancier qui a une hypothèque légale peut exercer son droit sur tous les immeubles qui appartiennent ou qui pourront appartenir dans la suite à son débiteur, c'est-à-dire sur ses biens présents et futurs.

L'hypothèque *judiciaire* est celle qui résulte des jugements, soit contradictoires, soit par défaut, définitifs ou provisoires en faveur de celui qui les a obtenus. Elle résulte aussi des reconnaissances ou vérifications faites en jugement, des signatures apposées à un acte obligatoire sous seing privé.

Elle peut s'exercer sur les immeubles présents ou futurs du débiteur.

L'hypothèque *conventionnelle* est celle qui dépend des conventions et de la forme extérieure des actes et des contrats. Elle ne peut être consentie que par ceux qui ont la capacité d'aliéner les immeubles qu'ils y soumettent, et par un acte authentique, c'est-à-dire, passé par-devant notaire.

Les inscriptions hypothécaires se font au bureau de conservation des hypothèques dans l'arrondissement duquel sont situés les biens soumis au privilége ou à l'hypothèque.

Elles ne produisent aucun effet si elles sont prises

dans le délai pendant lequel les actes faits avant l'ouverture des faillites sont déclarés nuls. Ce délai est de dix jours, augmenté en raison de la distance, c'est-à-dire d'un jour par chaque cinq myriamètres qu'il y a entre le lieu où le droit d'hypothèque aura été acquis et le lieu où l'inscription sera prise.

Les inscriptions conservent l'hypothèque et le privilége pendant dix années à compter du jour de leur date; leur effet cesse si ces inscriptions n'ont été renouvelées avant l'expiration de ce délai.

TITRE II

DES LIVRES DE COMMERCE

Nous avons vu que la qualité de commerçant obligeait d'abord à la tenue de livres. C'est un des points les plus essentiels pour celui qui exerce le commerce.

La tenue des livres est de la plus grande nécessité pour les commerçants; aussi, la loi a-t-elle rendu obligatoire la tenue régulière *du livre-journal, du livre d'inventaires* et *du livre de copies de lettres.*

La conscience du commerçant devant être tout entière dans ses livres, lorsqu'ils sont régulièrement tenus ils lui offrent les plus grands avantages.

D'abord, ils lui donnent le moyen de connaître, lorsqu'il le veut, l'état de ses affaires et de s'en rendre un compte exact.

Ensuite, il peut puiser dans ses livres des droits, soit contre ses débiteurs, soit dans les difficultés ou contestations qu'il peut avoir à soutenir, parce qu'ils font foi en justice.

Enfin, en cas de faillite ou de déconfiture, les livres du commerçant servent à prouver ses pertes et sa bonne foi, et à démontrer aux créanciers quelles sont les véritables causes de sa position.

Il est donc de la plus haute importance que les livres soient régulièrement tenus, et nous ne saurions assez blâmer les commerçants, malheureusement en trop grand nombre, qui ne considèrent la comptabilité que comme une chose secondaire et dont ils n'ont aucun souci.

L'irrégularité des écritures expose le commerçant à ce qu'en justice on n'ajoute pas foi à ses livres, et, en cas de faillite, à être condamné comme banqueroutier simple ou frauduleux.

Art. 8. — Tout commerçant est tenu d'avoir un livre-journal qui présente, jour par jour, ses dettes actives et passives, les opérations de son commerce, ses négociations, acceptations ou endossements d'effets, et généralement tout ce qu'il reçoit et paye, à quelque titre que ce soit; et qui énonce, mois par mois, les sommes employées à la dépense de sa maison : le tout indépendamment des autres livres usités dans le commerce, mais qui ne sont pas indispensables.— Il est tenu de mettre en liasse les lettres missives qu'il reçoit, et de copier sur un registre celles qu'il envoie.

Le *livre-journal* est ainsi nommé parce qu'il se tient jour par jour et que les operations du commerce doivent y être inscrites à mesure qu'elles se font.

Il doit présenter les dettes actives et passives et faire mention des opérations qui peuvent influer sur l'état de fortune et le crédit du commerçant, civilement et commercialement.

Ainsi, doivent figurer sur le livre-journal du commerçant : la dot que sa femme lui apporte lorsqu'il se marie, les sommes qui lui adviennent par succession, donation, ou de toute autre manière, les opérations qu'il peut faire pour le compte d'un tiers, même en qualité de mandataire, etc.

Quant aux sommes employées pour les dépenses de la maison, la loi n'exige pas qu'on en fasse un compte détaillé, mais qu'on porte en bloc, chaque mois, au journal, le montant de ces dépenses, désignées ordinairement sous le titre de *Frais de ménage*.

On entend par *dettes actives* celles contractées envers le commerçant, et par *dettes passives*, celles qu'il contracte envers les autres. De là, les mots généralement adoptés d'*actif* et de *passif*.

L'*actif* d'un commerçant, c'est ce qu'il possède. Le *passif*, c'est ce qu'il doit.

Le commerçant au détail n'est pas tenu d'écrire sur le livre-journal, article par article, tout ce qu'il vend ou achète au comptant ; cela l'entraînerait à une grande quantité d'articles de peu d'importance. Il peut les porter à ce livre, en bloc, par jour, par semaine ou par mois.

Le *livre-journal* est donc le plus essentiel et le plus important pour le commerçant. La représentation de ce livre, régulièrement tenu, fait foi en justice en cas de difficultés, et son absence ou son irrégularité peuvent faire constituer le commerçant en état de banqueroute simple et même frauduleuse.

(Voyez à la fin le modèle du livre-journal n° 2 et 3).

Le livre de *copie de lettres* et les lettres qu'on reçoit servent aussi à constater les opérations du commerce, l'existence et l'étendue des engagements qu'on peut avoir contractés.

Le *Copie de lettres* fait aussi foi en justice lorsqu'il est régulièrement tenu, c'est-à-dire par ordre de dates, sans lacunes, transports en marge ou interpolations.

L'usage de se servir de presses à copier pour les copie-de-lettres est excessivement avantageux, d'abord à cause de la promptitude avec laquelle on obtient la copie, ensuite, en ce qu'on a une copie parfaite du contenu de la lettre et qu'on ne peut la changer sans qu'il soit facile de le reconnaître. Cette espèce de copie-de-lettres, tenu régulièrement, mérite donc toute confiance.

ART. 9. — Il est tenu de faire, tous les ans, sous seing privé, un inventaire de ses effets mobiliers et immobiliers, et de ses dettes actives et passives, et de le copier, année par année, sur un registre spécial à ce destiné.

Au moyen de cet inventaire, le commerçant peut, chaque année, se rendre compte de sa situation et apprécier les résultats de ses opérations par la comparaison de ses bénéfices et de ses pertes.

En cas de faillite, son livre d'inventaires certifiera si son commerce lui était avantageux ou s'il ne lui donnait que des pertes, et, dans ce dernier cas, on pourrait lui imputer d'avoir continué un commerce qu'il devait arrêter pour ne pas entraîner ou compromettre dans sa ruine les créanciers qui lui avaient accordé leur confiance.

(Modèle d'Inventaire, voyez aux formules, n° 5.)

Aʀᴛ. **10.** — Le livre-journal et le livre d'inventaire seront paraphés et visés une fois par année. — Le livre de copies-de-lettres ne sera pas soumis à cette formalité. — Tous seront tenus par ordre de dates, sans blancs, lacunes, ni transports en marge.

Aʀᴛ. **11.** — Les livres dont la tenue est ordonnée par les articles 8 et 9 ci-dessus, seront cotés, paraphés et visés, soit par un des juges des tribunaux de commerce, soit par le maire ou un adjoint, dans la forme ordinaire et sans frais. — Les commerçants seront tenus de conserver ces livres pendant dix ans.

Coter un livre c'est indiquer le nombre de feuillets qu'il contient pour qu'on ne puisse ni en ajouter, ni en retrancher.

Le *visa* et le *paraphe* empêchent qu'on ne puisse les changer.

Les *ratures* ne doivent pas non plus avoir lieu surtout sur le Journal. Si on a commis une erreur ou mal passé un article, il faut avoir recours à un nouvel article de contrepassement d'écritures. Cet article doit être porté à la date du jour où on découvre l'erreur.

Les recommandations prescrites par l'art. 11 ont pour but d'empêcher les fraudes que pourrait commettre dans ses écritures un commerçant de mauvaise foi.

Nous voyons par l'art. 10, qu'indépendamment du visa qui doit être apposé avant qu'il soit fait usage des livres, la loi exige un autre visa tout différent, qui consiste à faire arrêter les livres à la fin de l'année. Ce visa n'est aussi exigé que pour le livre-journal et celui des inventaires. Il est à regretter que cette formalité soit encore plus que l'autre, généralement négligée par les commerçants.

La loi du 20 juillet 1837 a affranchi du timbre les livres de commerce qui sont exigés. Cette formalité étant presque toujours éludée par les commerçants et les Tribunaux de commerce eux-mêmes n'y tenant pas la main, la loi du 27 juillet 1837, voulant remplacer cet impôt, devenu illusoire, supprima le droit de timbre sur les livres de commerce et le remplaça, disons-nous, par un impôt de trois centimes additionnels ajouté au principal de la contribution des patentes. Ainsi, aujourd'hui les commerçants n'ont plus d'excuse pour ne pas se conformer aux prescriptions de la loi. Il est donc à désirer que les Tribunaux de commerce soient maintenant plus sévères, et n'admettent en justice que les livres revêtus des formalités exigées.

Outre les livres exigés par la loi, il y en a d'autres que tient le négociant pour se rendre compte plus facilement et plus clairement de ses diverses opérations, et qui ont leur emploi particulier ; tels sont : le livre de caisse, le carnet d'échéance, le livre des effets à recevoir, ceux d'entrée et de sortie des marchandises, etc. On les nomme livres *auxiliaires*.

Les négociants ont une quantité plus ou moins grande de livres auxiliaires, selon l'importance ou les diverses branches de leur commerce. Ceux que nous venons de citer sont avec celui qu'on nomme *Grand-livre*, les principaux et les plus utiles. On en trouvera les modèles aux formules mises à la fin de cet ouvrage avec les explications qui y sont relatives.

(Modèles nº 4, Grand-livre ; nº 6, Caisse ; nº 7, Carnet d'échéance ; nº 8, Effets à recevoir ; nº 9, Entrée des marchandises ; nº 10, Sortie des marchandises.

Nous avons vu que l'art. 11, prescrit au commerçant de conserver ses livres pendant dix ans.

La conservation des livres est en effet une bonne précaution, car le commerçant peut avoir besoin de s'éclairer sur d'anciennes opérations qu'il aurait faites, et même de justifier par ses anciens livres de sa bonne foi et de sa conduite en cas d'événement malheureux, enfin il peut être obligé d'y recourir dans les cas de difficultés.

Mais nous devons faire remarquer ici un cas que la loi n'a pas prévu et duquel il résulte qu'on doit les conserver bien plus longtemps.

Les effets de commerce se prescrivent, il est vrai, par cinq ans, mais les obligations commerciales, telles que les factures, par exemple, ne se prescrivent en général que par trente années comme les actions civiles. Alors comment un négociant qui aurait détruit ses livres après dix années de leur existence, pourrait-il prouver qu'une facture qu'il réclamerait après ce laps de temps, lui serait légitimement due? Cela paraît difficile, à moins qu'il n'ait conservé par devers lui quelques documents qui suppléent à l'absence de ses livres. Ce n'est donc pas seulement pendant dix ans qu'il doit les conserver mais bien trente ans, s'il veut avoir pendant tout ce temps un titre qui fasse foi en justice.

Aussi les Codes portugais et espagnols, ayant prévu ce cas, ont-ils prescrit aux commerçants la conservation de leurs registres jusqu'à la liquidation définitive de leurs affaires commerciales.

Art. 12. — Les livres de commerce, régulièrement tenus,

peuvent être admis par le juge pour faire preuve entre commerçants pour faits de commerce.

Tous les livres indistinctement, lorsqu'ils sont régulièrement tenus, peuvent être admis à faire preuve; mais en cas de différence entre ces livres, c'est le Journal qu'il faudrait suivre, les autres n'en étant, pour ainsi dire, que le relevé.

Il est bon d'observer que les livres de commerce ne font preuve et ne peuvent être invoqués qu'entre commerçants et pour faits de commerce. Mais s'il s'agissait d'une action intentée par une personne non commerçante contre un marchand, le livre du marchand ferait preuve contre lui : s'il s'agissait d'une demande en fournitures formée contre un non-commerçant par un marchand qui produit à l'appui de sa demande des livres en règle, le juge peut déférer le serment.

Art. 13. — Les livres que les individus faisant le commerce sont obligés de tenir, et pour lesquels ils n'auront pas observé les formalités ci-dessus prescrites, ne pourront être représentés ni faire foi en justice, au profit de ceux qui les auront tenus; sans préjudice de ce qui sera réglé au livre des faillites et banqueroutes.

C'est-à-dire que si ces livres ne représentaient pas la véritable situation active et passive du commerçant, il pourrait être poursuivi, pour cette dissimulation, comme banqueroutier simple ou frauduleux.

Art. 14. — La communication des livres et inventaires ne peut être ordonnée en justice que dans les affaires de succession, communauté, partage de société, et en cas de faillite.

Art. 15. — Dans le cours d'une contestation, la représentation des livres peut être ordonnée par le juge, même d'office, à l'effet d'en extraire ce qui concerne le différend.

Il ne faut pas confondre la *représentation* avec la *communication* des livres. Dans le premier cas le négociant représente ses livres, sans s'en dessaisir, afin d'en extraire ce qui a rapport au différend ; dans le second cas, il les communique afin qu'on puisse les feuilleter et les vérifier.

ART. 16. — En cas que les livres dont la représentation est offerte, requise ou ordonnée, soient dans des lieux éloignés du tribunal saisi de l'affaire, les juges peuvent adresser une commission rogatoire au tribunal de commerce du lieu, ou déléguer un juge de paix pour en prendre connaissance, dresser un procès-verbal du contenu, et l'envoyer au tribunal saisi de l'affaire.

On appelle *commission rogatoire* l'acte par lequel un tribunal charge un autre tribunal de remplir, à sa place, une mission nécessaire pour éclairer la justice.

ART. 17. — Si la partie aux livres de laquelle on offre d'ajouter foi refuse de les représenter, le juge peut déférer le serment à l'autre partie.

La faculté accordée au juge, c'est-à-dire, au tribunal, de déférer le serment est fondée sur ce que la partie qui refuse de produire ses propres registres est suspectée de mauvaise foi, tandis que celle qui consent à s'en rapporter aux livres de l'autre partie fait preuve de loyauté, et on ne peut alors voir d'inconvénients à lui déférer le serment. Toutefois cette disposition est facultative pour le juge ; car il pourrait arriver que l'une des parties eût de justes motifs pour ne pas vouloir représenter ses livres, et il ne fallait pas enchaîner la conscience des magistrats.

Nous pensons que c'est ici le lieu de dire un mot sur la tenue des livres de commerce.

Pour en bien connaître l'objet, il faut savoir qu'en comptabilité commerciale tout se réduit à une opération fort simple. Toute affaire de commerce présente la transmission d'une valeur quelconque ; l'un donne, l'autre reçoit, de là un débiteur et un créditeur ou créancier. Celui qui reçoit une chose, en est à l'instant même constitué débiteur envers la personne qui la lui a remise, et celui qui donne une chose devient créancier de la personne entre les mains de laquelle la chose passe. On exprime la position de la personne dans le premier cas, par le mot *doit* ; il est nommé *débiteur* et toute la partie de l'opération prend le nom de *débit*. Dans le second cas, on exprime la position du commerçant par le mot *avoir* ; il est nommé *créditeur*, et cette partie de l'opération s'appelle *crédit*.

Les livres de commerce destinés à constater ces opérations, se tiennent en parties simples ou en parties doubles. Toute la différence consiste en ce que les premiers (tenus en partie simple) énoncent isolément les sommes ou les choses dont les commerçants sont débiteurs ou créditeurs, c'est-à-dire, qu'à chaque article, il ne figure qu'une partie, soit un débiteur, soit un créditeur, tandis que les seconds (tenus en partie double) offrent un tableau complet de chaque opération, c'est-à-dire qu'à chaque article il figure toujours au moins un *débiteur* et un *créditeur*.

La tenue des livres en partie double est aujourd'hui la plus usitée dans les maisons de commerce parce qu'elle ne laisse pas subsister les erreurs de comptabilité.

En effet, d'après ces principes, le négociant se

trouve représenté par *cinq comptes généraux* qui sont : les Comptes de *Caisse, Marchandises générales, Effets à recevoir, Effets à payer* et *Profits et Pertes*, qui servent à balancer les autres comptes dans ses opérations. Dans chaque article le débit et le crédit sont chargés de la même somme; soit qu'il y ait un seul *débiteur* et un seul *créditeur*, soit qu'il y ait plusieurs *débiteurs* et un seul *créditeur* ou plusieurs *créditeurs* et un seul *débiteur*, ou enfin plusieurs *débiteurs* et plusieurs *créditeurs*, la somme totale à porter au débit est égale à celle à porter au crédit. De là résulte qu'on peut faire une balance d'écritures qui fait découvrir les erreurs qui auraient pu être commises. Ce mode est donc bien préférable.

La régularité et la clarté dans les écritures sont de la plus haute importance : on ne saurait trop les recommander. Ainsi, selon nous, il ne doit pas suffire à un commerçant de se rendre compte en bloc, chaque année, du résultat des opérations de son commerce, mais il doit chercher à savoir quelle est la branche de son industrie qui lui présente le plus de bénéfices. Supposons un négociant qui tienne trois articles différents, mais qui se lient entre eux pour la vente; par exemple, qu'il vende du drap, de la flanelle et du droguet : il doit, s'il veut se rendre un compte exact du résultat de ses opérations dans chacun de ces articles, leur ouvrir un compte spécial à son grand-livre et y porter tout ce qui les concerne. A la fin de l'année, il verra quel est celui de ces articles qui lui aura produit le plus de bénéfices ou le plus de pertes. Il saura alors ce qu'il devra faire pour rendre son commerce plus prospère; augmenter les opérations pour l'un, les diminuer ou les cesser entièrement pour l'autre.

Une comptabilité bien tenue et bien dirigée est l'âme d'une maison de commerce; aussi avons-nous essayé de rendre les formules que nous avons mises à la fin de cet ouvrage aussi simples que possible, et les avons-nous accompagnées des explications qui nous ont paru nécessaires.

TITRE III

SECTION PREMIÈRE

DES SOCIÉTÉS COMMERCIALES

La société est un contrat par lequel deux ou un plus grand nombre de personnes conviennent de mettre quelque chose en commun dans la vue de partager le bénéfice qui peut en résulter.

La société suppose donc :

1° Le concours de deux ou plusieurs personnes;

2° Un apport de chacune de ces personnes, apport qui peut consister en argent, en industrie, ou toute autre valeur appréciable;

3° Un intérêt commun, c'est-à-dire l'éventualité d'un bénéfice dont chacune des parties doit prendre part dans un intérêt déterminé. La participation aux pertes en est aussi une conséquence, mais elle n'en est pas le but.

Le contrat de société, comme tout autre contrat, existe du moment où le consentement des parties s'est manifesté sur ce qui doit en être l'objet, sur l'apport de chacune d'elles et sur les conditions sous lesquelles il est contracté.

La société commence à l'instant même du contrat, s'il ne désigne une autre époque. Si l'époque est déterminée, les obligations des associés entre eux et envers les tiers ne commencent qu'au terme indiqué.

Une société forme un être moral, qui a une individualité, une existence distincte des personnes qui la composent. Ainsi une société peut être mise en faillite sans que ses membres, c'est-à-dire ceux qui en font partie, le soient individuellement.

Il est de l'essence de la société que les associés se choisissent. Aucun associé ne peut forcer les autres à recevoir à sa place une personne à qui il céderait tous ses droits. L'admission d'un associé doit toujours résulter d'un consentement unanime de tous. Un associé peut intéresser une tierce personne à la part qu'il a dans la société, mais ce tiers ne peut s'immiscer en rien dans les affaires de cette société. (Pardessus.)

Le but de la société doit être licite, moral, et dans l'intérêt commun des associés.

Toute société dont le but ne serait pas licite, c'est-à-dire, serait contraire à la loi, aux mœurs ou à l'ordre public, serait nulle, et les membres qui la composeraient ne pourraient prétendre en justice à avoir des droits les uns contre les autres. Ainsi, par exemple, la société que des individus formeraient pour faire la contrebande ne saurait exister légalement. Et si cette société avait acquis des biens par l'exercice de son commerce illicite, aucun des associés ne pourrait réclamer en justice le partage des bénéfices, ni exercer aucun recours pour les sommes qu'il prétendrait avoir avancées.

Les sociétés se divisent en sociétés civiles et en sociétés commerciales.

Les premières sont régies par le droit civil, et nous n'avons pas à nous en occuper ici. Nous ne traiterons que des secondes.

Les sociétés commerciales sont celles qui sont formées dans le but de faire des actes de commerce.

ART. 18. — Le contrat de société se règle par le droit civil, par les lois particulières au commerce, et par les conventions des parties.

S'il n'y a pas de convention sur la durée de la société, elle est censée contractée pour toute la vie des associés ou jusqu'à la dissolution de la société, provoquée par la volonté de l'un des associés. Cette dissolution s'opère par une renonciation notifiée à tous les autres associés, pourvu que cette renonciation soit de bonne foi et non faite à contre-temps. S'il s'agit d'une affaire dont la durée soit limitée, la société est censée contractée pour tout le temps que doit durer cette affaire.

On ne peut stipuler qu'une société ne finira jamais. (Malpeyre et Jourdan.)

Chaque associé est débiteur envers la société de tout ce qu'il a promis d'y apporter. Mais aussi il ne peut être contraint à fournir un supplément à la mise de fonds qu'il s'était engagé de fournir.

L'associé qui devait apporter une somme dans la société, et qui ne l'a point fait, devient de plein droit et sans demande, débiteur de cette somme et des intérêts, à compter du jour où elle devait être payée.

Il en est de même à l'égard des sommes qu'il a prises dans la caisse sociale, sans y avoir droit, à compter du jour où il les en a tirées pour son profit particulier.

Le tout sans préjudice de plus amples dommages-intérêts s'il y a lieu.

Les associés qui se sont soumis à apporter leur industrie à la société, lui doivent compte de tous les gains qu'ils ont faits par l'espèce d'industrie qui est l'objet de cette société.

Lorsque l'un des associés est, pour son compte particulier, créancier d'une somme exigible envers une personne qui se trouve aussi devoir à la société une somme également exigible, l'imputation de ce qu'il reçoit de ce débiteur doit se faire sur la créance de la société et sur la sienne dans la proportion des deux créances, encore qu'il eût par sa quittance dirigé l'imputation intégrale sur sa créance particulière : mais s'il a exprimé sur sa quittance que l'imputation serait faite en entier sur la créance de la société, cette stipulation sera exécutée.

Lorsqu'un des associés a reçu sa part entière de la créance commune, et que le débiteur est depuis devenu insolvable, cet associé est tenu de rapporter à la masse commune ce qu'il a reçu, encore qu'il eût spécialement donné quittance *pour sa part*.

Les créanciers personnels des associés ne sont pas créanciers de la société, mais au contraire les créanciers de la société sont en même temps créanciers de chaque associé personnellement.

Ainsi, les créanciers personnels des associés n'ont aucun droit sur l'actif de la société et ils ne peuvent réclamer que ce qui reviendra à leur débiteur après le paiement des dettes de la société, c'est-à-dire après sa liquidation.

Les créanciers d'une société ont la préférence sur les créanciers personnels des associés, quand bien même les créances de ces derniers seraient antérieures. Les créanciers personnels qui se trouveraient même débiteurs de la société ne pourraient prétendre à compensation.

Dans les sociétés en nom collectif qui sont les plus usitées, chaque associé étant tenu personnellement des dettes de la société, il en résulte que tous les biens personnels sont affectés au paiement des dettes sociales et que les créanciers de la société ont le droit de concourir avec les créanciers particuliers au partage du prix de ses biens.

Si les choses dont la *jouissance* seulement a été mise dans la société sont des corps certains et déterminés, qui ne se consomment point par l'usage, elles sont aux risques de l'associé propriétaire.

Si ces choses se consomment, si elles se dété riorent en les gardant, si elles ont été destinées à être vendues, ou si elles ont été mises dans la société sur une estimation portée par un inventaire, elles sont aux risques de la société.

Si la chose a été estimée, l'associé ne peut répéter que le montant de son estimation.

Un associé a action contre la société, non-seulement à raison des sommes qu'il a déboursées pour elle, mais encore à raison des obligations qu'il a contractées de bonne foi pour les affaires de la société, est des risques inséparables de sa gestion.

Lorsque l'acte de société ne détermine point la part de chaque associé dans les bénéfices ou pertes, la part de chacun est en proportion de sa mise de fonds dans la société.

A l'égard de celui qui n'a apporté que son industrie, sa part dans les bénéfices ou dans les pertes est réglée comme si sa mise eût été égale à celle de l'associé qui a le moins apporté.

Si les associés sont convenus de s'en rapporter à l'un d'eux ou à un tiers pour le règlement des parts, ce règlement ne peut être attaqué s'il n'est évidemment contraire à l'équité.

Nulle réclamation n'est admise à ce sujet s'il s'est écoulé plus de trois mois depuis que la partie qui se prétend lésée a eu connaissance du règlement, ou si ce règlement a reçu de sa part un commencement d'exécution.

La convention qui donnerait à l'un des associés la totalité des bénéfices est nulle.

Il en de même de la stipulation qui affranchirait de toute contribution aux pertes, les sommes ou effets mis dans le fonds de la société par un ou plusieurs des associés.

On peut cependant stipuler qu'un associé prendra une part plus grande dans les bénéfices que celle pour laquelle il contribuera aux pertes. On peut même convenir qu'un associé ne contribuera pas aux pertes et qu'il aura une part dans les bénéfices, parce que en réalité il participe passivement aux pertes, puisqu'il ne peut prendre part aux bénéfices que déduction faite de toutes les pertes.

L'associé chargé de l'administration par une clause

spéciale de l'acte de société, peut faire, nonobstant l'opposition des autres associés, tous les actes qui dépendent de son administration, pourvu que ce soit sans fraude. (Teulet, Duvergier et Sulpicy, Code civil.)

Ce pouvoir ne peut être révoqué sans cause légitime, tant que la société dure; mais s'il n'a été donné que par acte postérieur au contrat de société, il est révocable comme un simple mandat. (*Id.*)

Lorsque plusieurs associés sont chargés d'administrer, sans que leurs fonctions soient déterminées, ou sans qu'il ait été exprimé que l'un ne pourrait agir sans l'autre, ils peuvent faire chacun séparément tous les actes de cette administration. (*Id.*)

S'il a été stipulé que l'un des administrateurs ne pourrait rien faire sans l'autre, un seul ne peut, sans une nouvelle convention, agir en l'absence de l'autre lors même que celui-ci serait dans l'impossibilité actuelle de concourir aux actes d'administration ; dans ce cas, ce dernier peut se faire représenter ou remplacer par un chargé de procuration. (*Id.*)

A défaut de stipulations spéciales sur le mode d'administration, l'on suit les règles suivantes :

1° Les associés sont censés s'être donné réciproquement le pouvoir d'administrer l'un pour l'autre. Ce que chacun fait, est valable même pour la part de ses associés, sans qu'il ait pris leur consentement; sauf le droit qu'ont ces derniers, ou l'un d'eux, de s'opposer à l'opération avant qu'elle soit conclue;

2° Chaque associé peut se servir des choses appartenant à la société, pourvu qu'il les emploie à leur destination fixée par l'usage, et qu'il ne s'en serve pas contre l'intérêt de la société, ou de manière à empêcher ses associés d'en user selon leur droit ;

3° Chaque associé a le droit d'obliger ses associés à faire avec lui les dépenses qui sont nécessaires-pour la conservation des choses de la société ;

4° L'un des associés ne peut faire d'innovations, c'est-à-dire, de changements sur les immeubles dépendants de la société, même quand il les soutiendrait avantageuses à cette société, si les autres associés n'y consentent. (T. D. et S., Code civil.)

L'associé qui n'est point administrateur, ne peut aliéner ni engager les choses même mobilières qui dépendent de la société.

L'associé qui, par sa faute, a causé un préjudice à la société est tenu de le réparer. Mais s'il lui a procuré un bénéfice dans d'autres affaires il n'a fait que son devoir ; il n'y a pas de compensation à établir.

La solidarité est de droit commun dans les sociétés commerciales. Ainsi, l'associé qui a la signature sociale peut, en vertu de cette signature, obliger la société et tous les associés envers les tiers, et même les obliger solidairement.

Art. 19. — La loi reconnaît trois espèces de sociétés commerciales :

1° La société en nom collectif ;

2° La société en commandite ;

3° La société anonyme.

Toutes les sociétés doivent être rédigées par écrit, par acte public ou sous signatures privées. On doit en faire autant d'originaux qu'il y a de parties contractantes. Et l'acte doit mentionner la quantité d'exemplaires qui en ont été faits.

Lorsqu'il y a eu société entre plusieurs personnes, sans que cependant il y ait eu aucun acte de passé entre elles, mais que l'existence de l'association est prouvée, soit par les opérations qui ont été faites, soit par les livres, on la nomme *société de fait;* les associés peuvent s'en dégager, car elle est nulle selon la loi, mais ils sont néanmoins responsables vis-à-vis des tiers et se doivent compte réciproquement de toutes les opérations et du gain ou de la perte qui en aura résulté.

Comme les conventions légalement formées tiennent lieu de loi aux parties qui les ont faites, nous croyons devoir donner ici un aperçu des principales clauses qu'un acte de société doit contenir pour être rédigé convenablement, et pour éviter, autant que possible, les contestations qui pourraient survenir si les associés ne s'étaient entendus d'avance sur ces divers points.

L'acte de société doit contenir, comme conditions fondamentales :

1° Les noms, prénoms, professions et demeures de chaque associé.

L'époque de la formation de la société, son but, son siége, sa durée, sa raison sociale.

2° Les apports de chacun des associés, c'est-à-dire, ce que chacun d'eux met en société.

A quelle somme est fixé le capital social, ou jusqu'à quelle somme il devra s'élever, par l'accumulation d'une partie ou de tous les bénéfices, ou par des versements de fonds, jusqu'à ce qu'il ait été complété.

Si ce capital ne rapportera pas intérêts, ou autrement en fixer le taux.

3° Si tous les associés, ou une partie, ou un seul, auront la gestion et l'administration des affaires de la société et la signature sociale.

Qu'il ne pourra être fait usage de cette signature que dans l'intérêt et pour les affaires de la société à peine de nullité même à l'égard des tiers, et de tous dommages-intérêts à l'égard de l'associé délinquant.

4° En quoi consistent les frais généraux de la société.

Fixer les prélèvements des associés, l'époque à laquelle l'inventaire devra être fait, et s'il y a lieu, de quelle manière et quelle diminution on fera subir à telle ou telle marchandise pour dépréciation.

5° Les cas dans lesquels la société sera ou pourra être dissoute. Par qui et de quelle manière la liquidation devra être faite.

6° Parler des cas de mort qui pourraient survenir et en prévoir les conséquences; des droits des héritiers ou ayants-cause.

7° Enfin, nommer des arbitres, si on le juge nécessaire pour régler les contestations qui pourraient survenir entre les associés pendant le cours de la société.

DE LA SOCIÉTÉ EN NOM COLLECTIF

Art. 20. — La société en nom collectif est celle que contractent deux personnes ou un plus grand nombre, et qui a pour objet de faire le commerce sous une raison sociale.

On a ainsi nommé cette société parce que **tous les**

associés concourent à l'administration et à la gérance de la maison de commerce, ou sont censés y concourir, et que ce qui est fait par un seul est considéré comme fait collectivement, à moins de conditions contraires spécifiées dans l'acte de société. C'est la plus ancienne et la plus usitée des sociétés commerciales.

La *raison sociale* est le nom sous lequel la société est connue et contracte ses engagements. Comme par exemple : Durand, David et Clément.

Elle se compose ordinairement du nom d'un, ou de plusieurs, ou de tous les associés. Lorsque tous n'y sont pas nommés, ils sont désignés par ces mots : *et Compagnie*. Ex : Deschamps, Rolland et C⁰.

Art. 21. — Les noms des associés peuvent seuls faire partie de la raison sociale.

Il ne faut pas confondre la *raison sociale* avec le *titre* que prennent certaines maisons de commerce pour faire connaître et distinguer leurs établissements. Le titre n'est pour ainsi dire qu'une espèce d'enseigne, comme : *A la ville de Paris, au Grand-Condé*, etc. Ceux qui feraient le commerce sous une raison sociale dans laquelle figuraient des noms imaginaires ou des noms de personnes qui ne feraient pas partie de la société pourraient être poursuivis pour délit d'escroquerie, comme ayant fait usage de faux noms et de fausses qualités.

La société en nom collectif doit être constatée par un acte public, c'est-à-dire, passé par-devant notaire ou par un acte sous seings privés. Il doit être signé par tous les associés.

. **Art. 22.** — Les associés en nom collectif indiqués dans l'acte de société sont solidaires pour tous les engagements de la société, encore qu'un seul des associés ait signé, pourvu que ce soit sous la raison sociale.

Dans la société en nom collectif, les associés sont indéfiniment débiteurs de toutes les sommes qui peuvent être dues et qui doivent être payées tant avec l'actif social qu'avec les biens particuliers de chacun d'eux.

L'associé qui prête à la société ne doit donc pas être payé avant les autres créanciers de cette société.

Un associé, même administrateur, ne peut employer la signature sociale pour ses affaires particulières.

Si l'administrateur d'une société employait la signature sociale pour ses affaires particulières il y aurait là seulement escroquerie. Mais si un des associés se servait de la signature sociale après la dissolution de la société, il y aurait alors un faux véritable.

Si le gérant d'une société en nom collectif abuse de la signature sociale, il peut être poursuivi correctionnellement, mais la signature n'oblige pas moins la société, sauf son recours en dommages-intérêts contre le gérant.

Un créancier ne peut à son gré poursuivre un associé pour un engagement social ; il doit intenter sa demande contre la société, et ce n'est qu'après la condamnation prononcée qu'il peut agir contre chacun des membres de la société.

Tous les actes judiciaires tels que, assignations, sommations, significations et autres semblables, doivent être donnés ou faits sous le nom de la raison sociale. (Modèle d'acte de société en nom collectif, n° 12.)

DE LA SOCIÉTÉ EN COMMANDITE

Art. 23.—La société en commandite se contracte entre un ou plusieurs associés responsables et solidaires, et un ou plusieurs associés simples bailleurs de fonds, que l'on nomme commanditaires ou associés en commandite. Elle est régie sous un nom social qui est nécessairement celui d'un ou plusieurs associés responsables et solidaires.

La société en commandite diffère de la société en nom collectif, d'abord en ce qu'elle n'établit pas de solidarité entre les associés qui administrent et ceux qui ne fournissent que des fonds ; ensuite, en ce que l'associé commanditaire peut ne donner que son argent et rester inconnu.

Elle tient de la nature de la société en nom collectif en ce qu'elle a des associés solidaires et responsables.

Elle tient aussi de la nature de la société anonyme en ce qu'elle a des associés bailleurs de fonds ou actionnaires qui n'engagent que leur mise de fonds, et ne sont passibles que jusqu'à concurrence de cette mise.

Enfin, elle diffère de la société anonyme, en ce qu'elle opère sous un nom social qui est celui d'un ou de plusieurs associés responsables.

Son crédit repose sur les ressources que lui procurent les fonds fournis par les commanditaires, et sur les garanties personnelles des associés responsables.

La société en commandite a pour but d'engager des capitalistes, qui ne veulent pas se lier indéfiniment aux chances de la société, à contribuer cependant à sa prospérité au moyen de leurs fonds.

Dans cette espèce de société, quelques-uns de ses membres, comme dans la société en nom collectif, sont connus et responsables envers les tiers; d'autres sont inconnus et irresponsables. Les premiers sont appelés *commandités* ou *associés en nom*, et les seconds, *commanditaires* ou *associés en commandite*.

Art. 24. — Lorsqu'il y a plusieurs associés solidaires et en nom, soit que tous gèrent ensemble, soit qu'un ou plusieurs gèrent pour tous, la société est à la fois en nom collectif à leur égard et société en commandite à l'égard des simples bailleurs de fonds.

La raison sociale de la société en commandite ne peut se composer que des noms des associés responsables.

Art. 25. — Le nom de l'associé commanditaire ne peut faire partie de la raison sociale.

Cet article a pour but d'empêcher que le public ne soit trompé sur la nature des engagements des associés compris dans la raison sociale, et ne considère comme associé responsable et solidaire, celui qui ne serait que commanditaire.

Art. 26. — L'associé commanditaire n'est passible des pertes que jusqu'à concurrence des fonds qu'il a mis ou dû mettre dans la société.

ne peut donc être engagé au delà du montant de sa commandite.

Si le commanditaire n'avait pas versé les fonds qu'il avait promis de verser, il pourrait y être obligé par les créanciers.

Art. 27. — L'associé commanditaire ne peut faire aucun acte de gestion, ni être employé pour les affaires de la société, même en vertu de procuration.

Art. 28. — En cas de contravention en la prohibition mentionnée en l'article précédent, l'associé commanditaire est obligé solidairement avec les associés en nom collectif pour toutes les dettes et engagements de la société.

Ainsi, dès que le commanditaire fait acte d'administration ou de gestion il devient simple associé, et par conséquent responsable et solidaire de tous les actes de la société.

Le capital de la commandite peut être divisé par actions, comme celui des sociétés anonymes dont il va être parlé plus loin.

Dans une société en commandite, il peut n'y avoir qu'un gérant. Ce gérant unique est seul responsable.

Ne peuvent être gérants d'une société en commandite, que ceux qui font partie des associés *en nom* et responsables.

L'associé commanditaire qui, après la dissolution de la société, et avant l'établissement d'un compte de liquidation régulier, s'est fait remettre sa commandite, est responsable envers les créanciers non payés, du montant de cette commandite et des intérêts qu'il en a retirés indûment.

Les associés *commanditaires*, qui ne doivent pas s'immiscer dans les opérations de la société, font un acte de commerce en employant leurs capitaux à l'industrie, mais lorsqu'ils n'exercent aucun commerce en leur nom particulier, ils ne peuvent être réputés commerçants; ils sont affranchis des obligations que la loi impose à ces derniers, de même ils ne peuvent jouir d'aucun des droits attachés à la qualité de commerçants. Cependant, ils peuvent être contraints par corps au paiement de la mise de fonds qu'ils ont promise, et sont justiciables d'un tribunal arbitral pour toutes les contestations qui peuvent s'élever entre eux et leurs associés. (Molinier, p. 434.)

Comme la société en nom collectif, la société en commandite doit être constatée par un acte authentique ou sous seing privé, signé par toutes les parties. Elle est, pour la publication, soumise aux mêmes formalités, seulement l'extrait de l'acte ne contient pas le nom du commanditaire, mais il doit contenir la somme formant la commandite. (Modèle d'acte de société en commandite, n. 14.)

DE LA SOCIÉTÉ ANONYME

La *société anonyme* est ainsi nommée parce qu'elle ne porte le nom d'aucun de ses associés; elle n'est désignée et connue que par son objet. Son but est de favoriser les grandes entreprises et de rassembler une masse de capitaux qui ne sont pas à la portée des associations ordinaires. Elle présente une personne juridique, formée au moyen d'une réunion de capitaux appliqués à l'exploitation de l'industrie qui en est l'objet.

Elle se distingue des autres sociétés, en ce qu'elle n'offre qu'une réunion de capitaux appliqués à son industrie, et d'actionnaires qui ne contractent, à l'égard des tiers, aucun engagement personnel, puisqu'ils ne sont passibles que de leur mise de fonds, c'est-à-dire, du montant des actions qu'ils ont souscrites.

Son crédit ne repose donc que sur les garanties que peuvent procurer ses capitaux, la nature de son organisation et de ses opérations.

ART. 29. — La société anonyme n'existe point sous un nom social. Elle n'est désignée par le nom d'aucun des associés.

ART. 30. — Elle est qualifiée par la désignation de l'objet de son entreprise.

Les membres de la société anonyme sont tous inconnus du public, et affranchis de toute responsabilité envers les tiers.

La société anonyme forme une personne civile, un être moral, qui a sa dénomination propre.

Les sociétés anonymes prennent souvent un nom qui les distingue les unes des autres; par exemple : *Le Phénix*, *l'Union*, *les Messageries-Nationales*, etc., mais leur nom ne doit jamais se composer du nom d'aucun des associés.

Tout ce qui concerne l'administration est régi par des statuts qui déterminent par qui les mandataires peuvent être nommés ou révoqués, et l'étendue de leurs pouvoirs. Toutefois, s'ils gardaient le silence ou s'ils ne statuaient pas suffisamment, il faudrait avoir recours au droit commun.

Les *statuts* sont les bases, les conventions, d'après lesquelles la société doit être régie et administrée.

Dans les sociétés anonymes on a recours à des assemblées générales des actionnaires pour faire approuver et sanctionner les comptes de gestion et d'administration présentés chaque année par les directeurs ou mandataires, ainsi que le compte-rendu des opérations et de la situation de la société.

On soumet aussi à la délibération de ces assemblées, le remplacement ou la nomination, s'il y a lieu, des gérants ou mandataires, ainsi que les appels de fonds, changements ou modifications à apporter aux statuts, etc. Ordinairement les statuts disent comment doivent se former ces assemblées.

La société anonyme étant composée de choses et non de personnes, les voix, dans les délibérations, doivent être comptées par mises, c'est-à-dire, par actions, ou un certain nombre d'actions, et non par tête, c'est-à-dire par individu, et les décisions doivent être prises à la majorité, non pas des personnes, mais des sommes.

Art. 31. — La société anonyme est administrée par des mandataires à temps, révocables, associés ou non associés, salariés ou gratuits.

Ainsi, aucun associé non mandataire ne peut s'immiscer dans les affaires de la société, sauf le droit qu'il peut avoir de provoquer la destitution des administrateurs incapables ou infidèles.

L'administration s'exerce donc par des mandataires choisis indistinctement parmi les associés eux-mêmes ou en dehors de la société. Ces mandataires sont toujours révocables, eussent-ils été nommés par l'acte de société ; et quand même ils seraient du nombre des associés, ils peuvent se faire allouer un salaire.

Art. 32. — Les administrateurs ne sont responsables que de l'exécution du mandat qu'ils ont reçu. Ils ne contractent, à raison de leur gestion, aucune obligation personnelle ni solidaire relativement aux engagements de la société.

Art. 33. — Les associés ne sont passibles que de la perte du montant de leur intérêt dans la société.

Les capitaux seulement, se trouvant dans la société, il est tout simple que la perte tombe seulement sur eux.

Ici, l'expression *intérét* signifie la totalité de la somme pour laquelle chaque associé est intéressé dans la société.

ART. 34. — Le capital de la société anonyme se divise en actions et même en coupons d'actions, d'une valeur égale.

L'*action* est une fraction du fonds social. La réunion des actions forme le capital de la société. Ainsi, 100,000 francs formeront le fonds social d'une société anonyme composée de 100 actions de 1000 francs chacune.

Les actions peuvent elles-mêmes se subdiviser; ainsi, une action de 10,000 francs se divisera, par exemple, en dix coupons d'actions de 1,000 francs chacun, une action de 1,000 francs en coupons de 500 ou 250 francs.

Les coupons d'actions ne sont donc que des fractions de l'action elle-même.

Le mot *action* exprime le droit qu'on a dans une société anonyme.

L'actionnaire est régi par la loi commerciale dans ses rapports avec la société, et avec ses coassociés, mais il n'est pas réputé commerçant, car il ne fait qu'un acte de commerce isolé en versant des capitaux dans une entreprise industrielle. (Molinier, page 354.)

ART. 35. — L'action peut être établie sous la forme d'un titre au porteur. Dans ce cas la cession s'opère par la tradition du titre.

Ainsi, un associé peut, en cédant son titre, faire

entrer un autre associé à sa place dans l'association, tandis que dans les autres sociétés les associés doivent se choisir.

Le *titre* est l'acte qui sert à prouver le droit que nous avons à une chose. Lorsque cet acte ou ce titre énonce que ce droit appartient à celui qui en est porteur, il se nomme *titre au porteur* ou *action au porteur*, lorsqu'il porte le nom de la personne qui a souscrit des actions, il se nomme *titre nominatif* ou *action nominative*.

Art. 36. — La propriété des actions peut être établie par une inscription sur les registres de la société. Dans ce cas, la cession s'opère par une déclaration de transfert inscrite sur les registres, et signée de celui qui fait le transport ou d'un fondé de pouvoir.

On nomme *transfert*, l'acte par lequel la propriété d'un titre nominatif passe sur une autre tête. Cette déclaration doit être faite à la direction de la société, inscrite sur un registre, à cet effet, dit *des transferts* et être signée par le prenant et le cédant, ou leurs chargés de pouvoirs.

Ainsi, le transfert d'une action a pour effet d'introduire l'acquéreur dans la société, de l'investir de tous les droits attachés à la qualité d'actionnaire, et de le soumettre à toutes les obligations qui résultent de cette qualité.

Le cédant des actions inscrites reste garant du paiement que doit faire l'acquéreur.

Les actions peuvent être aussi *à ordre ;* elles se cèdent alors par endossement comme les lettres de change, avec cette différence, qu'en ce cas, l'endosseur ne se rend pas caution de la société, et n'est passible d'aucun recours de la part du porteur pour l'inexécution des accords sociaux. L'endosseur ne garantit à son cessionnaire que sa qualité d'actionnaire.

Tout porteur d'action n'a pas une créance contre la société, mais bien un droit de copropriété indivise, dans la proportion de sa mise.

ART. 37. — La société anonyme ne peut exister qu'avec l'autorisation du gouvernement et avec son approbation pour l'acte qui la constitue. Cette approbation doit être donnée dans la forme prescrite pour les règlements d'administration publique.

L'autorisation du gouvernement n'ayant rien d'irrévocable, il peut la retirer s'il le juge à propos. Alors la société se trouve interdite.

Voici les formalités à remplir pour obtenir du gouvernement l'autorisation de former une société anonyme :

On adresse une pétition au préfet du département et une autre à Paris au préfet de police. Ces pétitions contiennent la désignation de l'affaire que la société veut entreprendre, sa durée, le montant du capital, sa division en actions, le mode d'administration, etc. en un mot, les statuts de la société projetée. Les préfets doivent prendre toutes les informations nécessaires sur les qualités et la moralité, soit des auteurs du projet, soit des pétitionnaires ; ils doivent donner leur avis sur l'utilité de l'affaire, sur la possibilité du succès ; déclarer si l'entreprise ne paraît point contraire aux mœurs, à la bonne foi du commerce et au bon ordre des affaires en général, à l'ordre public, etc. Les pièces et l'avis sont adressés au ministre, qui soumet la proposition au conseil d'État. Il est statué sur son admission ou son rejet; l'autorisation accordée, il ne peut rien être changé aux bases de la société sans une nouvelle autorisation.

L'ordonnance qui autorise la société anonyme doit être affichée avec l'acte d'association et pendant le même temps.

Art. 38. — Le capital des sociétés en commandite pourra être aussi divisé en actions, sans aucune autre dérogation aux règles établies pour ce genre de société.

Art. 39. — Les sociétés en nom collectif ou en commandite doivent être constatées par des actes publics ou sous signature privée, en se conformant, dans ce dernier cas, à l'article 1325 du Code civil.

L'article 1325 du Code civil exige que les actes sous seing privé soient faits en autant d'originaux qu'il y a de parties contractantes, parce que ce sont des actes synallagmatiques, c'est-à-dire, des actes dans lesquels toutes les parties sont liées et engagées entre elles. Il n'en est pas de même pour les actes unilatéraux, c'est-à-dire ceux dans lesquels il n'y a qu'une partie d'engagée.

Art. 40. — Les sociétés anonymes ne peuvent être formées que par des actes publics.

On nomme *actes publics* les actes notariés, parce que passés devant deux notaires, qui sont des officiers publics, ou un notaire et deux témoins, ils ont une sorte de publicité. Les actes qui sont faits hors l'assistance du notaire sont nommés *actes sous seing privé*. On exige des actes notariés pour les sociétés anonymes, parce que ces actes n'étant pas signés par les actionnaires, mais bien par les individus qui forment l'entreprise, ces derniers pourraient facilement changer les conditions de la société si l'acte avait été fait sous leurs signatures seulement.

Art. 41. — Aucune preuve par témoin ne peut être admise contre et outre le contenu dans les actes de société, ni sur ce qui serait allégué avoir été dit avant l'acte, lors de l'acte, ou depuis, encore qu'il s'agirait d'une somme au-dessous de cent cinquante francs.

Cet article a pour but d'empêcher qu'au moyen de témoignages faciles à se procurer, on ne puisse modifier les actes de sociétés. Mais à l'égard des tiers, il a toujours été permis de prouver l'existence d'une société. En effet, en l'absence de tout acte, les tiers doivent avoir le droit d'établir qu'ils ont traité avec de sindividus agissant comme associés.

Aucun associé, autre que ceux chargés comme directeurs, d'administrer une société anonyme, n'a le droit de s'immiscer dans les affaires sociales, même sous prétexte que les administrateurs seraient coupables de négligence ou de malversation, sauf à provoquer leur destitution.

Les appels de fonds ne peuvent être faits, lorsqu'ils n'ont pas été autorisés par l'acte de société, à moins qu'ils n'aient été décidés et approuvés par les actionnaires réunis à cet effet en assemblée générale.

Jusqu'au moment où le gouvernement se prononcera, soit pour accorder, soit pour refuser son autorisation, il existe un lien entre ceux qui ont formé l'acte social ou qui y ont adhéré en soumissionnant des actions. Ces soumissionnaires ne sont pas maîtres de rétracter leur consentement. Les administrateurs désignés pour faire les démarches afin d'obtenir l'autorisation sont investis d'un pouvoir irrévocable jusqu'à la décision du gouvernement.

Il a été jugé que lorsqu'une société anonyme avait été mise en activité avant d'avoir été autorisée, et que plus tard l'autorisation ayant été refusée, elle a été transformée en une société en commandite, un actionnaire ne peut se fonder sur ce fait pour réclamer du gérant le remboursement de ses actions.

Tant que l'autorisation nécessaire pour les sociétés anonymes n'a pas été accordée, les associés ne sont obligés que conditionnellement. Si l'autorisation est refusée, ils sont dégagés et considérés comme n'ayant jamais été associés. (Modèle d'acte de société anonyme, n° 16.)

DES FORMALITÉS ET PUBLICATIONS DES ACTES DE SOCIÉTÉ

Art. 42. — L'extrait des actes de société en nom collectif et en commandite doit être remis, dans la quinzaine de leur date, au greffe du tribunal de commerce de l'arrondissement dans lequel est établie la maison du commerce social, pour être transcrit sur le registre, et affiché pendant trois mois dans la salle des audiences. Si la société a plusieurs maisons de commerce situées dans plusieurs arrondissements, la remise, la transcription et l'affiche de cet extrait, seront faites au tribunal de commerce de chaque arrondissement. « Chaque an-
« née, dans la première quinzaine de janvier, les tribunaux de
« commerce désigneront, au chef-lieu de leur ressort, et, à
« leur défaut, dans la ville la plus voisine, un ou plusieurs
« journaux où devront être insérés, dans la quinzaine de leur
« date, les extraits d'actes de société en nom collectif ou en
« commandite, et régleront le tarif de l'impression de ces
« extraits. Il sera justifié de cette insertion par un exemplaire
« du journal, certifié par l'imprimeur, légalisé par le maire

« et enregistré dans les trois mois de sa date. » Ces formalités seront observées, à peine de nullité, à l'égard des intéressés ; mais le défaut d'aucune d'elles ne pourra être opposé à des tiers par les associés.

Quoique la loi ne parle que d'un extrait seulement de l'acte de société, il est clair que les parties peuvent faire transcrire et publier l'acte en entier si elles le jugent convenable. Elle n'exige qu'un extrait pour éviter des frais. Cet extrait doit être fait sur papier timbré et enregistré comme l'acte lui-même.

Les formalités prescrites par l'article ci-haut ont pour but de mettre le public à même de connaître les principales conditions et la durée de la société, pour qu'il ne donne pas imprudemment sa confiance.

La nullité résultant du défaut de publication dans la quinzaine d'un acte de société est absolue et d'ordre public, et ne peut être couverte. Elle peut dès lors être invoquée par l'un des associés, quand bien même, deux mois après sa date, cet acte aurait été publié, et que la société aurait continué ses opérations pendant deux années, une telle association ne constituant qu'une société de fait dont chacun peut sortir à son gré.

La mention, dans l'extrait d'acte de société, des clauses qui n'intéressent pas les tiers, n'est pas exigée, donc son oubli n'est pas une cause de nullité.

Art. 43. — L'extrait doit contenir : les noms, prénoms, qualités et demeures des associés autres que les actionnaires ou commanditaires ; la raison de commerce de la société ; la désignation de ceux des associés autorisés à gérer, administrer et signer pour la société ; le montant des valeurs fournies ou à fournir par actions ou en commandite ; l'époque où la société doit commencer et celle où elle doit finir.

Les actionnaires ou commanditaires, ne pouvant jamais être obligés au delà de leurs mises, il est inutile de les nommer dans l'extrait. D'ailleurs, l'un des principaux motifs qui ont fait admettre la société en commandite, c'est l'avantage que le commanditaire peut trouver à rester inconnu. Mais il n'en est pas de même des gérants et administrateurs que le public a le plus grand intérêt à connaître, ainsi que le montant des valeurs mises en société, surtout dans celle en commandite. Si cette énonciation des valeurs était fausse, elle constituerait une véritable escroquerie, punissable d'un emprisonnement d'un à cinq ans.

Art. 44. — L'extrait des actes de société est signé, pour les actes publics, par les notaires, et pour les actes sous seing privé, par tous les associés, si la société est en nom collectif, et par les associés solidaires ou gérants, si la société est en commandite, soit qu'elle se divise ou ne se divise pas en actions.

Art. 45. — L'ordonnance du gouvernement qui autorise les sociétés anonymes devra être affichée avec l'acte d'association et pendant le même temps.

Pour les sociétés anonymes, la loi n'exige pas simplement un extrait, mais bien la publication en entier de l'acte d'association, afin que les tiers qui voudraient en faire partie en connaissent parfaitement toutes les clauses.

Art. 46. — Toute continuation de société, après son terme expiré, sera constatée par une déclaration des coassociés. Cette déclaration et tous actes portant dissolution de société avant le terme fixé pour sa durée par l'acte qui l'établit, tous changements ou retraite d'associés, toutes nouvelles stipulations ou clauses, tout changement à la raison de société, sont soumis aux formalités prescrites par les articles 42, 43 et 44 du code de Commerce. En cas d'omission de ces formalités, il y aura lieu à l'application des dispositions pénales de l'art. 42, dernier alinéa.

Ainsi, tout changement, toute modification, apportés à l'acte de société, pendant la durée de la société, exige les mêmes formalités que l'acte lui même, à peine de nullité à l'égard des intéressés.

Le domicile d'une société est au lieu où elle a son principal établissement. Lorsqu'elle a plusieurs comptoirs ou succursales, elle peut être assignée en paiement des obligations souscrites dans chacun de ces établissements devant le tribunal du lieu où ils sont établis.

Mais il y a des actions qui ne peuvent être portées que devant le tribunal du véritable domicile, c'est-à-dire celui du lieu principal de son établissement. Par exemple : la déclaration de faillite.

Le domicile de la société finit avec la dissolution, de telle sorte que les tiers ne peuvent plus actionner les associés au domicile social, mais bien au domicile personnel de chacun d'eux. (Modèles d'extrait d'acte de sociétés, n°ˢ 13 et 15.)

DE LA SOCIÉTÉ EN PARTICIPATION

ART. 47. — Indépendamment des trois espèces de sociétés ci-dessus, la loi reconnaît les associations commerciales en participation.

La société en participation est celle que forment deux ou un plus grand nombre de personnes, à profits et pertes communs, pour une ou plusieurs opérations déterminées, et qui n'a de durée que celle que doit avoir l'opération ou les opérations qui font l'objet de la société.

Lorsqu'elle a lieu pour plusieurs opérations, chacune d'elles doit être suivie d'un compte de liquidation.

La société en participation diffère des trois autres sortes de société, en ce qu'elle ne forme pas un lien aussi durable, et que les personnes qui la contractent n'ont en vue qu'une ou plusieurs opérations spécifiées; ce n'est pour ainsi dire qu'un marché d'un moment. Elle est très-usitée dans les opérations du commerce maritime.

Art. 48. — Ces associations sont relatives à une ou plusieurs opérations de commerce; elles ont lieu pour les objets, dans les formes, avec les proportions d'intérêts et aux conditions convenues entre les participants.

Art. 49. — Les associations en participation peuvent être constatées par la représentation des livres, de la correspondance, ou par la preuve testimoniale, si le tribunal juge qu'elle peut être admise.

Art. 50. — Les associations commerciales en participation ne sont pas sujettes aux formalités prescrites pour les autres sociétés.

La loi n'a pas rangé ce genre d'opérations au nombre des sociétés proprement dites, parce qu'il en diffère essentiellement. En effet, les autres sociétés sont des êtres moraux, qui ont un nom distinctif sous lequel elles s'offrent à la confiance publique; celle-ci n'a rien de semblable; elle n'a pour objet que quelques opérations déterminées, qui sont souvent faites par un seul des participants, lequel ne doit à l'autre qu'un compte qui détermine la part de chacun dans les profits et les pertes. Aussi la loi s'estelle montrée moins exigeante, quant aux formes, pour cette espèce d'association que pour les autres.

On distingue trois sortes de société en participation :

1° Le simple compte en participation ;

2° La société collective en participation ;

3° La participation en commandite.

Il y a société *simplement* ou *compte en participation*, lorsque les parties ne s'associent que pour le partage des bénéfices et des pertes devant résulter d'une ou de plusieurs opérations qui ne seront exécutées que par certaines d'elles et à l'aide de leur seul crédit. Dans ce cas, la convention n'engendre les rapports et les obligations que crée l'état de société qu'entre les associés seulement. L'association tout intérieure ne se produit pas au dehors. Les engagements sont consentis au nom de celui qui agit, et tout se borne ensuite à un compte de profits et pertes entre les parties.

Il y a société collective en participation lorsque les parties conviennent d'agir collectivement, au nom et sous la signature de tous les associés, pour une ou plusieurs opérations déterminées.

Enfin, il y a société en participation en commandite lorsque les participants, en ne s'établissant que simples bailleurs de fonds pour une ou plusieurs opérations déterminées dans lesquelles ils auront un intérêt, stipulent qu'ils ne seront tenus des pertes que jusqu'à concurrence de leurs apports. (MOLINIER.)

Les contestations entre associés en participation, relativement aux opérations et aux comptes en participation, doivent être soumises, comme pour les autres espèces de société, à des arbitres-juges.

5.

SECTION DEUXIÈME

DES CONTESTATIONS ENTRE ASSOCIÉS
COMPÉTENCE

Art. 51. — Toute contestation entre associés, et pour raison de la société, doit être jugée par des arbitres.

Le arbitres sont de simples particuliers que les parties se choisissent pour juges et auxquels la loi accorde tous les pouvoirs des tribunaux. Ces pouvoirs sont limités à la contestation qui leur est soumise, mais personne ne saurait les restreindre que le consentement unanime des parties qui leur ont confié ces pouvoirs lors de leur nomination.

Les arbitres forment un tribunal légal et indépendant comme le tribunal de commerce. Aussi nomme-t-on la réunion des arbitres : *tribunal arbitral.*

L'arbitrage est un moyen de terminer plus promptement les différends qui peuvent s'élever entre associés. Il simplifie les formalités, abrége les délais, économise les frais et évite une publicité quelquefois fâcheuse.

Il y a deux espèces d'arbitrage : l'un volontaire et l'autre forcé.

Nous n'avons à nous occuper ici que de ce dernier, puisqu'il s'agit des contestations entre associés ; matière où l'arbitrage est forcé et où les parties ne peuvent continuer de procéder devant un autre tribunal.

Cependant, des associés commerçants, tout en étant forcément retenus dans la voie de l'arbitrage, ont néanmoins la liberté, s'ils veulent modifier cette juridiction légale, de se faire juger par des arbitres volontaires, et dès lors, leur arbitrage est régi non par les dispositions du Code de commerce, mais par celles du Code de procédure.

La loi confère aux arbitres une sorte de caractère public qui donne à leurs actes l'authenticité nécessaire pour faire pleine foi de ce qui y est contenu.

Les associés peuvent se soustraire à la juridiction arbitrale, soit par leurs conventions, soit en comparaissant volontairement devant les juges ordinaires. Mais, si au lieu de se présenter devant des arbitres, des associés avaient porté leur contestation devant les tribunaux ordinaires sans avoir excipé de l'incompétence, l'une des parties ne pourrait s'en faire un moyen de cassation.

Art. 52. — Il y aura lieu à l'appel du jugement arbitral ou au pourvoi en cassation, si la renonciation n'a pas été stipulée. L'appel sera porté devant la Cour d'appel.

Art. 53. — La nomination des arbitres se fait par un acte sous signature privée, par acte notarié, par acte extrajudiciaire, par un consentement donné en justice.

On entend par acte extra-judiciaire un acte donné en dehors de toute contestation pendante devant un tribunal, tel qu'une sommation, un commandement, un acte d'offres, etc.

En matière d'arbitrage ordinaire, le jugement arbitral ne peut être attaqué que par *appel*, par *requête civile* ou par *opposition*, jamais par la voie de cassation. Mais pour l'arbitrage forcé on n'a que la voie de l'*appel* et celle de la *cassation*.

Appeler d'un jugement, c'est recourir à un tribunal supérieur contre un jugement d'un tribunal inférieur que l'on prétend injustement rendu.

Se pourvoir en cassation, c'est recourir au tribunal suprême, dont le siége est à Paris, et qui est institué pour l'exacte observation des lois judiciaires et pour ramener à leur application les cours, tribunaux et juges qui s'en écartent.

On se pourvoit devant cette Cour par une requête suivie de la consignation d'une somme de cent cinquante francs, amende à laquelle la loi exige que l'on condamne toute partie dont le pourvoi est rejeté.

Art. 54. — Le délai pour le jugement est fixé par les parties lors de la nomination des arbitres; et, s'ils ne sont pas d'accord sur le délai, il sera réglé par les juges.

Art. 55. — En cas de refus d'un ou de plusieurs des associés de nommer des arbitres, les arbitres sont nommés d'office par le tribunal de commerce.

C'est-à-dire, que par suite du devoir que la loi impose au tribunal, il choisit de lui-même pour arbitres tels individus qu'il en juge capables; le refus d'une ou des parties ne saurait arrêter le cours de la justice.

Art. 56. — Les parties remettent leurs pièces et mémoires aux arbitres, sans aucune formalité de justice.

Art. 57. — L'associé en retard de remettre ses titres et mémoires est sommé de le faire dans les dix jours.

Art. 58. — Les arbitres peuvent, suivant l'exigence des cas, proroger le délai pour la production des pièces.

Art. 59. — S'il n'y a renouvellement du délai, ou si le nouveau délai est expiré, les arbitres jugent sur les seules pièces et mémoires remis.

Lorsqu'un arbitrage forcé est éteint par l'expiration du délai, la loi ne s'oppose pas à ce que le tribunal renomme les mêmes arbitres.

Art. 60. — En cas de partage de voix, les arbitres nomment un sur-arbitre, s'il n'est nommé par le compromis; si les arbitres sont discordants sur le choix, le sur-arbitre est nommé par le tribunal de commerce.

ART. 61. — Le jugement arbitral est motivé. Il est déposé au greffe du tribunal de commerce; il est rendu exécutoire sans aucune modification, et transcrit sur les registres, en vertu d'une ordonnance du président du tribunal, lequel est tenu de la rendre pure et simple, et dans le délai de trois jours du dépôt au greffe.

Ce dépôt doit être fait par l'un des arbitres dans les trois jours du jugement.

Les poursuites pour les frais du dépôt et les droits d'enregistrement ne peuvent être faites que contre les parties.

Les arbitres, comme simples particuliers, ne peuvent donner à leur sentence la force exécutoire; cette force leur est donnée par l'ordonnance du président du tribunal.

ART. 62. — Les dispositions ci-dessus sont communes aux veuves, héritiers ou ayants cause des associés.

On entend par ayant cause tous ceux qui tiennent leurs droits d'une personne. Ainsi les créanciers qui exercent les droits de leur débiteur sont ses ayants cause. Il en est de même des légataires et donataires d'un défunt.

ART. 63. — Si des mineurs sont intéressés dans une contestation pour raison d'une société commerciale, le tuteur ne pourra renoncer à la faculté d'appeler du jugement arbitral.

Pour de plus amples détails sur les arbitres et leur compétence, nous renvoyons au chapitre qui traite de la compétence des tribunaux de commerce, des arbitres et du conseil des prud'hommes.

DE LA DISSOLUTION DE LA SOCIÉTÉ

Certaines causes produisent de plein droit et par elles-mêmes la dissolution de la société, d'autres donnent seulement lieu à une demande en dissolution, et alors la dissolution ne date que du jour où le tribunal l'a prononcée. Mais généralement les cas de dissolution sont prévus par l'acte de société.

Les causes qui produisent la dissolution de plein droit sont :

1° Le consentement mutuel des associés.

2° L'expiration du temps fixé pour la durée de la société.

3° L'extinction de la chose, ou la fin de la négociation pour laquelle la société a eu lieu.

4° La mort naturelle.

5° La mort civile, l'interdiction, la faillite.

6° La volonté d'un seul ou plusieurs des associés, de n'être plus en société lorsqu'il s'agit d'une société dont la durée est illimitée.

La dissolution de la société arrive aussi lorsqu'il survient des causes qui en rendent la continuation impossible.

Les cas de mort sont ordinairement prévus dans les actes de société. Bien souvent la mort d'un associé n'entraîne pas la dissolution de la société, qui continue d'exister pour les autres membres.

Les causes qui dissolvent la société de plein droit ne produisent cet effet à l'égard des tiers qu'autant qu'elles ont été dûment notifiées par affiches et insertions dans les journaux, conformément aux art. 42 et 46 du Code de commerce.

Les autres causes qui n'amènent pas la dissolution de plein droit sont laissées à l'appréciation de ceux qui ont mission de statuer sur les contestations entre associés.

Lors de la dissolution de la société on doit en dresser acte, et les mêmes formalités qui sont exigées pour la formation de la société doivent être remplies; c'est-à-dire qu'un extrait de l'acte de dissolution, enregistré comme l'acte lui-même, doit être déposé au greffe du tribunal de commerce, inséré dans les journaux, dans le délai de quinzaine; enfin, on doit suivre toutes les prescriptions déjà énoncées pour les actes de société.

Lorsqu'une société a été dissoute de plein droit, c'est-à-dire par l'accomplissement de la cause qui y donne lieu, si les associés ont continué les affaires de la société, ce n'est plus qu'une société de fait.

Lorsque la société finit par l'événement du terme fixé pour sa durée par l'acte de société, il n'est pas nécessaire que les associés rendent la dissolution publique. La notoriété qu'a reçue l'acte de constitution de société a appris au public quand elle finirait.

Lorsque l'un des associés a promis de mettre en commun la propriété d'une chose, la perte survenue, avant que la mise en soit effectuée, opère la dissolution de la société par rapport à tous les associés.

La société est également dissoute dans tous les cas par la perte de la chose, lorsque la jouissance seule a été mise en commun, et que la propriété en est restée dans la main de l'associé.

Mais la société n'est pas dissoute par la perte de la chose dont la propriété a déjà été apportée à la société.

Si la société était fondée principalement sur l'exploitation de l'industrie d'un des associés, la dissolution de la société s'opère, si cet associé ne peut plus exercer son industrie.

L'événement par lequel une société formée pour l'exploitation d'un brevet, viendrait à être privée de ce brevet, soit par sa déchéance, soit parce que la loi cesserait d'en protéger l'exercice exclusif, produirait la dissolution de la société.

Lorsque la dissolution a été le résultat de la perte ou de l'extinction du fonds social, toutes les conventions accessoires qui avaient accordé à un associé des attributions ou un mandat salarié, cessent d'avoir leur effet. Cet associé ne peut exiger de dommages-intérêts contre les autres, à moins que la cause de la dissolution leur soit imputable.

En cas de faillite d'un des associés, les coassociés seuls peuvent demander la dissolution de la société ; les créanciers seraient non recevables à la provoquer.

La dissolution d'une société ne peut être considérée comme non avenue entre les associés, faute d'avoir été rendue publique par affiches et insertions dans les journaux. En se séparant, les associés ont consommé la dissolution, sans qu'il puisse rester d'incertitude sur ce qu'ils ont voulu faire ou ne pas faire ; il n'est plus besoin de présumer rien entre eux.

Mais une société commerciale continue d'exister à l'égard des tiers, tant que la dissolution n'en a pas été constatée par l'accomplissement des formalités prescrites par l'article 46 du Code de commerce. En conséquence, l'associé retiré de fait, mais sans que la dissolution de la société, à son égard, ait été accompagnée des formes de la publicité déterminée par le Code de commerce, est soumis envers les tiers au paiement des billets souscrits depuis sa retraite par la société sous la raison sociale.

L'obligation de publier toute retraite d'associé ou toute dissolution de société lorsqu'elle a eu lieu avant le terme fixé pour sa durée, s'applique même au cas d'une société contractée sans publicité.

Tous les associés sont tenus de payer un effet accepté sous la raison sociale, après la dissolution de la société, si cette dissolution n'a pas été publiée.

Les associés entre qui la société vient de finir peuvent la continuer, comme ils seraient libres d'en former une nouvelle; et ils doivent, pour cette prolongation ou ce renouvellement de société, faire de nouvelles publications et suivre les mêmes règles que pour le premier acte de société.

Par sa dissolution la société cesse d'être un individu distinct des associés qui la composent. Chacun d'eux devient copropriétaire du fonds social comme des héritiers le sont du bien de leur auteur. Les droits des associés sont alors mobiliers ou immobiliers, selon qu'il y a lieu de partager des meubles ou des immeubles. (Modèle d'acte de dissolution de société et de son extrait, n°s 17 et 18.)

DE LA LIQUIDATION DE LA SOCIÉTÉ

Lorsque la dissolution de la société a eu lieu, on poursuit sa liquidation.

La liquidation détermine l'excédant de l'actif sur le passif, ou du passif sur l'actif. Elle établit les résultats des opérations de la société pour les partager, bénéfices ou pertes, entre les associés, et faire rentrer chacun d'eux dans la part qui lui revient dans l'actif social.

La liquidation se fait par un ou plusieurs mandataires, appelés *liquidateurs*, qui sont nommés, soit par l'acte même de société, soit par un acte postérieur, pendant l'existence de la société, ou après sa dissolution, ou par l'acte même de dissolution, soit enfin par le tribunal, si les associés ne peuvent s'accorder sur le choix, ou bien encore par des arbitres.

Le liquidateur peut être pris parmi les associés comme parmi les personnes étrangères à la société. Ses pouvoirs sont ordinairement ceux d'un mandataire, mais ils peuvent être aussi plus étendus selon les droits que lui confèrent les associés.

Si, par suite de décès ou de disparition, il ne reste plus qu'un membre d'une société qui a été dissoute sans qu'aucun associé ait été investi de la qualité de liquidateur, l'associé restant n'a pas le droit de prendre cette qualité.

Les liquidateurs ne sont pas obligés de faire inventaire, mais ils doivent le faire par prudence.

Les liquidateurs ne sont pas tenus de donner caution, à moins qu'ils y aient été obligés par l'acte de société ou l'acte de leur nomination.

Les associés qui ont nommé un ou plusieurs liquidateurs depuis la dissolution de société, sans leur imposer l'oblgation de donner caution, ne peuvent en exiger, sauf à révoquer leurs pouvoirs, ou à en faire prononcer la révocation.

Lorsque les pouvoirs des liquidateurs ne sont déterminés, ni par l'acte de société, ni par l'acte de leur nomination, le caractère et l'étendue de leurs pouvoirs dérivent nécessairement de la nature de la société.

Le liquidateur d'une société commerciale, nommé par jugement, a droit et qualité pour poursuivre, en son nom seul, toutes les actions de la société.

Les significations faites à une société en la personne d'un liquidateur sont valables. La femme d'un associé ne peut, en vertu de l'hypothèque légale que la loi lui accorde sur les immeubles de son mari, prétendre aucun droit sur les immeubles de la société dont celui-ci serait membre. Tant que les dettes n'ont pas été payées, ces immeubles appartiennent à l'être moral, à la liquidation, et non à aucun des associés en particulier.

Lorsqu'une société de fait a existé, l'un des associés ne peut s'opposer à la liquidation sous prétexte de nullité et de violation de conventions.

Les règles pour le partage des successions étant applicables aux partages des sociétés, un associé est mal fondé à demander le partage d'un objet particulier de la société avant que la consistance de l'actif social ait été établie, et qu'il ait été procédé à la liquidation de la société et au règlement des comptes des associés.

La société qui se trouve en état de liquidation doit être actionnée devant le tribunal dans le ressort duquel elle a son siége, et en la personne de son liquidateur.

Art. 64. — Toutes actions contre les associés non liquidateurs et leurs veuves, héritiers ou ayants cause, sont prescrites cinq ans après la fin ou la dissolution de la société, si l'acte de société qui en énonce la durée ou l'acte de dissolution a été affiché et enregistré conformément aux articles 42, 43, 44 et 46 du Code de commerce, et si, depuis cette formalité remplie, la prescription n'a été interrompue à leur égard par aucune poursuite judiciaire.

Ainsi, les actions des tiers contre les associés se prescrivent par cinq ans, et celles contre le liquidateur et entre associés ne se prescrivent que par le laps de temps ordinaire, c'est-à-dire, trente ans.

La prescription est le moyen de se libérer par un certain laps de temps après lequel on ne peut plus exercer de poursuites judiciaires contre le débiteur.

TITRE IV

DES SÉPARATIONS DE BIENS

Les époux peuvent se marier sous trois régimes :

1° Sous le régime *de la communauté;*

2° Sous le régime *dotal;*

3° Sous celui de la séparation de biens.

Nous avons déjà vu que la communauté entre époux était une société de biens qui se composait de tous les biens mobiliers appartenant aux époux le jour du mariage, de tout le mobilier qui pourrait leur échoir pendant le cours de ce mariage, et des revenus respectifs des immeubles de chaque époux.

Les époux peuvent stipuler par contrat de mariage qu'ils se marient sous le régime de la communauté. Mais lorsqu'il n'y a pas de contrat, les époux se trouvent être mariés sous ce régime dans lequel le mari devient maître de tous les biens et peut les aliéner.

Le régime *dotal* est celui par lequel la femme se constitue une *dot* quelconque par contrat |de mariage.

La *dot* consiste dans les biens qu'elle apporte à son mari pour supporter les charges du mariage, et dont le mari devient l'administrateur.

L'essence du régime dotal est l'inaliénabilité des immeubles de la femme qui continuent de lui appartenir, mais dont le mari a l'usufruit, c'est-à-dire la jouissance. Cette aliénation est interdite sous ce régime, au mari, à la femme, et à tous les deux conjointement, sauf les exceptions dont nous avons parlé page 8, à propos des biens *dotaux*.

Le régime de la *séparation de biens*, est celui où chacun des époux conserve séparément l'administration et la jouissance de ses biens.

Il y a deux sortes de séparation de biens :

La séparation de biens *contractuelle*, ainsi nommée parce qu'elle est stipulée par le contrat de mariage.

La séparation de biens *judiciaire*, qui s'appelle ainsi parce qu'elle est prononcée par un jugement durant le mariage.

Toutes les deux donnent aux femmes la faculté d'administrer leurs biens, sans qu'elles puissent jamais aliéner leurs immeubles sans le consentement de leurs maris ou autorisation de justice.

Art. 65. — Toute demande en séparation de biens sera poursuivie, instruite et jugée conformément à ce qui est prescrit au Code civil et au Code de procédure civile.

Art. 66. — Tout jugement qui prononcera une séparation de corps ou un divorce entre mari et femme, dont l'un serait commerçant, sera soumis aux formalités prescrites par l'article 872 du Code de procédure civile ; à défaut de quoi les créanciers seront toujours admis à s'y opposer, pour ce qui touche leurs intérêts, et à contredire toute liquidation qui en aurait été la suite.

Art. 67. — Tout contrat de mariage entre époux, dont l'un serait commerçant, sera transmis par extrait, dans le mois de sa date, aux greffes et chambres désignés par l'art. 872 du Code de procédure civile, pour être exposé au tableau conformément au même article. Cet extrait annoncera si les époux sont mariés en communauté, s'ils sont séparés de biens, ou s'ils ont contracté sous le régime dotal.

Art. 68. — Le notaire qui aura reçu le contrat de mariage sera tenu de faire la remise ordonnée par l'article précédent, sous peine de cent francs d'amende et même de destitution et de responsabilité envers les créanciers, s'il est prouvé que l'omission soit la suite d'une collusion.

Art. 69. — L'époux séparé de biens, ou marié sous le régime dotal, qui embrasserait la profession de commerçant postérieurement à son mariage, sera tenu de faire pareille remise dans le mois du jour où il ouvrira son commerce; à défaut de cette remise il pourra être, en cas de faillite, condamné comme banqueroutier simple.

Art. 70. — La même remise sera faite sous les mêmes peines, dans l'année de la publication de la présente loi, par tout époux séparé de biens, ou marié sous le régime dotal, qui, au moment de ladite publication, exercerait la profession de commerçant.

Toute séparation volontaire est nulle.

La séparation de biens, quoique prononcée en justice, est nulle si elle n'a point été exécutée par le paiement réel des droits et reprises de la femme, effectué par acte authentique, jusqu'à concurrence des biens du mari, ou au moins par des poursuites commencées dans la quinzaine qui a suivi le jugement, et non interrompues depuis.

Toute séparation de biens doit, avant son exécution, être rendue publique par l'affiche sur un tableau à ce destiné, dans la principale salle du tribunal de première instance, et de plus, si le mari est marchand, banquier ou commerçant, dans celle du tribunal de commerce du lieu de son domicile; et ce, à peine de nullité de l'exécution.

Il importe peu, pour que les formalités prescrites soient remplies que ce soit le mari ou la femme qui fasse le commerce; seulement, si c'est la femme qui est marchande et qu'elle ait une demeure séparée du domicile conjugal, il est encore nécessaire d'afficher dans le lieu où demeure le mari. (Pardessus, t. Ier, n. 95.)

S'il n'y a pas de tribunal de commerce dans le lieu du domicile du mari, et qu'il en existe un dans l'arrondissement, le jugement de séparation de biens doit être lu à l'audience de ce tribunal, et l'extrait de ce jugement peut être valablement apposé dans la mairie du lieu de la résidence du mari.

Le jugement qui prononce la séparation de biens, remonte, quant à ses effets, au jour de la demande.

Les créanciers personnels de la femme ne peuvent, sans son consentement demander la séparation de biens.

Néanmoins, en cas de faillite ou de déconfiture du mari, ils peuvent exercer les droits de leur débitrice, jusqu'à concurrence du montant de leurs créances.

Les créanciers du mari peuvent se pourvoir contre la séparation de biens prononcée, et même exécutée en fraude de leurs droits; ils peuvent même intervenir dans l'instance sur la demande en séparation pour la contester.

Aucune demande en séparation de biens ne peut être formée sans une autorisation préalable, que le président du tribunal civil donne sur la requête qui lui est présentée à cet effet. Néanmoins, le président peut, avant de donner l'autorisation, faire les observations qui lui paraissent convenables.

Le greffier du tribunal doit inscrire, sans délai, dans un tableau placé à cet effet dans l'auditoire, un extrait de la demande en séparation, lequel doit contenir :

1° La date de la demande ;

2° Les noms, prénoms, profession et demeure des époux;

3° Les noms et demeure de l'avoué constitué, qui est tenu de remettre ledit extrait au greffier, dans les trois jours de la demande.

Pareil extrait est inséré dans les tableaux placés à cet effet, dans l'auditoire du tribunal de commerce, dans les chambres d'avoués de première instance et dans celles de notaires s'il en existe : lesdites insertions doivent être certifiées par les greffiers et les secrétaires des chambres.

Le même extrait doit être inséré, à la poursuite de la femme, dans l'un des journaux qui s'impriment dans le lieu où siége le tribunal, et s'il n'y en a pas, dans l'un de ceux établis dans le département.

Il ne peut être, sauf les actes conservatoires, prononcé, sur la demande en séparation, aucun jugement qu'un mois après l'observation des formalités ci-dessus prescrites, et qui seront observées à peine de nullité, laquelle pourra être opposée par le mari ou par ses créanciers.

L'aveu du mari ne fait pas preuve lors même qu'il n'y a pas de créanciers.

Les créanciers du mari peuvent, jusqu'au jugement définitif, sommer l'avoué de la femme, par acte d'avoué à avoué, de leur communiquer la demande en séparation et les pièces justificatives, même intervenir pour la conservation de leurs droits, sans préliminaires de conciliation.

Le jugement de séparation est lu publiquement, l'audience tenante, au tribunal de commerce du lieu, s'il y en a : extrait de ce jugement contenant la date, la désignation du tribunal où il a été rendu, les noms, prénoms, professions et demeures des époux, est inséré sur un tableau à ce destiné, et exposé pendant un an dans l'auditoire des tribunaux de première instance et de commerce du domicile du mari, même lorsqu'il n'est pas négociant; et s'il n'y a pas de tribunal de commerce, dans la principale salle de la mairie du domicile du mari. Pareil extrait est inséré au tableau exposé en la chambre des avoués et notaires, s'il y en a. La femme ne peut commencer l'exécution du jugement que du jour où les formalités ci-dessus ont été remplies, sans que néanmoins il soit nécessaire d'attendre l'expiration du susdit délai d'un an.

TITRE V

SECTION PREMIÈRE

DES BOURSES DE COMMERCE

Art. 71. — La bourse de commerce est la réunion qui a lieu, sous l'autorité du gouvernement, des commerçants, capitaine de navires, agents de change et courtiers.

Cette réunion a pour objet la vente de parties considérables de marchandises, l'affrétement des navires, la vente des rentes sur l'État, et la négociation des effets publics ainsi que des billets et papiers commerciables.

Les bourses de commerce facilitent les grandes opérations, et elles placent les opérations qui se rattachent à l'intérêt général sous les yeux de l'autorité.

Le gouvernement peut établir des bourses de commerce dans tous les lieux où il n'en existe pas et où il le juge convenable.

Il fait les règlements nécessaires pour leur police, et nomme les agents de change et courtiers qui doivent les desservir.

Les bourses sont ouvertes à tous les citoyens, même aux étrangers, mais les femmes n'y sont pas admises, et les commerçants faillis non réhabilités en sont exclus.

Il est défendu de s'assembler ailleurs qu'à la bourse pour les négociations de commerce.

ART. 72. — Le résultat des négociations et des transactions qui s'opèrent dans la bourse détermine le cours du change, des marchandises, des assurances, du fret ou nolis, du prix des transports par terre ou par eau, des effets publics et autres dont le cours est susceptible d'être coté.

On entend par *change* une négociation par laquelle une personne transporte à une autre les fonds qu'elle possède dans quelque endroit pour un prix convenu ou qui se trouve réglé sur la place par les usages du commerce. Enfin, c'est le prix que prend un banquier pour faire remettre de l'argent dans une autre place.

Nous en traiterons plus longuement lorsque nous en serons au chapitre concernant la lettre de change.

ART. 73. — Ces divers cours sont constatés par les agents de change et courtiers, dans la forme prescrite par les règlements de police généraux ou particuliers.

Le cours des marchandises est le prix ou le taux auquel se vendent ou s'achètent les marchandises ; ce cours des effets ou des marchandises est publié à la clôture de chaque bourse, sur un bulletin imprimé, qui porte le titre de *cours authentique*.

Le *cours officiel* du jour est la réunion des prix publiés dans le temps légal de la tenue de la bourse.

Ces divers cours sont constatés par des agents de change et des courtiers dont nous allons faire connaître les droits et les obligations.

SECTION DEUXIÈME

DES AGENTS DE CHANGE ET COURTIERS

ART. 74. — La loi reconnaît pour les actes de commerce des agents intermédiaires, savoir : les agents de change et les courtiers.

ART. 75. — Il y en a dans toutes les villes qui ont une bourse de commerce. Ils sont nommés par le gouvernement.

Les *agents de change* sont des officiers publics que le gouvernement autorise à s'interposer entre les négociants pour faciliter leurs opérations, et qui sont exclusivement préposés à la négociation des effets publics.

A Paris, le nombre des agents de change est fixé à soixante. Leurs noms et leurs adresses sont affichés à la Bourse sur un tableau, où ils sont classés par ordre de réception. Ils forment une compagnie représentée et administrée par une chambre syndicale composée d'un syndic et de six adjoints.

Cette chambre est chargée :

1° De maintenir l'ordre et de faire exécuter les règlements par les membres de la compagnie ;

2° De surveiller la liquidation des marchés à terme;

3° De donner son avis sur les candidats proposés pour les places d'agents de change ;

4° De surveiller la cote des cours ;

5° De statuer sur l'admission à la Bourse, des actions des compagnies financières et des fonds des gouvernements étrangers ;

6° Enfin, de dénoncer ceux qui empiètent sur les attributions de la compagnie.

Pour être agent de change il faut jouir des droits de citoyen français et être âgé de vingt-cinq ans; de plus, justifier d'un stage de quatre années chez un banquier ou un notaire à Paris, ou bien de l'exercice de la profession de banquier ou de commerçant.

Il faut que le candidat soit agréé par la chambre syndicale; dans les départements, la demande doit être adressée au préfet, renvoyée par lui au tribunal de commerce, pour avoir son avis sur l'aptitude et la réputation de probité du candidat, puis communiquée aux syndics et adjoints des agents de change du lieu, lorsqu'il y a un syndicat, afin qu'ils donnent leurs observations. S'il n'existe pas de syndicat, l'avis favorable du tribunal de commerce est suffisant. Dans l'un et l'autre cas, la demande doit être transmise au ministre par le préfet, qui y joint son propre avis ; et c'est sur le rapport du ministre, chargé d'agréer définitivement le candidat, que la nomination est faite.

Enfin les agents de change doivent se pourvoir d'une patente et fournir un cautionnement, qui est fixé pour Paris à 125,000 francs, affecté à la garantie des condamnations qu'ils peuvent encourir pour infractions aux règlements.

L'agent de change ne peut entrer en fonctions et être admis à la prestation de serment qu'après avoir justifié du versement de son cautionnement.

Art. 76. — Les agents de change, constitués de la manière prescrite par la loi, ont seuls le droit de faire les négociations des effets publics et autres susceptibles d'être cotés ; de faire pour le compte d'autrui les négociations des lettres de change ou billets, et de tous papiers commerçables, et d'en constater le cours. — Les agents de change pourront faire, concurremment avec les courtiers de marchandises, les négociations et le courtage des ventes ou achats des matières métalliques. Ils ont seuls le droit d'en constater le cours.

A l'effet de constater les cours, les agents de change nomment entre eux un syndic et six adjoints. Le syndic correspond particulièrement avec le gouvernement et est chargé d'envoyer exactement chaque jour le bulletin du cours du change au trésor public et au ministère des finances.

Les agents de change, étant sur le parquet, proposent à haute voix la vente ou l'achat d'effets publics ou particuliers, et lorsque deux d'entre eux ont consommé une négociation, ils en donnent le cours à un crieur qui l'annonce sur-le-champ au public. Il n'est crié à haute voix que le cours des effets publics.

Les agents de change, à Paris, ne peuvent percevoir pour leurs honoraires moins d'un huitième, ni plus d'un quart pour cent pour chaque opération au comptant ou à terme.

Il est défendu à toute personne de s'immiscer en aucune façon dans les fonctions d'agents de change, et de confier les opérations de bourse à tout autre qu'à eux, sous peine de dommages-intérêts.

Pour les actes qui sont attribués aux agents de change en leur qualité d'*officiers publics*, tels que la constatation des cours et la négociation des rentes, leur compétence est absolue et leur entremise indispensable.

Pour les actes qui leur sont attribués en leur qualité d'agents intermédiaires du commerce, comme la négociation des effets privés, leur compétence n'est pas absolue, étant chacun libre de faire ses affaires par soi-même; mais si on veut se servir d'intermédiaire, on ne peut en employer d'autre que l'agent officiel.

Dans les villes où il n'existe pas d'agents de change, toute personne peut faire librement ceux des actes de la profession d'agent de change qui ne supposent pas un caractère public, comme par exemple la négociation des effets privés. Dans ces villes, la négociation des effets publics est opérée par les notaires, qui, à cet égard, font l'office d'agents de change.

Les agents de change sont tenus :

De se faire remettre les effets qu'ils sont chargés de vendre, ou les sommes nécessaires pour payer ceux qu'ils sont chargés d'acheter ;

De délivrer des reconnaissances des effets qui leur sont confiés ;

De consigner leurs opérations sur un carnet au moment même, et de les inscrire le même jour sur un livre-journal ;

De remettre aux parties un bordereau signé d'eux, et constatant l'opération dont ils sont chargés ;

De garder le secret le plus inviolable à leurs clients.

Les agents de change ne peuvent, sous peine d'amende et de destitution, prêter leur nom à des personnes qui n'ont pas le droit d'exercer leurs fonctions. Il leur est également interdit de signer pour leurs collègues, à moins qu'ils n'aient leur procuration.

Les négociations faites par l'intermédiaire des agents de change peuvent avoir lieu à terme ou au comptant.

Les opérations à terme se règlent ordinairement à la fin du mois courant ou à la fin du mois prochain. Ce règlement se nomme liquidation.

Les agents de change ont seuls le caractère pour vendre et acheter des effets publics.

Les effets publics sont ceux dus par l'État. Ils se divisent en deux classes.

La première classe comprend :

Les inscriptions de rentes viagères ;

Les inscriptions de rentes perpétuelles ;

Les bons du trésor ou effets de la caisse de service ;

Les actions sur certains canaux.

La deuxième classe comprend :

Les rentes de la ville de Paris ;

Les actions de la banque de France ;

Les actions de certains canaux ;

Les actions des compagnies d'assurances ;

Les actions des ponts, etc., etc.

Les *rentes perpétuelles* sur l'État se composent des rentes quatre et demi et trois pour cent.

Les *bons du trésor* sont des effets que le trésor public met en circulation , avec l'autorisation de la loi, pour faciliter ses opérations habituelles. Ils sont à ordre ou au porteur.

Les *actions sur certains canaux* qui sont considérées comme effets publics sont celles qui ont été créées en exécution des lois des 5 mai 1821 et 14 août 1822.

La négociation de rentes s'opère à la bourse par l'entremise de deux agents de change représentant, l'un le vendeur, l'autre l'acheteur, au moment où ils traitent de la vente et de l'achat de la rente.

En cas de vente d'une inscription de rente ou de mutation occasionnée par succession , échange ou donation, on opère le transfert de cette inscription au grand livre de la dette publique.

On appelle *grand livre* le registre où la dette publique est inscrite et qui est tenu par les agents du trésor.

Un livre auxiliaire de la dette publique a été établi au chef-lieu de chaque département.

Les agents de change et les courtiers ne peuvent se refuser à délivrer des récépissés si on leur en demande. Cependant, à Paris, les agents de change ne sont pas dans l'usage de donner des reconnaissances; ils enregistrent devant les parties les sommes ou valeurs qu'ils reçoivent.

Les agents de change ne doivent pas prêter leur ministère à des *jeux de bourse*.

On appelle *jeux de bourse* les marchés fictifs qui ne doivent se résoudre qu'en différences de cours dues par l'une ou par l'autre des parties, selon que la rente aura baissé ou haussé à l'échéance du terme.

Le report n'est point un jeu de bourse. C'est une opération qui se fait en achetant au comptant des rentes que l'on revend à l'instant même à terme, dans l'espoir de bénéficier de la plus-value qui aura lieu à l'échéance du terme.

Les reports peuvent avoir lieu sur les actions de la banque, les fonds étrangers et tous autres effets productifs d'intérêts.

Les jeux de bourse ne peuvent donner lieu à aucune action utile devant les tribunaux.

Art. 77. — Il y a des courtiers de marchandises, des courtiers d'assurances, des courtiers interprètes et conducteurs de navires, des courtiers de transport par terre et par mer.

Art. 78. — Les courtiers de marchandises, constitués de la manière prescrite par la loi, ont seuls le droit de faire le courtage des marchandises, d'en constater le cours ; ils exercent, concurremment avec les agents de change, le courtage des matières métalliques.

Art. 79. — Les courtiers d'assurances rédigent les contrats ou polices d'assurances, concurremment avec les notaires ; ils en attestent la vérité par leur signature, certifient le taux des primes pour tous les voyages de mer ou de rivière.

Art. 80. — Les courtiers interprètes et conducteurs de navires font le courtage des affrétements : ils ont, en outre, seuls le droit de traduire, en cas de contestations portées devant les tribunaux, les déclarations, chartes-parties, connaissements, contrats, et tous actes de commerce dont la traduction serait nécessaire ; enfin, de constater le cours du fret ou du nolis.

Dans les affaires contentieuses de commerce, et pour le service des douanes, ils serviront seuls de truchement à tous étrangers, maîtres de navire, marchands, équipages de vaisseau et autres personnes de mer.

ART. 81. — Le même individu peut, si l'acte du gouvernement qui l'institue l'y autorise, cumuler les fonctions d'agent de change, de courtier de marchandises ou d'assurances, et de courtier interprète et conducteur de navires.

ART. 82. — Les courtiers de transport, par terre et par eau, constitués selon la loi, ont seuls, dans les lieux où ils sont établis, le droit de faire le courtage des transports par terre et par eau ; ils ne peuvent cumuler, dans aucun cas et sous aucun prétexte, les fonctions de courtiers de marchandises, d'assurances, ou de courtiers conducteurs de navires, désignés aux art. 78, 79 et 80.

Les *courtiers* forment la deuxième espèce d'agents intermédiaires reconnus par la loi. Ils sont, comme les agents de change, officiers publics et en même temps commerçants. Ce qui les distingue, c'est de préparer les négociations, de s'entremettre entre les parties, mais toujours en restant personnellement étrangers au contrat qui se forme par leur intermédiaire. Ils n'agissent pas en leur nom comme les agents de change.

Les noms et demeures des courtiers doivent être inscrits sur un tableau exposé à la Bourse et dans l'auditoire du tribunal de commerce.

Les conditions et le mode de nomination sont les mêmes pour les courtiers que pour les agents de change ; seulement le candidat est tenu de subir préalablement un examen devant la chambre syndicale pour s'assurer s'il possède l'aptitude nécessaire pour apprécier la qualité, la valeur intrinsèque ou relative des marchandises et productions qui sont dans le commerce.

Le mode d'installation est le même que pour les agents de change. Ils sont assujettis au cautionnement et à la patente. Ils ont une compagnie qui est représentée, surveillée et dirigée par une chambre syndicale, qui dresse toutes les semaines le bulletin du cours des marchandises.

Les attributions des courtiers varient suivant les différentes espèces de courtage.

Il n'y a qu'une seule espèce d'agents de change; mais il y a plusieurs sortes de courtiers, ainsi que nous l'avons vu art. 77, lequel reconnaît des courtiers de quatre espèces, savoir :

Les courtiers de marchandises,

Les courtiers d'assurances,

Les courtiers interprètes et conducteurs de navires,

Les courtiers de transport par terre et par eau.

Il faut aussi y ajouter les courtiers gourmets-piqueurs de vins, qui ont été institués plus tard.

Les *courtiers de marchandises* facilitent le débit des marchandises appartenant aux fabricants et manufacturiers; ils mettent en rapport l'acheteur avec le vendeur, et leur concours donne l'authenticité aux opérations.

Les *courtiers d'assurances*, et il est bien d'observer ici qu'il ne s'agit pas d'assurances contre l'incendie ou autres risques, mais bien d'assurances maritimes, rédigent les actes ou conventions d'assurances qu'on nomme *polices;* ils attestent la vérité de ces actes par leur signature, lorsque les parties les font elles-mêmes par écritures privées; et si les parties ne savent ou ne peuvent écrire, les courtiers reçoivent ces actes concurremment avec les notaires.

Les courtiers d'assurances ont le droit de certifier le taux des *primes*, à l'exclusion des notaires.

On nomme *primes* le prix des assurances.

Les courtiers *interprètes et conducteurs de navires* se no::ment plus communément *courtiers maritimes*; ils sont préposés pour faire les marchés de *louage* des navires qu'on nomme dans le commerce affrétement. Ils traduisent, en cas de contestations portées devant les tribunaux, les déclarations, chartes-parties, connaissements, contrats et tous actes dont la traduction est nécessaire. Ils déterminent le fret ou transport que doivent payer les propriétaires des denrées ou marchandises formant le chargement.

Les *chartes-parties* ou *polices d'affrétement* sont les conventions relatives aux locations de navires.

Le *connaissement* est la reconnaissance que le capitaine donne des marchandises chargées sur son navire.

Chaque courtier maritime ne peut traduire que la langue mentionnée sur sa commission; mais ceux qui connaissent plusieurs langues peuvent être autorisés à interpréter toutes celles qu'ils parlent.

Les maîtres de navires et marchands peuvent agir par eux-mêmes et sans l'intermédiaire d'un courtier maritime; un étranger connaissant la langue française n'est pas non plus obligé de s'en servir.

Les devoirs et la responsabilité des courtiers maritimes à l'égard des chargeurs cessent dès l'instant où le navire lève l'ancre.

Les courtiers *de transport par terre et par eau* servent d'intermédiaires entre les commissionnaires de transport ou de roulage et le marchand qui a besoin d'opérer des transports.

Les courtiers *gourmets-piqueurs de vins* sont établis pour le service de l'entrepôt des vins. Ils ne peuvent cumuler leurs fonctions avec aucune autre profession.

Art. 83. — Ceux qui ont fait faillite ne peuvent être agents de change ni courtiers, s'ils n'ont été réhabilités.

Art. 84. — Les agents de change et courtiers sont tenus d'avoir un livre revêtu des formes prescrites par l'art. 11. — Ils sont tenus d'y consigner, jour par jour, et par ordre de dates, sans ratures, interlignes, ni transpositions, et sans abréviations ni chiffres, toutes les conditions des ventes, achats, assurances, négociations, et en général de toutes les opérations faites par leur ministère.

Outre le livre dont il est ici question et qui est le livre-journal, les courtiers, comme les agents de change, doivent avoir aussi un *carnet*, sorte d'agenda, sur lequel ils doivent inscrire chaque opération à mesure qu'elle est consommée. Mais ce livre et ce carnet ne dispensent pas les agents de change et courtiers de faire signer par les parties des bordereaux ou actes constatant les opérations qu'ils ont faites. Ces signatures, une fois données, sont irrévocables.

Les agents de change et courtiers sont obligés de délivrer à tout intéressé un extrait de leur journal relativement à la négociation. Mais ceux qui n'ont pris aucune part à l'opération ne peuvent obtenir d'extrait sans le consentement de l'un des intéressés, ou sans y être autorisés par justice.

Les agents de change sont tenus de garder le secret

sur les négociations dont ils sont chargés, à moins que les parties ne consentent à être connues, ou que la nature de l'opération ne l'exige.

ART. 85. — Un agent de change ou courtier ne peut, dans aucun cas et sous aucun prétexte, faire des opérations de commerce ou de banque pour son compte. — Il ne peut s'intéresser directement ni indirectement, sous son nom, ou sous un nom interposé, dans aucune entreprise commerciale. — Il ne peut recevoir ni payer pour le compte de ses commettants.

Le but de cet article est d'éviter que les agents de change et courtiers n'exposent les intérêts qui leur sont confiés, en compromettant leur propre fortune dans des entreprises hasardées et malheureuses.

La défense faite à l'agent de change ou courtier de payer ou recevoir pour ses clients ne s'entend que des opérations étrangères à ses fonctions.

Les agents de change et courtiers ne peuvent, à peine de destitution et d'une amende de 3,000 francs, négocier aucune lettre de change ou billet, ni vendre aucune marchandise appartenant à des individus dont la faillite est reconnue.

Toutes les négociations en blanc, des lettres de change, billets à ordre ou autres effets de commerce sont interdites aux agents de change.

ART. 86. — Il ne peut (l'agent de change ou courtier) se rendre garant de l'exécution des marchés dans lesquels il s'entremet.

ART. 87. — Toute contravention aux dispositions énoncées dans les deux articles précédents entraîne la peine de destitution, et une condamnation d'amende, qui sera prononcée par le tribunal de police correctionnelle, et qui ne peut être au-dessus de 3,000 francs, sans préjudice de l'action des parties en dommages et intérêts.

Art. 88. — Tout agent de change ou courtier destitué en vertu de l'article précédent ne peut être réintégré dans ses fonctions.

Art. 89. — En cas de faillite, tout agent de change ou courtier est poursuivi comme banqueroutier.

Art. 90. — Il sera pourvu, par des règlements d'administration publique, à tout ce qui est relatif à la négociation et transmission de propriété des effets publics.

L'agent de change est tenu, envers ses clients, de la garantie qui résulte du mandat ordinaire.

Il ne peut se rendre garant de l'exécution des marchés dans lesquels il s'entremet, c'est-à-dire, qu'il fait faire, mais il est garant de celle des marchés qu'il fait, puisqu'il doit avoir reçu d'avance les effets qu'il vend et les sommes nécessaires pour le paiement de ceux qu'il achète. Il est donc responsable du marché qu'il a conclu.

Il n'en est pas ainsi du courtier, qui ne peut être garant du marché dont il a été chargé.

L'agent de change chargé d'une négociation et d'un transfert de rentes est responsable, pendant cinq ans, de l'identité du vendeur, de la vérité de sa signature et des pièces produites.

Le droit de courtage n'est dû aux agents de change que sur le produit net de la négociation, et non sur la valeur nominale des effets.

TITRE VI

SECTION PREMIÈRE

DES COMMISSIONNAIRES EN GÉNÉRAL

ART. 91. — Le commissionnaire est celui qui agit en son propre nom ou sous un nom social pour le compte d'un commettant.

Le *commissionnaire* diffère du *courtier*, en ce que ce dernier est un officier public qui ne peut pas faire d'affaires pour son compte et qui ne peut être négociant, tandis que le commissionnaire est un simple négociant, une sorte de commis par qui un autre négociant fait acheter, vendre, recevoir, expédier des marchandises. Il en diffère encore en ce qu'il demeure dans un autre lieu que son commettant, et en ce qu'il est ordinairement chargé seulement des ordres de ce dernier, tandis que le courtier est nécessairement un agent intermédiaire préposé par chacun des contractants.

Il faut aussi distinguer le *commissionnaire* du *mandataire*, c'est-à-dire celui qui est chargé d'un mandat. Le commissionnaire agit en son nom pour le compte d'un commettant, il s'oblige sans obliger ce commettant, et il est salarié; le mandataire agit au nom du mandant qu'il oblige sans s'obliger lui-même; il n'est pas salarié, à moins de stipulations contraires.

ART. 92. — Les devoirs et les droits du commissionnaire,

qui agit au nom d'un commettant sont déterminés par le Code civil, livre 3, titre 13.

Le commissionnaire est l'obligé direct à l'égard des personnes avec lesquelles il traite, mais il n'est toujours que le mandataire de ses commettants. Cependant ses obligations sont plus ou moins étendues; en raison de la rétribution qu'il reçoit. Lorsqu'il ne reçoit qu'une rétribution ordinaire qu'on nomme *commission*, il ne répond pas des débiteurs, et il en répond, lorsqu'il reçoit une rétribution qui est en général double de la rétribution ordinaire, et qu'on nomme *ducroire*.

Le commissionnaire participe de la double qualité de mandataire et de dépositaire. Étant salarié, il est soumis à une responsabilité rigoureuse; il répond, non-seulement de son dol, mais de ses fautes même légères. Il est tenu d'apporter à la garde des marchandises qui lui sont adressées, les mêmes soins qu'il donnerait aux siennes propres, et il est responsable de la perte survenue par sa négligence. Il ne peut employer à son usage la chose à lui remise par son commettant, ni se dispenser de la restituer aussitôt qu'il la réclame. Il serait passible de dommages-intérêts si, sans un motif légitime, il laissait passer ou n'attendait pas l'époque fixée par son commettant pour remplir la commission qu'il lui aurait donnée.

Le commissionnaire étant toujours censé agir en son propre nom, ne donne aucune action aux tiers contre son commettant. Il en est ainsi, alors même que le commettant, accompagné du commissionnaire, aurait lui-même fait les achats de marchandises, parce que c'est la présence du commissionnaire qui a déterminé la vente.

Art. 93. — Tout commissionnaire qui a fait des avances sur des marchandises à lui expédiées d'une autre place pour être vendues pour le compte d'un commettant a privilége, pour le remboursement de ses avances, intérêts et frais, sur la valeur des marchandises, si elles sont à sa disposition, dans ses magasins, ou dans un dépôt public, ou si, avant qu'elles soient arrivées, il peut constater, par un connaissement ou une lettre de voiture, l'expédition qui lui en a été faite.

Le *privilége* est un droit que la qualité de la créance donne à un créancier d'être préféré aux autres créanciers, même hypothécaires, et d'être payé par priorité et préférence.

On entend par *avances*, toutes les sommes, tous les objets, toutes les valeurs quelconques qui sortent des mains du commissionnaire et profitent au commettant, et ont été faites pour son compte.

Art. 94. — Si les marchandises ont été vendues et livrées pour le compte du commettant, le commissionnaire se rembourse, sur le produit de la vente, du montant de ses avances, intérêts et frais, par préférence aux créanciers du commettant.

Art. 95. — Tous prêts, avances ou paiements qui pourraient être faits sur des marchandises déposées ou consignées par un individu résidant dans le lieu du domicile du commissionnaire, ne donnent privilége au commissionnaire ou dépositaire qu'autant qu'il s'est conformé aux dispositions prescrites par le Code civil, livre 3, titre 17, pour les prêts sur gages ou nantissements.

Lorsque le commettant ne rembourse pas au commissionnaire les avances qu'il lui a faites sur les marchandises, ce dernier peut se faire autoriser en justice à vendre ces marchandises, surtout si son commettant ne le met pas à même par ses instructions de faire cette vente au prix du cours.

Le privilége accordé au commissionnaire pour le remboursement de ses avances, intérèts et frais, ne s'étend pas au droit de commission qui peut lui être dû.

Il résulte de l'article 95, que le privilége qu'il énonce n'a lieu qu'autant qu'il y a un acte public ou sous seing privé dûment enregistré, contenant la déclaration de la somme due, ainsi que l'espèce et la nature des choses remises en gage, ou un état annexé de leur quotité, poids et mesures. Il résulte encore de ce même article que le créancier ne peut, à défaut de paiement, disposer des marchandises consignées en ses mains qu'en faisant ordonner en justice que ces marchandises lui demeureront en paiement et jusqu'à due concurrence, d'après une estimation faite par experts, ou qu'elles seront vendues aux enchères.

Le commissionnaire n'est jamais obligé de faire connaître son commettant ; il lui suffit de déclarer s'il agit ou non en qualité de commissionnaire.

La convention qui intervient entre le commettant et le commissionnaire se nomme *contrat de commission* ; la preuve de ce contrat tout commercial est admissible comme celle de toute autre convention commerciale. Pour que ce contrat soit parfait, il ne suffit pas que la commission soit donnée, il faut encore qu'elle ait été acceptée par le commissionnaire.

S'il ne veut pas accepter la commission il doit en

prévenir son commettant; son silence le rendrait passible de dommages-intérêts. Mais, lorsqu'il l'a acceptée, il doit la remplir en se conformant aux instructions qu'il a reçues, à moins que son commettant ne manque à ses obligations envers lui, ou ne tombe en faillite ou en déconfiture.

L'acceptation peut n'être pas expresse; elle peut résulter de l'exécution de la commission même.

Dans le cas où le commettant et le commissionnaire ne se seraient pas entendus sur les moyens de faire parvenir à ce dernier les fonds nécessaires pour sa négociation, le commettant ne peut l'obliger à tirer sur lui pour se couvrir de ses avances; il doit lui envoyer des fonds ou des valeurs. Cependant, si le commissionnaire était obligé de fournir, sur son commettant, les frais de négociation seraient à la charge de ce dernier, à moins de conventions contraires.

Les commissionnaires n'ont pas le droit de s'entremettre dans les ventes et achats des marchands et négociants, résidant dans la même ville. Ce droit n'appartient qu'aux courtiers.

Le commissionnaire chargé de la vente de marchandises, est tenu, pour leur réception, à toutes les obligations du dépositaire. S'il n'a pas fait constater l'état des marchandises au moment de la réception, il est censé les avoir reçues en bon état, et répond des avaries.

Il est encore obligé de vendre au prix qui lui a été fixé et de laisser subsister les marques attachées aux marchandises.

Lorsqu'un même commissionnaire qui est chargé

de vendre des marchandises, est en même temps chargé, par un autre négociant, d'acheter des marchandises de la même espèce, il doit, par délicatesse, en prévenir ses deux commettants.

Le commissionnaire qui vend à un prix supérieur à celui qui lui est fixé, doit compte de la différence à son commettant, à moins de convention contraire. Si, au contraire, il vend au-dessous du prix fixé et convenu par son commettant, celui-ci ne peut redemander ses marchandises, mais le commissionnaire doit lui remettre le complément du prix.

Un commissionnaire ne peut vendre à crédit sans l'autorisation de son commettant, ou à moins qu'il ne se soit conformé à un usage qu'on ne lui avait pas défendu de suivre. Celui qui aurait vendu à crédit sans y être autorisé par son commettant, devra le payer comptant. Mais s'il avait vendu plus cher que le prix fixé, il a le droit de garder pour lui la différence, à moins que son commettant ne consente à accepter le marché tel qu'il a été conclu.

Lorsqu'un commissionnaire n'a pu vendre les marchandises qui lui ont été remises, il doit en prévenir son commettant et lui demander ses ordres avant de les lui renvoyer.

La vente faite par le commissionnaire transfère à l'acheteur la propriété de la chose qu'il lui vend, comme si c'eût été sa propre chose qu'il lui eût vendue.

Le commettant ne peut être obligé de recevoir du commissionnaire des marchandises d'une espèce ou qualité autres que celles qu'il a demandées ; mais s'il n'y avait qu'un excédant de prix, le commettant serait tenu de prendre la marchandise en laissant toutefois la différence pour le compte du commissionnaire.

Le commissionnaire qui achète des marchandises pour le compte de son commettant et les paie de ses propres deniers, peut, lorsqu'il les a expédiées, les revendiquer sur son commettant qui est tombé en faillite. En tous cas, il est subrogé légalement dans les droits du vendeur.

Le commissionnaire peut être forcé de garder pour son compte des marchandises qu'il a achetées pour son commettant, si elles ne sont pas de la qualité convenue.

Il est d'usage dans le commerce, que le négociant qui reçoit des marchandises pour les vendre, peut, indépendamment du droit de commission, exiger un droit d'emmagasinage.

Lorsqu'un commissionnaire emploie des intermédiaires pour la négociation dont il est chargé, il répond de ces intermédiaires, à moins qu'ils ne lui aient été nominativement désignés par celui qui l'a chargé de la négociation.

SECTION DEUXIÈME

DES COMMISSIONNAIRES
POUR LES TRANSPORTS PAR TERRE
ET PAR EAU

Les commissionnaires de transports sont ceux qui font, en leur nom, des marchés avec les voituriers pour le transport des marchandises qui appartiennent

à autrui. On les nomme ordinairemeut *commissionnaires de roulage.*

Les commissionnaires de roulage ou de transports
sont des intermédiaires qui mettent en rapport l'expéditeur et le voiturier. Sans leur entremise les transports seraient presque toujours difficiles et fort coû-
teux. Leur institution a l'avantage de faciliter l'envoi
des marchandises dans toutes les parties du monde
commercial.

Ces commissionnaires diffèrent principalement des
voituriers en ce qu'ils se chargent de faire effectuer
les transports par des voituriers dont ils répondent,
tandis que ces derniers, propriétaires des équipages
ou des barques, effectuent le transport par eux-
mêmes ou par des serviteurs à gages.

Le commissionnaire de transports ainsi que celui
qui ne se chargerait qu'accidentellement d'expédier
des marchandises qu'on lui aurait confiées sont responsables de leurs fautes ; ils ne peuvent apporter aucun changement aux instructions qu'ils ont reçues,
sous peine de répondre des conséquences de ce changement.

Art. 96. — Le commissionnaire qui se charge d'un transport par terre ou par eau est tenu d'inscrire sur son livre-
journal la déclaration de la nature et de la quantité des marchandises, et, s'il en est requis, de leur valeur.

Art. 97. — Il est garant de l'arrivée des marchandises et
effets dans le délai déterminé par la lettre de voiture, hors les
cas de force majeure légalement constatée.

Art. 98. — Il est garant des avaries ou pertes de marchandises et effets, s'il n'y a stipulation contraire dans la lettre de
voiture, ou force majeure.

La *force majeure* est une force à laquelle nul ne

peut résister. Si, par exemple, un commissionnaire s'est chargé d'un transport par terre, et que la rivière vienne à geler; d'un transport par eau, et que la voiture soit atteinte par la foudre, etc., il y a force majeure.

Mais le voiturier ou le commissionnaire est tenu de faire constater, *légalement*, le cas de force majeure, c'est-à-dire, d'en faire dresser procès-verbal par les officiers publics du lieu le plus proche où l'accident est arrivé.

Tout dommage qui arrive aux marchandises ou objets, depuis leur chargement et départ jusqu'à leur arrivée et déchargement, est réputé *avarie*. Mais le commissionnaire ne peut être tenu de la perte provenant seulement du vice de la chose.

Le commissionnaire de roulage qui a reçu des marchandises pour les faire parvenir à une destination convenue est responsable du retard apporté à la remise de ces marchandises. Mais il ne peut, en cas de retard, être contraint à garder les marchandises pour son compte par forme d'indemnité.

L'action pour perte, avarie ou retard dans le transport des marchandises peut être exercée par l'expéditeur comme par le destinataire.

Art. 99. — Il est garant des faits du commissionnaire intermédiaire auquel il adresse les marchandises.

Mais si le commissionnaire intermédiaire avait été désigné par l'expéditeur, il serait un agent de ce dernier, et le commissionnaire principal n'en serait plus responsable.

Art. 100. — La marchandise sortie du magasin du vendeur

ou de l'expéditeur voyage, s'il n'y a convention contraire, aux risques et périls de celui à qui elle appartient, sauf son recours contre le commissionnaire et le voiturier chargés du transport.

L'expéditeur est celui qui envoie la marchandise ou les objets.

La lettre de voiture peut stipuler que le commissionnaire n'entend pas répondre des dommages ou pertes des effets qui proviendraient du fait du voiturier.

Les règles sur la responsabilité des commissionnaires de transports ne sont pas applicables au cas où un marchand aurait été chargé par un acheteur de lui expédier, aux risques de ce dernier, les marchandises qu'il lui a achetées. Dans ce cas, le marchand n'est qu'un simple mandataire dont la responsabilité est à couvert, lorsqu'il a prouvé qu'il a effectué l'envoi exactement comme on le lui avait prescrit.

Les commissionnaires intermédiaires et les voituriers que le commissionnaire originaire a employés sont solidairement responsables avec celui-ci envers le propriétaire des marchandises.

ART. 101. — La lettre de voiture forme un contrat entre l'expéditeur et le voiturier, ou entre l'expéditeur, le commissionnaire et le voiturier.

Elle est ainsi appelée parce que c'est un acte en forme de lettre, adressée par le commissionnaire ou l'expéditeur au destinataire. Elle fait foi entre les parties de la vérité et de la sincérité de ses énonciations.

Elle doit être faite sur une feuille au timbre de 35 centimes.

ART. 102. — La lettre de voiture doit être datée. Elle doit

exprimer : la nature et le poids ou la contenance des objets à transporter ; le délai dans lequel le transport doit être effectué. Elle indique : le nom et le domicile du commissionnaire par l'entremise duquel le transport s'opère, s'il y en a un ; le nom de celui à qui la marchandise est adressée, le nom et le domicile du voiturier. Elle énonce : le prix de la voiture, l'indemnité due pour cause de retard. Elle est signée par l'expéditeur ou le commissionnaire. Elle présente en marge les marques et numéros des objets à transporter. La lettre de voiture est copiée par le commissionnaire sur un registre coté et paraphé, sans intervalle et de suite.

La lettre de voiture peut être faite à ordre ou au porteur. Elle est transmissible par la voie de l'endossement.

Une surcharge dans la lettre de voiture, soit sur le prix, soit sur la date du dépôt, doit être interprétée contre le voiturier.

Les effets transportés doivent être remis au destinataire désigné dans la lettre de voiture ; la question de savoir s'il est ou non propriétaire de ces objets ne regarde pas le voiturier.

La stipulation dans une lettre de voiture d'une indemnité pour le cas de retard dans l'arrivée des marchandises, n'est censée faite que pour les retards ordinaires ; la retenue d'usage est celle du tiers sur le prix de la voiture. Mais si ce retard était considérable et en dehors de toutes les prévisions, le voiturier ou le commissionnaire pourraient être condamnés à des dommages-intérêts.

SECTION TROISIÈME

DES VOITURIERS

Art. 103. — Le voiturier est garant de la perte des objets à transporter, hors les cas de la force majeure. Il est garant des avaries autres que celles qui proviennent du vice propre de la chose ou de la force majeure.

Art. 104. — Si, par l'effet de la force majeure, le transport n'est pas effectué dans le délai convenu, il n'y a pas lieu à indemnité contre le voiturier pour cause de retard.

Art. 105. — La réception des objets transportés et le paiement du prix de la voiture éteignent toute action contre le voiturier.

Art. 106. — En cas de refus ou de contestation pour la réception des objets transportés, leur état est vérifié et constaté par des experts nommés par le président du tribunal de commerce ou, à son défaut, par le juge de paix, et par ordonnance au pied d'une requète. Le dépôt ou séquestre, et ensuite le transport dans un dépôt public, peut en être ordonné. La vente peut en être ordonnée en faveur du voiturier, jusqu'à concurrence du prix de la voiture.

Art. 107. — Les dispositions contenues dans le présent titre sont communes aux maîtres de bateaux, entrepreneurs de diligences et voitures publiques.

Art. 108. — Toutes actions contre le commissionnaire et le voiturier, à raison de la perte ou de l'avarie des marchandises, sont prescrites, après six mois, pour les expéditions faites dans l'intérieur de la France, et après un an pour celles faites à l'étranger; le tout à compter, pour les cas de perte, du jour où le transport des marchandises aurait dû être effectué, et pour les cas d'avarie, du jour où la remise des marchandises aura été faite; sans préjudice des cas de fraude ou d'infidélité.

Le voiturier est celui qui, par lui-même, ou par

des personnes à ses gages, et dont il est responsable, opère le transport des marchandises.

La convention par laquelle un individu s'engage, moyennant un prix convenu, à conduire d'un endroit dans un autre des personnes ou des objets quelconques, constitue une entreprise de transport. Ainsi les voituriers, comme les commissionnaires, sont commerçants.

Le voiturier est tenu de faire charger convenablement les marchandises qui lui sont confiées, de les conserver; il doit même faire les réparations nécessaires à des tonneaux qui fuiraient.

Ils doivent, sous leur responsabilité, déclarer et présenter les effets qu'ils transportent, avec leurs lettres de voiture, soit aux bureaux des douanes, soit aux autres bureaux où la loi exige cette déclaration et cette présentation.

Le voiturier répond des dommages causés par son manque de soin, lors même qu'il aurait déclaré qu'il ne voulait pas garantir la conservation des objets qui lui étaient confiés.

Lorsque les objets transportés sont renfermés dans des caisses ou ballots, le voiturier n'est tenu que de rendre les caisses ou ballots dans un bon état extérieur. Mais s'il a vérifié et reconnu les quantités et les qualités des objets, il en est responsable, et doit les livrer tels qu'ils ont été annoncés être renfermés dans les caisses ou ballots.

Les commissionnaires, voituriers, entrepreneurs de transports, sont responsables des faits de leurs préposés ou employés, mais en tant seulement qu'ils sont relatifs aux fonctions qui leur sont confiées.

Toutes les personnes employées à un roulage public ou à une entreprise de messageries ne sont pas préposées à la réception des colis, de l'argent et des objets précieux à transporter ; les entrepreneurs ne peuvent donc être responsables qu'autant que les objets à transporter ont été remis à eux en personne ou aux préposés à cet effet. Ainsi, le voiturier n'est pas responsable des objets qui auraient été remis à son domestique ; l'entrepreneur d'une voiture publique n'est pas responsable de la perte d'un objet remis au conducteur de la voiture, qui était occupé à la charger dans la cour.

Le voiturier n'est pas responsable du coulage des liquides, ni de la casse des objets fragiles, ni du mauvais état des marchandises, lorsque ce mauvais état a été constaté avant le départ, sauf toutefois le cas où l'on pourrait prouver qu'il n'en a pas eu soin.

Lorsque par un événement de force majeure un voiturier ne peut continuer le transport qu'il a commencé, et qu'il est sans ordre sur ce qu'il doit faire, sa position est celle d'un mandataire qui doit agir pour le mieux dans l'intérêt du mandant, et qui a, par conséquent, droit à une indemnité s'il a fait quelques dépenses extraordinaires, ainsi qu'à ce qui lui était promis pour son transport, qu'il l'ait effectué ou non.

Le voiturier qui a remis les marchandises à destination, en temps utile et en bon état, a une action en remboursement de ses frais contre celui qui lui a remis la lettre de voiture et les marchandises, ou contre celui qui les a reçues sans élever aucune réclamation.

Lorsqu'il y a insuffisance dans le produit de la vente des marchandises pour payer au voiturier ce qui lui est dû, il conserve son action pour le surplus contre l'expéditeur.

Toutes les dispositions dont il vient d'être parlé sont communes aux maîtres de bateaux, entrepreneurs de diligences et voitures publiques.

TITRE VII

DES ACHATS ET DES VENTES

Art. 109. — Les achats et ventes se constatent : par actes publics, par actes sous signature privée, par le bordereau ou arrêté d'un agent de change ou courtier, dûment signé par les parties ; par facture acceptée, par la correspondance, par les livres des parties, par la preuve testimoniale dans le cas où le tribunal croira devoir l'admettre.

Les achats et ventes commerciales ne sont, en général, assujettis à aucunes formalités spéciales ; toutefois, il est quelques exceptions à cette règle : ainsi, la vente des droits, résultant d'un brevet d'invention, doit être faite par acte authentique revêtu de certaines formalités ; la vente d'un navire doit être faite par écrit ; ainsi pour les effets publics, qui ne peuvent être négociés que par le ministère des agents de change. De même, les ventes volontaires de marchandises faites aux enchères et par adjudication publique ne peuvent être faites qu'avec le concours soit de commissaires priseurs ou de notaires, huissiers ou greffiers, et avec les formalités déterminées par la loi, soit enfin par le ministère des courtiers de commerce.

On nomme *facture*, un état détaillé des marchandises vendues ou envoyées, et qui indique leur nature, leur quantité, leur qualité et leur prix. (Modèle nº 19.)

La facture doit mentionner aussi les conditions auxquelles les objets qui y sont portés ont été vendus; au comptant ou à terme, avec ou sans escompte; et le lieu où elle est payable. Il est prudent de ne pas omettre ces diverses formalités, parce qu'en cas de difficultés, et en l'absence de conditions écrites entre le vendeur et l'acheteur, les conditions portées sur la facture font foi.

L'*escompte* est une remise qu'on fait sur le montant de la facture. Il varie selon les usages et les sortes de marchandises. Ainsi, par exemple, les fabricants de Lyon font ordinairement 10 p. 100 d'escompte sur leurs soieries; d'autres villes et pour d'autres articles accordent 3 ou 6 p. 100, etc. Il y a aussi un escompte qu'on accorde généralement sur les factures payées comptant qui est de 2 p. 100. Mais tous les escomptes sont facultatifs et dépendent des conditions qu'on peut faire.

Il est d'usage dans le commerce d'offrir au public par *circulaires, catalogues* ou *annonces imprimées*, des marchandises à un prix fixé dans ces divers avis; la question de savoir jusqu'à quel point ces offres doivent être exécutées par ceux qui les ont faites est laissée à l'arbitraire des tribunaux. Il est cependant sur ce point une règle à observer, c'est qu'on doit toujours sous-entendre la condition que celui qui fait les offres ne s'engage à fournir les choses offertes qu'au cas où il n'aurait pas changé de résolution depuis l'envoi des annonces et qu'il ne les aurait pas vendues à d'autres.

Lorsque l'offre de vendre n'a eu lieu qu'à titre et par voie de commission, celui qui l'a faite n'est censé avoir entendu fournir la marchandise qu'autant qu'il s'en trouverait sur les lieux.

En règle générale, la vente de la chose d'autrui est nulle, mais en fait de meubles la possession valant titre on doit la considérer comme valable, lorsque la livraison en a été faite ; et le propriétaire ne peut la revendiquer, à moins qu'elle n'ait été volée ; dans ce cas le propriétaire peut se la faire rendre, mais en remboursant au possesseur le prix qu'elle lui a coûté.

Un commencement de preuve par écrit n'est point essentiel pour que les tribunaux admettent la preuve testimoniale, c'est-à-dire par témoins, au sujet d'opérations commerciales. A cet égard, le Code a conservé les anciens usages ; il est en effet une foule de transactions qui ne peuvent être prouvées que par témoins ; celles, par exemple, qui s'opèrent dans les foires et marchés.

TITRE VIII

DE LA LETTRE DE CHANGE
DU BILLET A ORDRE ET DE LA PRESCRIPTION

SECTION PREMIÈRE.

§ 1er

De la forme de la Lettre de Change.

La *lettre de change* est l'acte par lequel le souscripteur mande à une personne résidant dans un autre lieu, de payer une certaine somme à celui au profit de qui cet acte est souscrit, ou au cessionnaire de ce dernier. On le nomme *lettre de change* parce qu'il est fait en forme de lettre.

La lettre de change suppose la préexistence du contrat de change.

Le contrat de change est une convention par laquelle une personne s'engage envers une autre, moyennant une valeur qu'elle en reçoit ou doit en recevoir, à lui faire toucher, *ou à son ordre*, telle somme, à telle époque, dans un lieu autre que celui où le contrat est formé. Par exemple, nous convenons à Sedan, que moyennant deux pièces de drap que vous me livrez ou que vous promettez de me livrer, je vous ferai toucher à Paris, dans un mois, la somme de mille francs.

Ce contrat exige donc nécessairement :

1° Une somme que l'une des parties s'engage à faire toucher à l'autre ;

2° Une valeur que celle-ci fournit ou s'engage à fournir ;

3° La remise d'un lieu sur un autre.

Il n'y aurait pas contrat de change si la somme promise, et la valeur fournie ou à fournir en retour devaient être livrées dans le même lieu.

ART. **110**. — La lettre de change est tirée d'un lieu sur un autre. Elle est datée. Elle énonce : la somme à payer; le nom de celui qui doit payer ; l'époque et le lieu où le paiement doit s'effectuer; la valeur fournie en espèces, en marchandises, en compte, ou de toute autre manière. Elle est à l'ordre d'un tiers, ou à l'ordre du tireur lui-même. Si elle est par 1re, 2e, 3e, 4e, etc., elle l'exprime.

Aucune des conditions ci-dessus énoncées ne peut être omise sans que la lettre soit sans effet ou réduite à des effets moindres que ceux d'une lettre parfaite. Elle peut devenir simple mandat ou simple promesse. Mais lorsque toutes ces conditions s'y trouvent réunies elle devient lettre de change, quand bien même on n'y aurait pas inséré cette dénomination.

Une lettre de change peut être faite par acte notarié.

La lettre de change doit être écrite sur papier timbré sous peine d'amende. (Voir la loi sur le timbre des effets de commerce, à la fin de cet ouvrage.)

La somme à payer est écrite ordinairement en chiffres en tête de la lettre de change et répétée dans le corps de la lettre, mais elle doit être écrite en toutes lettres dans le corps de l'effet, pour éviter l'abus qu'on pourrait faire de l'écriture en chiffres.

S'il existait une différence entre la somme portée en chiffres en tête de la lettre de change, et celle écrite en toutes lettres dans le corps de ladite lettre de change, ce serait cette dernière somme qui ferait foi.

Quoique ce ne soit pas rigoureusement exigé, il est bien, lorsque le corps de la lettre de change n'est pas écrit par le tireur lui-même, qu'il fasse précéder sa signature d'un *bon pour*..... telle somme.

Il est d'usage que le tireur donne avis séparément au tiré de l'émission de la lettre de change, à moins que la lettre porte elle-même de payer *sans autre avis*.

Si la lettre de change n'était pas à ordre, elle ne serait plus qu'un simple mandat et ne serait pas transmissible par endossement, c'est-à-dire négociable.

L'usage permet de fournir plusieurs copies de la même lettre de change. Cet usage a pour objet d'obvier à plusieurs inconvénients. D'abord si la première vient à s'égarer, le porteur retrouve un titre dans la copie qui reste ; ensuite, tandis qu'on envoie une des copies à l'acceptation on a la faculté de négocier la lettre de change sur une autre copie à laquelle on met l'endossement ; mais en ce cas on a soin de dire sur la copie négociée que celle acceptée sera à la disposition du porteur de celle qui a été négociée, à un domicile indiqué au lieu de paiement.

Les divers endossements qui peuvent se trouver, les uns sur l'original, les autres sur une copie, ne forment qu'un seul et même titre et produisent le même effet que s'ils étaient tous réunis sur une même pièce.

Trois sortes de personnes interviennent dans la lettre de change.

Le tireur qui fournit et qui signe la lettre en mandant à un tiers, domicilié dans une autre ville, d'en payer le montant.

Le *preneur*, qui est celui au profit de qui la lettre de change est tirée et qui en a donné ou doit lui en donner la valeur.

L'*accepteur*, sur qui la lettre de change est fournie et qui s'engage à l'acquitter. Tant qu'il n'a pas accepté on le nomme *tiré*.

Lorsqu'il y a négociation de la lettre de change, une ou plusieurs autres personnes interviennent.

Le preneur peut, en effet, transmettre tous ses droits à un tiers par la voie de l'endossement, il devient alors *endosseur* à l'égard du tiers auquel il transmet ses droits et qui s'appelle *porteur*; ce dernier peut à son tour devenir endosseur à l'égard d'un autre, et ainsi de suite; de sorte que le nom de porteur appartient en définitive à la dernière personne à qui la lettre de change a été transmise.

Chaque endosseur contracte envers le porteur les mêmes obligations que le tireur avait contractées vis-à-vis du preneur.

En général, les négociants ouvrent au grand livre un compte à *traites et remises* où ils inscrivent par numéros d'ordre les effets de commerce qui entrent en portefeuille. Ils mettent au bas de chacun de ces effets leur numéro d'entrée, précédé des initiales de la raison de commerce de leur maison, ou bien dans le blanc laissé exprès dans le timbre ou cachet qu'ils y apposent à cet effet.

Une lettre de change est *traite* par rapport à celui qui la crée, qui la tire, et par rapport à celui sur qui elle est tirée ; elle est *remise* par rapport à celui qui la cède, qui la remet ou qui la prend.

Une lettre de change peut être tirée à l'ordre du tireur, mais pour qu'elle soit parfaite et puisse produire les effets de la lettre de change, il faut que le tireur l'ait transmise par endossement à un tiers.

Une lettre de change à l'ordre du tiers lui-même, et endossée ensuite par lui au profit d'un tiers, est valable, bien que l'endossement ne porte pas de date.

Lorsqu'il s'agit de supputer l'époque de l'échéance d'un effet de commerce payable à plusieurs mois de date, le délai doit être compté date par date, d'un quantième à un autre quantième, sans distinction des mois qui ont plus ou moins de trente jours.

Ainsi qu'on l'a vu dans la définition de la lettre de change, il doit y avoir remise d'un lieu sur un autre ; c'est à cette donnée que se rattache ce qu'on appelle *le change* et *le cours du change*.

Le *change* est le prix de l'échange du numéraire contre des effets payables dans une autre ville. Le papier est ici considéré comme une marchandise qui se vend et dont le cours varie. Ce droit de change varie en outre suivant l'échéance.

Ainsi, une livre sterling à trente jours coûtera plus cher qu'une livre sterling à cent vingt jours.

Le droit de change n'est pas réellement un profit ; c'est une espèce de retour résultant de la différence qui existe au moment où la lettre est fournie, suivant le cours de la place, entre la valeur de l'argent et celle de la lettre de change sur le lieu où elle est payable.

Si, par exemple, il y a beaucoup d'argent dû par des négociants de Lyon à des négociants de Paris et peu de lettres de change sur Lyon, le négociant de Paris, à qui on offre de l'argent pour recevoir de lui une lettre de change sur Lyon, obtenant un avantage, paiera une différence, on dira alors que le change de Paris sur Lyon est *au-dessous du pair* ou *bas*, puisqu'on obtient la lettre de change pour une somme moindre que celle que devra payer le tiré. Si c'est le contraire, on dira que le change est *haut* ou *au-dessus du pair*, parce qu'on donnera une somme plus forte que celle de la lettre de change. Si l'argent vaut le papier et le papier l'argent, de telle sorte que personne ne paye de différence, on dit que le change est *au pair*.

Les variations du cours du change sont fréquentes et dépendent de causes diverses. A Paris, et dans beaucoup de villes importantes, ce cours est constaté chaque jour sur le bulletin officiel qui s'imprime immédiatement après la clôture de la Bourse.

Art. 111. — Une lettre de change peut être tirée sur un individu, et payable au domicile d'un tiers. — Elle peut être tirée par ordre et pour le compte d'un tiers.

Lorsqu'une lettre de change est payable au domicile d'un tiers, l'accepteur s'engage à faire remettre la somme à ce domicile.

Le domicile doit être clairement indiqué, afin d'éviter les frais que le non-paiement occasionnerait par suite d'un domicile mal indiqué et qu'on n'aurait su découvrir.

Celui qui tire par ordre et pour compte d'un tiers est responsable du défaut d'acceptation ou de paiement, comme s'il avait tiré en son propre nom, tant envers le preneur qu'envers les propriétaires ultérieurs de la lettre de change. Il devra donc préalablement s'assurer si celui sur qui il tire est dans l'intention d'accepter. Il ne peut être permis, en effet, au tireur d'obliger un tiers sans son consentement.

Art. 112. — Sont réputées simples promesses toutes lettres de change contenant supposition soit de nom, soit de qualité, soit de domicile, soit des lieux où elles sont tirées ou dans lesquels elles sont payables.

Ici la loi n'a rien d'excessif, car les suppositions prévues par cet article ne peuvent que cacher quelque fraude ou quelques honteuses opérations.

Mais l'exception de supposition ne peut être opposée au tiers porteur de bonne foi. Elle peut l'être au porteur s'il a connu la supposition. Elle peut l'être aussi au bénéficiaire et par lui contre l'accepteur.

Art. 113. — La signature des femmes et des filles non négociantes ou marchandes publiques sur lettre de change ne vaut, à leur égard, que comme simple promesse.

Art. 114. — Les lettres de change souscrites par des mineurs non négociants sont nulles à leur égard, sauf les droits respectifs des parties, conformément à l'article 1312 du Code civil.

La femme qui souscrit une lettre de change est justiciable du tribunal de commerce, quoiqu'elle ne soit pas marchande publique. Mais il n'y a pas lieu contre elle à la contrainte par corps.

Le tireur d'une lettre de change est garant vis-à-vis du preneur :

1° De l'*acceptation*, c'est-à-dire de l'engagement personnel du tiré de payer la lettre à l'échéance. A défaut d'acceptation, le porteur peut se faire donner caution.

2° Du paiement de la lettre à l'échéance. Le défaut de paiement donne lieu à une action en indemnité au profit du porteur.

Le tireur doit donner au tiré les moyens de satisfaire à la demande du porteur, c'est-à-dire il doit lui fournir la *provision*.

§ 2.

De la Provision.

On nomme *provision* la remise qui est faite au tiré des sommes ou valeurs destinées à servir au paiement d'une lettre de change.

Le tireur seul est obligé de fournir la provision et d'en justifier. Elle peut consister, soit en sommes d'argent, soit en une créance que le tireur a sur le tiré, soit en marchandises fournies, soit en un crédit accordé par le tiré au tireur.

Art. 115. — La provision doit être faite par le tireur, ou par celui pour le compte de qui la lettre de change sera tirée, sans que le tireur pour compte d'autrui cesse d'être personnellement obligé envers les endosseurs et le porteur seulement.

En droit, il n'existe de provision pouvant profiter aux porteurs de lettres de change, qu'autant que le tiré est redevable envers le tireur.

Le tireur d'une lettre de change peut ne pas être créancier du tiré, au moment où il tire sur lui; il suffit qu'il le soit à l'échéance de la lettre de change.

ART. 116. — Il y a provision si, à l'échéance de la lettre de change, celui sur qui elle est fournie est redevable au tireur, ou à celui pour compte de qui elle est tirée, d'une somme au moins égale au montant de la lettre de change.

Il n'y a pas provision d'une lettre de change, lorsque le tiré est débiteur d'une somme moindre que le montant de la traite.

Lorsqu'une lettre de change est tirée sur une place et acceptée par le tiré pour être payée sur une autre place, le tireur n'est pas, en cas de protèt tardif, obligé de prouver qu'il y avait provision dans cette dernière place; il suffit qu'il prouve que le tiré avait provision. (Pardessus.)

ART. 117. — L'acceptation suppose la provision. Elle en établit la preuve à l'égard des endosseurs. Soit qu'il y ait ou non acceptation, le tireur seul est tenu de prouver, en cas de dénégation, que ceux sur qui la lettre était tirée avaient provision à l'échéance; sinon il est tenu de la garantir, quoique le protèt ait été fait après les délais fixés.

Lorsque l'accepteur d'une lettre de change est débiteur envers le tireur de valeurs destinées à acquitter la traite, et que ces valeurs viennent à être perdues, quelle qu'en soit la cause la perte est pour le compte du tiré, qui devra par conséquent acquitter la traite sans pouvoir se faire rembourser par le tireur. (Pardessus.)

Si la provision consiste en marchandises ou en créances à recouvrer confiées au tiré, à titre de dépôt, pour le prix en être employé à l'acquittement de la lettre de change, le tiré ne répond que de la perte qui provient de sa faute ou de sa négligence ; il a le droit d'exiger une nouvelle provision, lorsqu'il n'est pas déclaré responsable de la perte des valeurs ou marchandises, et peut conséquemment, lorsqu'il a payé, exercer son recours contre le tireur. (Pardessus.)

Si plusieurs lettres de change ont été tirées par le même tireur sur le même individu, et que tous les porteurs réclament la provision existante entre les mains du tiré, les lettres acceptées doivent avoir la préférence sur celles qui ne le sont pas. Dans le cas où les lettres n'auraient pas été acceptées, si la provision est insuffisante, tous les porteurs concourront pour le partage sans distinction de date de leurs lettres de change. (Pardessus.)

§ 3.

De l'Acceptation.

L'*acceptation* est une formalité par laquelle le tiré s'engage à acquitter la lettre de change à son échéance. Elle lie le tiré vis-à-vis du porteur et le constitue débiteur personnel de la lettre de change.

Art. 118. — Le tireur et les endosseurs d'une lettre de change sont garants solidaires de l'acceptation et du paiement à l'échéance.

En principe, le porteur est libre de demander l'acceptation ou de ne pas la demander, mais il ne pourrait se dispenser de la demander si le tireur lui en avait formellement imposé l'obligation.

La demande d'acceptation doit être faite avant l'échéance, et le porteur a perdu le droit de la demander s'il ne l'a pas exercé avant cette époque. Du reste il peut la demander par lui-même ou par l'entremise d'un tiers. C'est au domicile du tiré qu'elle doit être demandée, et sur la présentation du titre, sans considérer le lieu où la lettre de change est payable.

Tout porteur d'une lettre de change peut la présenter à l'acceptation, bien qu'elle ne soit pas endossée à son ordre.

Art. 119. — Le refus d'acceptation est constaté par un acte que l'on nomme protêt faute d'acceptation.

Le *protêt faute d'acceptation* est l'acte par lequel le porteur fait sommation au tiré d'accepter la lettre de change présentée, et proteste, en cas de refus d'acceptation, de tous dommages-intérêts, etc.

Art. 120. — Sur la notification du protêt faute d'acceptation, les endosseurs et le tireur sont respectivement tenus de donner caution pour assurer le paiement de la lettre de change à son échéance, ou d'en effectuer le remboursement avec les frais de protêt et de rechange. La caution, soit du tireur, soit de l'endosseur, n'est solidaire qu'avec celui qu'elle a cautionné.

Le *rechange* est le prix du change que le porteur de la letre est obligé de payer en la négociant pour se rembourser du principal de la lettre protestée. Nous en parlerons plus longuement au chapitre *Du Protêt*.

La *caution* est une personne solvable qui se soumet à satisfaire une obligation si le débiteur n'y satisfait pas lui-même.

Art. 121. — Celui qui accepte une lettre de change contracte l'obligation d'en payer le montant. L'accepteur n'est pas restituable contre son acceptation, quand même le tireur aurait failli à son insu avant qu'il eût accepté.

C'est-à-dire qu'il ne peut se faire remettre dans l'état où il était avant l'acceptation.

ART. 122. — L'acceptation d'une lettre de change doit être signée. L'acceptation est exprimée par le mot *accepté*. Elle est datée si la lettre est à un ou plusieurs jours ou mois de vue. Et, dans ce dernier cas, le défaut de date de l'acceptation rend la lettre exigible au terme y exprimé, à compter de sa date.

Toute acceptation non signée n'est pas valable. Il ne suffit pas d'écrire le mot *accepté*, sans signer, ni de signer sans accepter, il faut l'un et l'autre.

L'acceptation non écrite de la main de l'accepteur, mais signée par lui, est valable.

Les mots : *je ferai honneur*, *je paierai*, *j'acquitterai*, *vu pour payer*, sont équivalents aux mots *j'accepte*, et engagent l'accepteur. Le mot *accepté* peut être aussi suppléé par le mot *vu*.

L'acceptation en blanc ne peut valoir que comme commencement de preuve par écrit.

L'acceptation peut avoir lieu par lettre missive. Cependant, la promesse que le tiré aurait faite antérieurement par lettre d'accepter les lettres de change qu'on lui présenterait ne peut être considérée comme l'équivalent d'une acceptation. Il peut postérieurement avoir eu de justes motifs pour ne pas accepter.

L'accepteur d'une lettre de change peut rayer son acceptation, tant que la lettre n'est pas sortie de ses mains ; après la délivrance de l'acceptation, il ne le peut plus.

Cependant si l'accepteur avait donné avis de son

acceptation au tireur ou à un intéressé, il ne pourrait plus user du droit de biffer sa signature.

L'accepteur d'une lettre de change tirée en plusieurs exemplaires ne doit mettre son acceptation que sur l'un d'eux; s'il le faisait sur plusieurs, il serait obligé envers tous les porteurs d'exemplaires acceptés.

Lorsque le tiré rend une lettre sans l'avoir acceptée, il peut constater son refus par un visa; mais il ne doit ni écrire son refus sur la lettre, ni le motiver de manière à nuire au crédit du tireur.

(PARDESSUS, tom. 2, 361.)

L'acceptation n'a point pour effet de libérer le tireur, il reste toujours garant du paiement.

Si l'acceptation avait été obtenue par dol ou violence, l'accepteur pourrait bien se faire restituer contre l'auteur du dol ou de la violence, mais non contre les tiers-porteurs de bonne foi.

Le protêt faute d'acceptation peut être fait par le simple détenteur de la lettre de change; il n'est pas nécessaire qu'il en soit porteur par un endossement.

Si la lettre de change est à un ou plusieurs jours ou mois *de vue*, le terme après lequel elle devra être payée ne courra que du jour où le tiré, par son acceptation, attestera qu'il a vu la lettre de change. Il doit donc la dater dans ce cas, parce qu'autrement on ne saurait à quelle époque il l'a vue en effet. Il est clair qu'alors l'acceptation n'est pas seulement une sûreté, mais aussi une formalité indispensable.

ART. 123. — L'acceptation d'une lettre de change payable dans un autre lieu que celui de la résidence de l'accepteur,

10.

indique le domicile où le paiement doit être effectué ou les diligences faites.

Art. 124. — L'acceptation ne peut être conditionnelle, mais elle peut être restreinte quant à la somme acceptée. Dans ce cas, le porteur est tenu de faire protester la lettre de change pour le surplus.

L'accepteur est libre d'exprimer ou de ne pas exprimer la somme.

L'acceptation doit être pure et simple; le porteur est donc en droit de refuser un engagement dont le tiré ferait dépendre l'exécution de conditions, de circonstances ou d'obligations corrélatives qui ne seraient point insérées dans la lettre.

Il faut cependant remarquer que l'intérêt du commerce a fait admettre ces acceptations restreintes, non pas en ce sens que le porteur doit s'en contenter, mais en ce qu'il ne peut refuser celle que le tiré donne pour quelque somme que ce soit. Toutefois, pour être obligatoire, il faut toujours que cette acceptation restreinte soit écrite et signée.

Le tiré peut accepter une lettre de change sous toutes réserves contre le tireur de qui il n'aurait pas reçu de provision, ou à qui il ne devrait rien. Une pareille acceptation est valable et ne pourrait être refusée par le porteur. Mais l'acceptation qui porterait : *pourvu que le tireur fasse provision*, ne pourrait être considérée comme une acceptation pure et simple, et le porteur ne serait pas obligé de s'en contenter.

En général, la date donnée à l'acceptation fait foi. Mais si quelqu'un avait intérêt à prouver que la date de l'acceptation a été changée pour proroger contre les endosseurs un recours qui serait perdu, il pourrait en faire la preuve.

Art. 125. — Une lettre de change doit être acceptée à sa présentation, ou au plus tard dans les vingt-quatre heures de la présentation. Après les vingt-quatre heures, si elle n'est pas rendue acceptée ou non acceptée, celui qui l'a retenue est passible de dommages-intérêts envers le porteur.

La loi accorde vingt-quatre heures de délai à l'accepteur afin qu'il puisse vérifier sa position à l'égard du tireur, et même, s'il n'a pas reçu de lettre d'avis, vérifier la signature.

§ 4.

De l'Acceptation par intervention.

L'*intervention* est l'acte par lequel un tiers déclare accepter officieusement, pour le compte du tireur ou pour celui de l'un des endosseurs, une lettre de change protestée faute d'acceptation du tiré.

Art. 126. — Lors du protêt faute d'acceptation, la lettre de change peut être acceptée par un tiers intervenant pour le tireur ou pour l'un des endosseurs. L'intervention est mentionnée dans l'acte du protêt; elle est signée par l'intervenant.

Tant qu'il n'y a pas protêt, rien ne prouve que le tiré n'acceptera pas; c'est donc seulement après le protêt que l'intervenant peut accepter.

L'intervention de celui qui accepte pour ne pas laisser en souffrance la signature d'un autre est une preuve de confiance et de dévouement, car l'intervention ne présente que des chances de pertes sans aucun bénéfice.

L'acceptation par intervention peut être donnée par toute personne capable et susceptible d'être considérée à l'égard du porteur comme un tiers, c'est-à-dire, comme une personne sans intérêt dans la lettre de change. Mais le porteur conserve, malgré l'acceptation par intervention, son recours contre le tireur et les endosseurs, et il peut poursuivre, s'il veut, celui même pour qui on est intervenu. L'acceptation d'un tiers ne peut effacer le refus d'acceptation du tiré.

S'il se présentait plusieurs intervenants pour la même personne, toutes choses étant ici égales entre eux, la préférence devrait être accordée à celui qui se serait présenté le premier, si le porteur n'en préférait un autre, ce qui est dans son droit.

ART. 127. — L'intervenant est tenu de notifier sans délai son intervention à celui pour qui il est intervenu.

Cette notification doit être faite parce que le tireur, ignorant ce qui est arrivé, pourrait envoyer la provision au tiré. L'inobservation de cette formalité donne lieu à des dommages-intérêts contre l'accepteur par intervention si le tireur en éprouve quelque préjudice, car de droit commun, tout fait qui cause un dommage à autrui doit être réparé.

ART. 128. — Le porteur de la lettre de change conserve tous ses droits contre le tireur et les endosseurs, à raison du défaut d'acceptation par celui sur qui la lettre était tirée, nonobstant toutes acceptations par interventions.

En effet, le preneur a dû compter sur l'acceptation du tiré, et non d'une autre personne qui peut lui offrir moins de garantie ; c'est cette acceptation que le tireur lui avait promise, et, puisqu'il ne l'obtient pas, il doit avoir son recours contre ce dernier.

L'acceptation par intervention peut être faite aussi par celui chez lequel un besoin est indiqué, ou avec qui le tireur se serait arrangé pour qu'il acceptât au lieu et place du tiré qui serait tombé en faillite depuis l'émission de la lettre de change.

Un individu peut refuser d'accepter une lettre tirée au profit d'un tiers, mais l'accepter pour l'honneur de la signature du tireur, moyennant un protêt d'intervention. Ce protêt doit contenir sa déclaration qu'il refuse d'accepter purement et simplement, mais que pour honorer la signature du tireur, il accepte pour son compte et conserve son recours contre lui. (Teulet, Duvergier et Sulpicy.)

L'accepteur doit comparaître devant l'huissier et signer sa déclaration.

Une intervention qui n'énonce pas ceux des signataires de la lettre pour qui elle est faite est réputée faite pour tous.

Le tireur d'une lettre de change poursuivi par un endosseur qui a accepté par intervention sur le refus du tiré, peut, pour arrêter les poursuites, offrir de donner caution, mais il ne peut offrir de rembourser l'endosseur qui n'a pas la lettre entre les mains, et qui serait fort embarrassé pour forcer le porteur à venir recevoir par anticipation. (Pardessus.)

L'accepteur par intervention qui devrait au tireur ne pourrait compenser ce qu'il doit avec le montant de la lettre tirée. Il ne pourrait se refuser à rembourser le tireur tant qu'il n'aurait fait aucun déboursé. (Pardessus.)

L'obligation contractée par l'accepteur par intervention ne doit pas durer au delà de l'échéance; il ne peut être tenu plus longtemps que celui pour lequel il est intervenu. (Vincens.)

§ 5.

De l'Échéance.

L'échéance est l'époque exacte où un effet est payable.

ART. **129**. — Une lettre de change peut être tirée à vue :

à un ou plusieurs jours
à un ou plusieurs mois ⎫ de vue,
à une ou plusieurs usances ⎭
à un ou plusieurs jours
à un ou plusieurs mois ⎫ de date,
à une ou plusieurs usances ⎭
à jour fixe ou à jour déterminé,
en foire.

ART. **130**. — La lettre de change à vue est payable à sa présentation.

ART. **131**. — L'échéance d'une lettre de change à un ou plusieurs jours, à un ou plusieurs mois, à une ou plusieurs usances de vue est fixée par la date de l'acceptation ou par celle du protêt faute d'acceptation.

Dans le délai on ne compte pas le jour de l'acceptation. Ainsi, j'accepte le 1er février une lettre de change tirée à huit jours de vue, elle n'est payable que le 9 février.

ART. **132**. — L'usance est de trente jours qui courent du lendemain de la date de la lettre de change. Les mois sont tels qu'ils sont fixés par le calendrier grégorien.

Cette fixation de l'usance à trente jours fait disparaître l'inégalité des mois et peut convenir mieux sous ce rapport. Il est facile de voir la différence entre une lettre de change tirée à deux ou trois usances, et celle tirée à deux ou trois mois, qui peuvent avoir vingt-huit, trente ou trente et un jours.

Au reste, *l'usance* n'est pas la même dans les pays étrangers.

Ce mot *usance* paraît venir d'usage, parce que c'est l'usage qui a déterminé un certain nombre de jours pour le paiement des lettres de change. On l'emploie peu aujourd'hui; c'est un délai de trente jours pris comme mois régulier.

Art. 133. — Une lettre de change payable en foire est échue la veille du jour fixé pour la clôture de la foire, ou le jour de la foire si elle ne dure qu'un jour.

Art. 134. — Si l'échéance d'une lettre de change est à un jour férié légal, elle est payable la veille.

La loi a déterminé avec soin les jours de l'échéance afin de constater d'une manière fixe le jour où le protêt doit être fait. Ainsi, une lettre échue un jour férié légal est payable la veille, mais le protêt doit être fait le lendemain de ce jour férié.

Art. 135. — Tous délais de grâce, de faveur, d'usage ou d'habitude locale pour le paiement des lettres de change sont abrogés.

L'échéance d'une lettre de change est *à jour fixe* lorsqu'on indique tel jour du mois. Elle est *à jour déterminé* lorsqu'on indique pour l'époque de l'échéance une fête, un événement, sans préciser le jour du mois.

C'est quantième par quantième et non par fin de mois qu'il faut calculer le délai d'échéance d'un effet de commerce qui a été fait le dernier jour d'un mois composé de trente-un jours. Ainsi, une lettre de change tirée le 28 février, à dix mois de date, est payable le 28 décembre suivant, soit que le mois de février n'ait que vingt-huit jours, soit qu'il en ait vingt-neuf.

On accordait autrefois un délai de grâce de dix jours, soit au porteur, soit au tiré, d'une lettre de change, l'article 135 ci-haut a aboli cet usage.

L'échéance des valeurs créées payables dans le courant d'un mois est toujours à la fin du mois. Ainsi, par exemple, quand on dit : En mars prochain, veuillez payer, etc., etc.

§ 6 ET 7.

De l'Endossement et de la Solidarité.

L'*endossement* est le transport au moyen duquel le propriétaire d'une lettre de change substitue à ses droits un cessionnaire, qui prend le nom de porteur, jusqu'à ce qu'opérant lui-même un sous-transport, il devient à son tour endosseur.

ART. 136. — La propriété d'une lettre de change se transmet par la voie de l'endossement.

ART. 137. — L'endossement est daté. Il exprime la valeur fournie. Il énonce le nom de celui à l'ordre de qui il est passé.

ART. 138. — Si l'endossement n'est pas conforme aux dispositions de l'article précédent, il n'opère pas le transport ; il n'est qu'une procuration.

ART. 139. — Il est défendu d'antidater les ordres à peine de faux.

Lorsque l'endossement réunit toutes les conditions demandées par l'art. 137, on l'appelle *régulier*.

Dans le cas contraire il est *irrégulier* et ne vaut que comme procuration. Cette procuration confère le pouvoir de toucher le montant de la lettre de change, d'en donner quittance, de la négocier, à la charge de rendre compte au mandant, c'est-à-dire à celui qui l'a cédée.

Art. 140. — Tous ceux qui ont signé, accepté ou endossé une lettre de change sont tenus à la garantie solidaire envers le porteur.

C'est-à-dire, que le porteur a le droit de s'adresser à celui d'entre eux qu'il voudra choisir, sans qu'on puisse exiger qu'il divise son recours à l'égard de chaque débiteur. Enfin le porteur peut les poursuivre, soit individuellement, soit collectivement; mais cela ne l'affranchit pas de l'obligation de dénoncer le protêt à tous les endosseurs dans les délais fixés par la loi.

L'endossement est exprimé par ces mots : *Payez à un tel*, ou *à son ordre, valeur reçue comptant*, ou *en compte*, *ou en marchandises*. Il doit être écrit sur le dos de la lettre même.

Il n'y aurait pas endossement si on avait omis le nom de celui à qui la lettre est passée.

L'endossement causé, *valeur en recouvrement*, ne donne au porteur que le droit de recevoir. (Pardessus, t. 2, 354.)

L'endossement en blanc, c'est-à-dire, qui ne contient que la signature de l'endosseur est essentiellement irrégulier. Cependant, on décide que lorsque la lettre de change est négociée par un endossement en blanc, la propriété en est valablement transférée si le porteur l'a rempli ou fait remplir à son profit.

Si l'endosseur qui a donné une signature en blanc tombait en faillite avant que l'endossement fût régularisé, le porteur ne pourrait rectifier cette irrégularité ; mais si la régularisation a été faite avant la faillite, elle ne peut plus être attaquée.

L'accepteur ou le tireur ne peuvent se refuser au paiement d'une lettre de change sous prétexte que l'ordre est en blanc. Cette exception n'appartient qu'aux endosseurs ou à leurs créanciers.

Un endossement peut être effacé tant que l'endosseur n'a pas négocié la traite.

Un transfert d'une lettre de change opéré par voie d'endossement après l'échéance n'oblige pas le cessionnaire aux formalités prescrites pour constater le non-paiement.

§ 8.

De l'Aval.

L'*aval* est une convention par laquelle un tiers, étranger à la lettre de change, se rend caution du paiement à l'échéance en faveur du tireur, de l'un des endosseurs ou de l'accepteur.

Celui qui se porte garant de cette manière se nomme *donneur d'aval*.

ART. 141. — Le paiement d'une lettre de change, indépendamment de l'acceptation et de l'endossement, peut être garanti par un aval.

ART. 142. — Cette garantie est fournie par un tiers, sur la lettre même, ou par acte séparé. Le donneur d'aval est tenu solidairement et par les mêmes voies que les tireur et endosseurs, sauf les conventions différentes des parties.

L'aval doit être donné par écrit, soit par acte notarié, soit sous seing privé.

Il peut être inscrit sur la lettre de change elle-même, ou donné séparément et le donneur d'aval peut, par une stipulation spéciale, s'affranchir, soit de la juridiction commerciale, soit de la contrainte par corps, soit de la solidarité, etc. Enfin, il est libre de régler lui-même l'étendue et les effets de sa garantie, sauf au créancier de la refuser s'il ne la trouve pas suffisante.

Le donneur d'aval peut se prévaloir des mêmes exceptions que celui pour lequel il s'est engagé ; il peut même se prévaloir de l'inobservation des formalités relatives à la dénonciation des protèts.

L'aval peut être donné, non-seulement pour une lettre de change spéciale, mais encore pour garantir toutes celles qu'un individu pourrait tirer par suite d'un crédit qui lui serait ouvert dans une maison.

Il n'est pas nécessaire que l'aval qui est écrit d'une main étrangère soit approuvé en toutes lettres par le signataire.

L'aval apposé par une femme sur une lettre de change tirée par son mari est nul lorsque cette femme n'a pas été autorisée à le donner, à moins qu'on ne prouve que la signature de la femme a été donnée en présence de son mari, ou en même temps que la signature de ce dernier, cette preuve faite équivalant à l'autorisation écrite du mari.

A moins de conventions contraires, l'aval profite à tous ceux qui ont droit à la créance.

§ 9.

Du Paiement.

Le porteur d'une lettre de change, non-seulement peut, mais doit demander le paiement le jour de l'échéance. C'est pour lui un droit et une obligation.

Dans le cas où la lettre est payable à vue ou à un certain délai de vue, le paiement doit en être demandé, ou la présentation en être faite dans le délai de six mois à partir de la date même de la lettre de change, et ce, à peine de déchéance.

Art. 143. — Une lettre de change doit être payée dans la monnaie qu'elle indique.

Le paiement doit être fait en numéraire et même dans les espèces indiquées par la lettre, si elle renferme, à cet égard, une stipulation suffisamment explicite.

Le paiement peut être fait en pièces d'or ou d'argent, mais le créancier ne peut être forcé à recevoir en monnaie de billon, c'est-à-dire de cuivre, que l'appoint de la pièce de cinq francs, quatre francs quatre-vingt-quinze centimes au plus.

Lorsque la somme à payer est de 500 fr. ou au-dessus, et que le paiement est fait en pièces d'argent, le débiteur doit fournir un sac pouvant contenir au moins mille francs, et le créancier doit lui en tenir compte à raison de dix centimes par sac.

Le paiement doit être demandé au tiré, quand même celui-ci aurait refusé d'accepter, et qu'un tiers (à son défaut) serait venu accepter par intervention.

Art. 144. — Celui qui paie une lettre de change avant son échéance est responsable de la validité du paiement.

Le paiement est fait par le tiré, qui retire la lettre de change acquittée : l'acquit est pour lui la preuve certaine de la libération. Cependant, si la lettre de change lui avait été remise sans acquit, le tiré n'en serait pas moins libéré, à moins que l'on ne prouvât qu'il est détenteur frauduleux de la lettre.

Le paiement anticipé peut quelquefois préjudicier aux créanciers. En effet, la lettre de change a pu être perdue, et il est possible que le véritable propriétaire forme opposition entre les mains du tiré avant l'échéance, ou encore, il peut arriver que la personne qui aurait touché fît faillite; il est donc juste que celui qui a payé avant l'échéance soit responsable de la validité du paiement.

Art. 145. — Celui qui paie une lettre de change à son échéance, et sans opposition, est présumé valablement libéré.

Le tiré ne peut payer lorsqu'il a été formé opposition entre ses mains. Mais l'opposition au paiement n'est admise que de la part du propriétaire véritable d'une lettre de change perdue, ou de la part des créanciers du porteur tombé en faillite.

Art. 146. — Le porteur d'une lettre de change ne peut être contraint d'en recevoir le paiement avant l'échéance.

Art. 147. — Le paiement d'une lettre de change fait sur une seconde, troisième, quatrième, etc., est valable, lorsque la seconde, troisième, quatrième, etc., porte que ce paiement annule l'effet des autres.

Il ne s'agit ici que du paiement d'une lettre de

change non acceptée. Lorsque la lettre porte l'énonciation que son paiement annulle l'effet des autres, et qu'elle est revêtue de l'acquit, il devient évidemment impossible qu'on réclame, au moyen des autres exemplaires, un paiement déjà valablement fait.

Lorsque la lettre de change a été tirée à plusieurs exemplaires, mais qui ne feraient pas la mention que le paiement de l'un annulera les autres, si le tiré paie un de ces exemplaires après en avoir déjà payé un, il pourra réclamer ce double remboursement au tireur, si ce dernier a oublié de numéroter les exemplaires; mais s'ils sont numérotés, le tiré ne peut imputer qu'à lui-même son imprudence, et est non-recevable dans sa réclamation contre le tireur, parce que les numéros ont dû lui faire remarquer que la lettre avait été tirée en plusieurs exemplaires. (Pardessus.)

Art. 148. — Celui qui paie une lettre de change sur une seconde, troisième, quatrième, etc., sans retirer celle sur laquelle se trouve son acceptation, n'opère point sa libération à l'égard du tiers porteur de son acceptation.

On ne doit donc payer que sur la remise de l'exemplaire sur lequel se trouve l'acceptation.

Le tiré qui a payé, sans avoir provision, a une action en remboursement contre le tireur ou contre son mandataire, si c'est lui qui a tiré, pourvu qu'il prouve que ce dernier y était suffisamment autorisé.

Art. 149. — Il n'est admis d'opposition au paiement qu'en cas de perte de la lettre de change, ou de la faillite du porteur.

L'opposition est admise *en cas de perte,* parce qu'il ne fallait pas exposer le véritable porteur à être victime du malheur qui lui est arrivé.

Elle est admise dans *le cas de faillite du porteur*, parce que celui-ci étant dessaisi de l'administration de ses biens n'a plus capacité pour recevoir.

ART. 150. — En cas de perte d'une lettre de change *non acceptée*, celui à qui elle appartient peut en poursuivre le paiement sur une seconde, troisième, quatrième, etc.

Tant que la lettre de change n'a pas été acceptée, le tiré n'est pas obligé directement envers le porteur, rien n'empêche donc qu'il ne paie sur une seconde, troisième, etc.

ART. 151. — Si la lettre de change perdue est revêtue de l'acceptation, le paiement ne peut en être exigé sur une seconde, troisième, quatrième, etc., que par ordonnance du juge, et en donnant caution.

Lorsque la lettre de change est revêtue de l'acceptation, le tiré est personnellement obligé envers le porteur, et l'art. 148 exige, pour qu'il puisse opérer sa libération à l'égard du tiers-porteur, en payant une seconde, qu'il retire celle sur laquelle se trouve son acceptation : on conçoit dès lors que la loi lui permette de se refuser au paiement sur un second exemplaire, si la lettre de change se trouve perdue et qu'il ne lui soit plus possible de la retirer. Mais, comme d'un autre côté, cette perte ne doit pas être irréparable au tiers-porteur de bonne foi, qui se présente avec une seconde, troisième, etc., la loi a permis qu'il obtînt son paiement, mais en donnant caution, c'est-à-dire, en présentant une personne qui réponde de sa solvabilité, dans le cas où le porteur de la lettre acceptée se présentant, le tiré aurait à exercer son recours contre le porteur qui aurait été indûment payé.

L'ordonnance du juge s'obtient par une requête présentée au tribunal de commerce, qui pèse les raisons des parties, et qui même, s'il s'apercevait que le porteur est de mauvaise foi, que la lettre de change n'est pas perdue, qu'elle a été négociée par lui, pourrait ne pas accorder la permission, et décider que le tiré ne paiera qu'autant qu'il aura pu retirer la lettre de change acceptée, aux termes de l'art. 148.

Art. 152. — Si celui qui a perdu la lettre de change, qu'elle soit acceptée ou non, ne peut représenter la seconde, troisième, quatrième, etc., il peut demander le paiement de la lettre de change perdue, et l'obtenir par l'ordonnance du juge, en justifiant de sa propriété par ses livres, et en donnant caution.

La preuve de la propriété de la lettre de change perdue peut aussi résulter de la correspondance du propriétaire.

Les juges qui condamnent le souscripteur d'un effet de commerce perdu, à en payer le montant, ne sont pas obligés d'ordonner d'office que le bénéficiaire fournira la caution.

Art. 153. — En cas de refus de paiement, sur la demande formée en vertu des deux articles précédents, le propriétaire de la lettre de change perdue conserve tous ses droits par un acte de protestation. Cet acte doit être fait le lendemain de l'échéance de la lettre de change perdue. Il doit être notifié aux tireur et endosseurs dans les formes et délais prescrits ci-après pour la notification du protêt.

L'acte de protestation, dont il est ici question, est l'équivalent du protêt, mais il en diffère en ce que la loi exige dans le protêt la transcription du titre, et qu'ici elle ne peut avoir lieu, le titre étant perdu.

Art. 154. —Le propriétaire de la lettre de change égarée doit, pour s'en procurer la seconde, s'adresser à son endosseur immédiat, qui est tenu de lui prêter son nom et ses soins pour agir envers son propre endosseur; et ainsi, en remontant d'endosseur en endosseur jusqu'au tireur de la lettre. Le propriétaire de la lettre de change égarée supportera les frais.

On peut, par de simples lettres, s'adresser à chaque endosseur, pour obtenir une seconde lettre de change. S'il s'y refusait on pourrait l'y contraindre par une sommation.

Art. 155. — L'engagement de la caution, mentionné dans les articles 151 et 152, est éteint après trois ans, si, pendant ce temps, il n'y a eu ni demandes ni poursuites juridiques.

En cas de perte d'une lettre de change, le premier soin de celui qui l'a perdue doit être de former opposition entre les mains de celui qui doit la payer, soit avant l'échéance, soit après le protêt faute de paiement.

Quand la lettre de change est fausse ; si, par exemple, elle a été souscrite du nom d'un tireur imaginaire, le tiré s'il reconnaît la fraude, doit se refuser au paiement; mais s'il avait payé à un porteur de bonne foi, il serait bien difficilement admis à se faire rembourser, car le porteur ayant reçu le montant de la lettre, n'a fait ni pu faire de protêt, et par là a perdu son recours contre ses garants.

Si le tiré avait accepté la lettre de change fausse il ne pourrait pas se refuser à en payer le montant au porteur de bonne foi à qui elle aurait été remise revêtue de l'acceptation ; car ce porteur pourrait dire que c'est seulement sur la foi de cette acceptation qu'il a pris la lettre de change.

Dans le cas de falsification, c'est-à-dire, si par une altération quelconque le montant de la somme portée dans la lettre a été augmenté, si la falsification existait au moment où le tiré a accepté, il sera tenu de payer le montant du titre falsifié, en supposant, bien entendu, que le porteur soit de bonne foi; mais si la falsification n'a été commise qu'après l'acceptation du tiré, son engagement reste tel qu'il a entendu le souscrire et ne s'étend pas au delà.

Art. 156. — Les paiements faits à compte sur le montant d'une lettre de change sont à la décharge des tireur et endosseurs. Le porteur est tenu de faire protester la lettre de change pour le surplus.

Celui qui paie la portion pour laquelle il a accepté une lettre de change ne peut s'opposer à ce que la lettre reste entre les mains du porteur, à qui elle est nécessaire pour réclamer le reste contre qui de droit; seulement, celui qui paie ainsi un à compte peut exiger que le paiement qu'il fait soit inscrit sur la lettre, et se faire donner en outre une quittance.

Art. 157. — Les juges ne peuvent accorder aucun délai pour le paiement d'une lettre de change.

Cependant, le tribunal de commerce de Paris, sur le consentement du porteur, est dans l'usage d'accorder aux débiteurs un délai de vingt-cinq jours.

§ 10.

Du Paiement par intervention.

Le paiement par intervention d'une lettre de change ne peut avoir lieu qu'après le protêt, parce que tant qu'il n'y a pas de protêt, aucune poursuite n'est possible contre le tireur et les endosseurs. Le but de l'intervenant est surtout de garantir le tireur et les endosseurs, ou plutôt celui pour le compte duquel il intervient, donc le paiement serait inutile avant protêt, puisqu'il faut que cette formalité soit remplie pour conserver tous ses droits.

ART. 158. — Une lettre de change protestée peut être payée *par tout intervenant* pour le tireur ou pour l'un des endosseurs. L'intervention et le paiement seront constatés dans l'acte de protêt ou à la suite de l'acte.

Le paiement par intervention n'est pas une extinction de la dette. C'est un mode particulier de transporter les droits du porteur à celui qui paie de cette manière. Cependant l'exercice de ces droits pourrait être contesté par celui qui prouverait qu'il avait pris l'engagement d'acquitter la lettre, ou qu'il avait reçu les fonds à cet effet.

Si un tiers offrait de payer par intervention dans le but de profiter du compte de retour, le porteur pourrait refuser ce paiement. Mais si ce tiers avait des fonds à celui pour le compte duquel il veut intervenir, et qu'il déclarât qu'il ne veut ni frais de rechange ni compte de retour, le porteur ne pourrait être admis à refuser l'intervention de ce tiers. (PARDESSUS, t. 2, 28, 407.)

ART. 159. — Celui qui paie une lettre de change par intervention est subrogé aux droits du porteur et tenu des mêmes devoirs pour les formalités à remplir. Si le paiement par invention est fait pour le compte du tireur, tous les endosseurs sont libérés. S'il est fait pour un endosseur, les endosseurs subséquents sont libérés. S'il y a concurrence pour le paiement d'une lettre de change par intervention, ce qui opère le plus de libérations est préféré. Si celui sur qui la lettre était originairement tirée, et sur qui a été fait le protêt faute d'acceptation se présente pour le payer, il sera préféré à tous autres.

Lorsque celui qui paie par intervention n'a pas déclaré pour lequel des signataires il intervenait, il est censé avoir voulu être subrogé aux droits du porteur contre tous les signataires.

Celui qui a payé par intervention n'est pas obligé d'en informer celui pour lequel il est intervenu.

Celui qui a accepté une lettre de change tirée sur lui ne peut plus la payer par intervention.

Si le porteur d'une lettre de change non payée refuse l'intervention de celui qui offrirait de rembourser pour le compte du tireur, il doit être censé renoncer à son recours contre les endosseurs, et n'avoir conservé son action que contre le tireur.

§ 11.

Des Droits et devoirs du Porteur.

Art. 160. — Le porteur d'une lettre de change tirée du continent et des îles de l'Europe, et payable dans les possessions européennes de la France, soit à vue, soit à un ou plusieurs jours, mois, ou usances de vue, doit en exiger le paiement ou l'acceptation dans les six mois de sa date, sous peine de perdre son recours sur les endosseurs et même sur le tireur, si celui-ci a fait provision. Le délai est de huit mois pour la lettre de change tirée des Échelles du Levant et des côtes septentrionales de l'Afrique, sur les possessions européennes de la France ; et réciproquement du continent et des îles de l'Europe, sur les établissements français aux Échelles du Levant et aux côtes septentrionales de l'Afrique . — Le dé-

lai est d'un an pour les lettres de change tirées des côtes occidentales de l'Afrique, jusques et y compris le cap de Bonne-
Espérance. Il est aussi d'un an pour les lettres de change tirées
du continent et des îles des Indes occidentales, sur les possessions européennes de la France ; et, réciproquement, du continent et des îles de l'Europe, sur les possessions françaises ou
établissements français aux côtes occidentales de l'Afrique,
au continent et aux îles des Indes occidentales. — Le délai est
de deux ans pour les lettres de change tirées du continent et
des îles des Indes orientales sur les possessions européennes
de la France ; et, réciproquement, du continent et des îles de
l'Europe, sur les possessions françaises ou établissements français au continent et aux îles des Indes orientales. — « La
« même déchéance aura lieu contre le porteur d'une lettre de
« change à vue, à un ou plusieurs jours, mois, ou usances
« de vue, tirée de France, des possessions ou établissements
« français, et payable dans les pays étrangers, qui n'en exi-
« gera pas le paiement ou l'acceptation dans les délais ci-
« dessus prescrits pour chacune des distances respectives. »
Les délais ci-dessus, de huit mois, d'un an et de deux ans, sont
doubles en cas de guerre maritime. — « Les dispositions ci-
« dessus ne préjudicieront néanmoins pas aux stipulations con-
« traires qui pourraient intervenir entre le preneur, le tireur
« et même les endosseurs. »

Sans les dispositions ci-dessus, le porteur d'une
lettre de change payable à vue, ou à un ou plusieurs
jours, ou mois, ou usances de vue, pourrait attendre
tout aussi longtemps qu'il voudrait pour en exiger le
paiement ou l'acceptation, puisque la lettre ne porte
aucun temps d'échéance, et il prolongerait ainsi indéfiniment la garantie que la loi impose aux tireurs
et endosseurs. L'intérêt du commerce s'opposait à ce
qu'une maison restât engagée, par le caprice du porteur d'une lettre de change, au delà d'un laps de
temps raisonnable.

Art. 161. — Le porteur d'une lettre de change doit en exiger le paiement le jour de son échéance.

On peut cependant attendre le lendemain pour se présenter. Si le porteur ne s'est présenté que le lendemain de l'échéance, il doit, en cas de refus de paiement, faire protester le jour même.

Art. 162. — Le refus de paiement doit être constaté le lendemain du jour de l'échéance, par un acte que l'on nomme protêt faute de paiement.

Si ce jour est un jour férié légal, le protêt est fait le jour suivant.

Le protêt fait le jour même de l'échéance est nul. Si cependant, le jour de l'échéance, le débiteur était en état de faillite notoire, le protêt pourrait être fait valablement ce jour.

Art. 163. — Le porteur n'est dispensé du protêt faute de paiement, ni par le protêt faute d'acceptation, ni par la mort ou faillite de celui sur qui la lettre de change est tirée. Dans le cas de faillite de l'accepteur avant l'échéance, le porteur peut faire protester et exercer son recours.

Art. 164. — Le porteur d'une lettre de change protestée faute de paiement, peut exercer son action en garantie,

Ou individuellement contre le tireur et chacun des endosseurs,

Ou collectivement contre les endosseurs et le tireur.

La même faculté existe pour chacun des endosseurs, à l'égard du tireur et des endosseurs qui le précèdent.

Le porteur peut également poursuivre le tiré qui a accepté, puisque par son acceptation il s'est obligé personnellement.

Art. 165. — Si le porteur exerce le recours individuellement contre son cédant, il doit lui en faire notifier le protêt, et, à défaut de remboursement, le faire citer en jugement dans les quinze jours qui suivent la date du protêt, si celui-ci réside dans la distance de cinq myriamètres.

Ce délai, à l'égard du cédant domicilié à plus de cinq myriamètres de l'endroit où la lettre de change était payable, sera augmenté d'un jour par deux myriamètres et demi excédant les cinq myriamètres.

Ainsi, il ne suffit pas d'avoir fait protester la lettre de change dans le délai voulu, il faut encore faire notifier, c'est-à-dire, dénoncer le protêt au cédant, et à défaut de remboursement, l'assigner dans le délai fixé par l'article ci-dessus. Le tout à peine de déchéance de tous ses droits contre les endosseurs.

Art. 166. — Les lettres de change tirées de France et payables hors du territoire continental de la France, en Europe, étant protestées, les tireurs et endosseurs résidant en France seront poursuivis dans les délais ci-après :

De deux mois pour celles qui étaient payables en Corse, dans l'île d'Elbe ou de Capraja, en Angleterre et dans les États limitrophes de la France;

De quatre mois pour celles qui étaient payables dans les autres États de l'Europe;

De six mois pour celles qui étaient payables aux Échelles du Levant et sur les côtes septentrionales de l'Afrique;

D'un an pour celles qui étaient payables aux côtes occidentales de l'Afrique, jusques et y compris le Cap de Bonne-Espérance et dans les Indes occidentales;

De deux ans pour celles qui étaient payables dans les Indes orientales.

Ces délais seront observés dans les mêmes proportions pour le recours à exercer contre les tireur et endosseurs résidant dans les possessions françaises situées hors d'Europe.

Les délais ci-dessus de six mois, d'un an et de deux ans seront doublés en temps de guerre maritime.

Art. 167. — Si le porteur exerce son recours collectivement contre les endosseurs et le tireur, il jouit, à l'égard de chacun d'eux, du délai déterminé par les articles précédents.

Chacun des endosseurs a le droit d'exercer le même recours, ou individuellement, ou collectivement, dans le même délai. A leur égard, le délai court du lendemain de la date de la citation en justice.

L'article ci-dessus ne veut pas dire que le porteur, après avoir, dans la quinzaine, exercé son recours, par exemple, contre son cédant, jouisse d'un autre délai de quinzaine contre l'endosseur immédiat. Il ne jouit, comme nous l'avons vu sous l'art. 165, que du même délai de quinzaine contre chacun d'eux, délai qui court à partir de la date du protêt.

L'endosseur cité dans la quinzaine par le porteur, jouit à son tour d'un délai de quinzaine pour citer son cédant, ou pour citer tous les endosseurs précédents, obligés de le garantir.

ART. 168. — Après l'expiration des délais ci-dessus, pour la présentation de la lettre de change à vue, ou à un ou plusieurs jours, mois, ou usances de vue, pour le protêt faute de paiement, pour l'exercice de l'action en garantie, le porteur de la lettre de change est déchu de tous droits contre les endosseurs.

ART. 169. — Les endosseurs sont également déchus de toute action en garantie contre leurs cédants, après les délais ci-dessus prescrits, chacun en ce qui le concerne.

Chaque endosseur est tireur relativement à l'endosseur subséquent; les premières formalités sont donc prescrites à chaque endosseur, par rapport à l'endosseur qui le précède, et qui est son cédant.

ART. 170. — La même déchéance a lieu contre le porteur et les endosseurs, à l'égard du tireur lui-même, si ce dernier justifie qu'il y avait provision à l'échéance de la lettre de change. Le porteur, en ce cas, ne conserve d'action que contre celui sur qui la lettre est tirée.

ART. 171. — Les effets de la déchéance prononcée par les

trois articles précédents cessent en faveur du porteur, contre le tireur, ou contre celui des endosseurs qui, après l'expiration des délais fixés pour le protêt, la notification du protêt ou la citation en jugement, a reçu, par compte, compensation ou autrement, les fonds destinés au paiement de la lettre de change.

Lorsque les fonds destinés au paiement de la lettre de change reviennent, de quelque manière que ce soit, dans les mains du tireur ou des endosseurs, il est évident que ces derniers n'éprouvent plus aucun préjudice de la négligence du porteur, et que dès lors les effets de la déchéance doivent cesser.

Art. 172. — Indépendamment des formalités prescrites pour l'exercice de l'action en garantie, le porteur d'une lettre de change protestée faute de paiement, peut, en obtenant la permission du juge, saisir conservatoirement les effets mobiliers des tireur, accepteurs et endosseurs.

La lettre de change n'étant qu'un acte privé qui ne peut par lui-même servir à aucune contrainte, il faut obtenir la permission du président du tribunal civil pour saisir conservatoirement. On l'obtient en présentant une requête à cet effet.

La saisie conservatoire est un acte par lequel tout créancier arrête, entre les mains d'un tiers, ou du débiteur lui-même, toutes les sommes et effets appartenant à son débiteur.

Le porteur d'une lettre de change écrite sur papier non timbré, quoiqu'il ne soit point l'auteur de la contravention, doit payer l'amende encourue avant d'être admis à faire enregistrer le protêt. (Voir la loi sur le timbre des effets de commerce à la fin de cet ouvrage.)

Le porteur d'une lettre de change est déchu de son

recours contre le tireur lorsque, au lieu de faire protester le lendemain de l'échéance, il a accordé à l'accepteur une prorogation de délai, encore bien qu'il n'ait consenti à cette prorogation que pour éviter l'amende qu'il aurait fallu payer en cas de protêt, parce que la traite était écrite sur un papier qui avait cessé d'avoir cours. (Voir *Journal du Palais*, Cour de cass., 2 juillet 1828.)

Lorsqu'une lettre de change a été tirée avec la mention de *retour sans frais*, cette clause, qui devient une condition à laquelle se soumettent les divers intéressés, est tellement obligatoire pour le porteur de la traite, que s'il fait protester il ne peut répéter les frais de protêt. Dans ce cas, le tireur n'est tenu que de restituer les frais du timbre, d'amende et d'engistrement que le porteur aurait acquittés. (*Journal du Palais*. Paris, 24 janvier 1835. Agen, 9 janvier 1838.)

Par la mention de *retour sans frais*, apposée sur une lettre de change, le porteur est dispensé, vis-à-vis de celui qui a apposé cette clause ou de ceux qui l'ont acceptée, non-seulement de faire protester à l'échéance, et de faire citer les endosseurs dans la quinzaine, mais encore de prévenir, dans le même délai, du non-paiement de la lettre. Dans ce cas, le porteur n'est à l'égard de son cédant qu'un mandataire ordinaire responsable seulement des fautes de sa gestion. (*Journal du Palais*. Limoges, 28 juin 1835.)

Le porteur français d'une lettre de change souscrite par un étranger, peut faire arrêter provisoirement le débiteur qui ne paie pas, lorsqu'il a eu soin de faire notifier au parquet de première instance le jugement de condamnation qu'il a obtenu.

Cette arrestation a lieu en vertu d'une ordonnance rendue par le président du tribunal de première instance, sur une requête présentée par le créancier.

Il peut en être de même pour toute dette commerciale contractée vis-à-vis d'un français par un étranger, par facture ou autrement.

Si le porteur d'une lettre de change laisse passer le délai légal pour la présentation à échéance, le tiré a la faculté de se libérer en se conformant aux prescriptions de la loi du 6 thermidor an III, qui dit :

Tout débiteur de billet à ordre, lettre de change, billet au porteur ou tout autre effet négociable, dont le porteur ne se sera pas présenté dans les trois jours qui suivront celui de l'échéance, est autorisé à déposer la somme portée au billet, aux mains du receveur de l'enregistrement dans l'arrondissement duquel l'effet est payable.

L'acte de dépôt contiendra la date du billet, celle de l'échéance et le nom de celui au bénéfice duquel il aura été originairement fait.

Le dépôt consommé, le débiteur ne sera tenu qu'à remettre l'acte de dépôt en échange du billet.

La somme déposée sera remise à celui qui représentera l'acte de dépôt sans autre formalité que la remise d'icelui et la signature du receveur.

Si le porteur ne sait pas écrire, il en sera fait mention sur les registres.

Les droits attribués aux receveurs de l'enregistrement pour les présents dépôts sont fixés à un pour cent. Ils sont dus par le porteur du billet.

§ 12.

Des Protêts.

Le *protêt* est l'acte par lequel le porteur d'une lettre de change, après avoir mis le tiré en demeure d'accepter ou de payer, fait constater le refus d'acceptation ou de paiement, et proteste de son intention de poursuivre son remboursement avec frais, dépens et dommages contre ses débiteurs.

Cet acte est nul si les formaliés voulues n'ont pas été remplies.

Art. 173.—Les protêts faute d'acceptation ou de paiement sont faits par deux notaires, ou par un notaire et deux témoins, ou par un huissier et deux témoins. Le protêt doit être fait au domicile de celui sur qui la lettre de change était payable ou à son dernier domicile connu ; au domicile des personnes indiquées par la lettre de change pour la payer au besoin, au domicile du tiers qui a accepté par intervention ; le tout par un seul et même acte. En cas de fausse indication de domicile, le protêt est précédé d'un acte de perquisition.

Indépendamment du tiré, on indique souvent sur la lettre même une autre personne pour la payer *au besoin*, c'est-à-dire, en cas de refus du tiré. Le porteur sachant alors que cette personne pouvait aussi être chargée d'acquitter la lettre de change, doit également s'adresser à elle.

L'acte de perquisition est un procès-verbal par lequel l'huissier déclare que toutes les informations qu'il a prises, n'ont pu lui faire découvrir la personne.

Lorsqu'il n'a pu découvrir la personne et que son domicile est inconnu, l'huissier doit déposer au parquet du procureur impérial une copie du protêt et faire viser l'original par ce magistrat. Il en est de même de tous les actes faits contre une personne sans domicile connu.

Le protêt est toujours nécessaire, bien qu'il y ait eu un acte de perquisition.

Avant que l'huissier puisse faire un acte, la lettre de change doit être enregistrée, moyennant un droit de 25 centimes par cent francs.

Les parties peuvent, par dérogation à la loi, convenir par écrit, de se dispenser du protêt faute de paiement ainsi que de sa dénonciation.

Le protêt fait en parlant au portier de la maison habitée par le débiteur est valable, parce qu'il est censé être préposé au service de tous les locataires de la maison.

La non-visibilité d'un débiteur équivaut à une absence. Ainsi, l'huissier à qui un domestique déclare que son maître n'est pas visible, est dispensé de venir de nouveau, et peut protester à l'instant.

Le protêt doit être fait, non à la personne du tiré, mais à son domicile.

Si la personne à laquelle doit être fait le protêt, n'est point à son domicile, si la lettre de change indiquait un lieu inconnu ou un nom commun à d'autres lieux, si le nom de la personne était commun à d'autres personnes, un acte de perquisition deviendrait alors nécessaire pour remplir le vœu de la loi.

Art. 174. — L'acte de protêt contient : la transcription

littérale de la lettre de change, de l'acceptation, des endossements, et des recommandations qui y sont indiquées, la sommation de payer le montant de la lettre de change. Il énonce : la présence ou l'absence de celui qui doit payer, les motifs du refus de payer, et l'impuissance ou le refus de signer.

On entend ici par *recommandations* les indications des personnes qui devaient payer au besoin.

N'est pas nul le protêt qui ne contient pas la signature du débiteur, quoique l'huissier ait terminé son acte par ces mots : *lequel, sommé de signer, a obéi.* Cette absence de la signature, que le débiteur avait promis de donner, ainsi que cela est attesté par l'acte lui-même, ne faisant que confirmer d'autant plus le refus de payer, constaté d'ailleurs par l'huissier.

Si des événements majeurs ou imprévus forçaient à employer plusieurs jours à se transporter au domicile des personnes indiquées au besoin, si la mort subite d'un des instrumentaires ne permettait pas que l'opération se fît par un seul et même acte, tous ces cas devraient être constatés par le protêt.

Art. 175. — Nul acte, de la part du porteur d'une lettre de change, ne peut suppléer l'acte de protêt, hors le cas prévu par les articles 150 et suivants touchant la perte de la lettre de change.

Art. 176. — Les notaires et huissiers sont tenus, à peine de destitution, dépens, dommages-intérêts envers les parties, de laisser copie exacte des protêts, et de les inscrire en entier, jour par jour et par ordre de dates, dans un registre particulier, coté, paraphé, et tenu dans les formes prescrites pour les répertoires.

L'objet du registre exigé ci-dessus est de fournir, en cas de perte de l'original, le moyen de prouver qu'un protèt a été fait, et de pouvoir s'en procurer une expédition authentique.

§ 13.

De la Retraite et du Rechange.

Le mot *rechange* a deux significations : il exprime l'opération de banque par laquelle le porteur d'une lettre protestée fait retraite sur le tireur ou un des endosseurs ; il signifie aussi le prix du change que le tireur de la retraite paie pour la négocier.

Le porteur d'une lettre de change protestée, s'il ne peut se faire rembourser dans le lieu même où la lettre de change était payable, peut tirer sur son cédant ou sur tout autre endosseur, ou bien sur le tireur lui-même, à son choix, une nouvelle lettre de change ou *retraite*, soit à terme, soit à vue, selon que le protèt a été fait faute d'acceptation ou faute de paiement.

Art. 177. — Le rechange s'effectue par une retraite.

Art. 178. — La retraite est une nouvelle lettre de change au moyen de laquelle le porteur rembourse sur le tireur ou sur l'un des endosseurs, du principal de la lettre protestée, de ses frais et du nouveau change qu'il paie.

La retraite ne peut avoir lieu avant l'échéance des traites qu'elle représente.

Le porteur ne peut faire retraite que sur l'un des signataires de la lettre de change protestée ; il est libre de choisir, mais il est plus naturel qu'il s'adresse à son endosseur immédiat, avec lequel il est en relation, qu'aux autres qui lui sont étrangers.

Le motif qui a fait ainsi restreindre le recours du porteur contre un seul des signataires de la lettre a été de faire disparaître l'abus qui existait autrefois , et qui consistait à faire payer autant de rechanges différents qu'il y avait d'endosseurs.

Si celui sur qui la retraite est prise était débiteur et ne l'acquittait pas, il serait responsable des frais et dommages qui résulteraient du non-paiement.

ART. 179. — Le rechange se règle, à l'égard du tireur, par le cours du change du lieu où la lettre de change était payable, sur le lieu d'où elle a été tirée. Il se règle, à l'égard des endosseurs, par le cours du change du lieu où la lettre a été remise ou négociée par eux, sur le lieu où le remboursement s'effectue.

ART. 180. — La retraite est accompagnée d'un compte de retour.

Le compte de retour est un bordereau ou état détaillé qui justifie de la retraite, et qui contient le détail des frais de protêt et autres auxquels a donné lieu la lettre de change protestée, ainsi que le prix du rechange.

ART. 181. — Le compte de retour comprend : le principal de la lettre de change protestée, les frais de protêt et autres frais légitimes, tels que commission de banque , courtage , timbre et ports de lettres. Il énonce le nom de celui sur qui la retraite est faite et le prix du change auquel elle est négociée. Il est certifié par un agent de change. Dans les lieux où il n'y a pas d'agent de change, il est certifié par deux commerçants. Il est accompagné de la lettre de change protestée, du protêt ou d'une expédition de l'acte de protêt. Dans le cas où la retraite est faite sur l'un des endosseurs, elle est accompagnée en outre d'un certificat qui constate le cours du change du lieu où la lettre de change était payable, sur le lieu d'où elle a été tirée.

Ce certificat a pour objet de constater le cours du

change dont il s'agit, afin que l'endosseur qui se remboursera par une traite sur le tireur puisse connaître ce rechange, et le faire payer au tireur, qui doit définitivement le supporter. Ce certificat n'est pas nécessaire lorsque le porteur fait sa retraite directement contre le tireur, parce que le compte de retour contient le prix du change auquel la retraite est négociée, et qui, dans ce cas, n'est autre chose que le change du lieu où la lettre était payable, sur le lieu d'où elle a été tirée.

Art. 182. — Il ne peut être fait plusieurs comptes de retour sur une même lettre de change. Ce compte de retour est remboursé d'endosseur à endosseur respectivement, et définitivement par le tireur.

Art. 183. — Les rechanges ne peuvent être cumulés. Chaque endosseur n'en supporte qu'un seul, ainsi que le tireur.

Art. 184. — L'intérêt du principal de la lettre de change protestée faute de paiement est dû à compter du jour du protêt.

Il n'est pas nécessaire pour cela qu'il y ait assignation en justice. Mais l'intérêt d'un billet à ordre, souscrit par une personne *non commerçante*, ne court seulement que du jour de la demande en justice.

L'intérêt ne peut excéder, en matière civile, *cinq* pour cent; en matière de commerce, *six* pour cent. C'est l'intérêt *légal*, c'est-à-dire, celui que la loi accorde.

Art. 185. — L'intérêt des frais de protêt, rechange et autres frais légitimes, n'est dû qu'à compter du jour de la demande en justice.

Art. 186. — Il n'est point dû de rechange, si le compte de retour n'est pas accompagné des certificats d'agents de change ou de commerçants, prescrits par l'article 181.

SECTION DEUXIÈME

DU BILLET A ORDRE

On appelle *billet à ordre* celui par lequel la personne qui le souscrit s'oblige à payer à une autre, ou à son ordre, c'est-à-dire, à celle qui en sera devenue propriétaire par endossement, une certaine somme à une certaine époque.

L'*ordre* n'est autre chose que l'endossement, c'est un terme usité dans le commerce et dans la banque.

Les différences qui distinguent le billet à ordre de la lettre de change consistent : d'abord, en ce que le billet à ordre est ordinairement payable dans le lieu même où il a été souscrit, et qu'il n'y a pas nécessité d'une remise de place en place, comme dans la lettre de change ; ensuite, en ce que le billet à ordre devant être payé par celui qui l'a souscrit, il n'y a pas lieu à acceptation ; enfin le billet à ordre ne rend passible de la contrainte par corps que les commerçants dans certains cas, tandis que la lettre de change assujettit toujours à cette contrainte, sauf, cependant les cas prévus par les art. 113 et 114.

Lorsque le billet ne renferme pas la clause *à ordre*, il n'est plus qu'un simple billet, et il n'a rien en soi de commerçant.

Lorsqu'un billet renfermant la clause *à ordre* est souscrit dans un lieu et payable dans un autre, il diffère, tout à la fois, et de la lettre de change, et du billet à ordre ordinaire.

Il diffère du billet à ordre en ce qu'il constitue un

acte de commerce à l'égard de toutes personnes, attendu qu'il implique une remise d'argent de place en place ; et de la lettre de change, en ce qu'il n'est pas soumis aux dispositions concernant l'acceptation et la provision. On l'appelle alors *billet à domicile*.

Le *billet au porteur* est, comme le mot l'indique lui-même, un titre payable à celui qui l'aura en sa possession. Il se transmet comme une pièce de monnaie, par la remise de la main à la main. La créance et le titre se confondent si bien qu'ils ne font plus qu'un pour ainsi dire.

Le billet à ordre circule dans le commerce comme la lettre de change, au moyen de l'endossement.

Art. 187. — Toutes les dispositions relatives aux lettres de change et concernant l'échéance, l'endossement, la solidarité, l'aval, le paiement, le paiement par intervention, le protêt, les devoirs et droits du porteur, le rechange ou les intérêts, sont applicables aux billets à ordre, sans préjudice des dispositions relatives aux cas prévus par les articles 636, 637 et 638.

Art. 188. — Le billet à ordre est daté. Il énonce la somme à payer, le nom de celui à l'ordre de qui il est souscrit, l'époque à laquelle le paiement doit s'effectuer, la valeur qui a été fournie, en espèces, en marchandises, en compte, ou de toute autre manière.

S'il a pour cause une dette de jeu, il est nul.

L'article 1336 du Code civil veut, que pour que les billets soient valables, ils soient écrits en entier de la main de celui qui les souscrit, ou du moins, qu'outre la signature, il ait écrit de sa main un *bon* ou un *approuvé* portant la somme en toutes lettres.

Les billets à ordre peuvent être faits par actes notariés et être transmissibles par endossement, mais alors, ils doivent être, sous peine d'amende, enregistrés dans le même délai que tout autre acte notarié ; tandis que lorsqu'ils sont sous seing privé ils peuvent n'être présentés à l'enregistrement qu'avec le protêt.

Le simple billet diffère du billet à ordre en ce qu'il ne peut être cédé que par un transport signifié par le cessionnaire à celui qui l'a souscrit; tant que cette signification n'est pas faite, le transport n'est pas valable à l'égard des tiers.

On ne pourrait remplacer par des preuves étrangères l'omission d'une des formalités prescrites pour le billet à ordre. Dans ce cas il ne vaudrait que comme simple promesse.

La propriété d'un billet à ordre peut être valablement transmise par un endossement postérieur à l'échéance du billet.

Des billets à ordre peuvent être valablement donnés de la main à la main avec endossements en blanc. Mais le don d'un billet à ordre fait de la main à la main, sans transport ni endossement, n'est pas valable.

Lorsqu'un billet à ordre n'a été protesté que longtemps après l'échéance, les intérêts ne courent que du jour du protêt.

SECTION TROISIÈME

DE LA PRESCRIPTION

Art. 189. — Toutes actions relatives aux lettres de change, et à ceux des billets à ordre souscrits par des négociants, marchands ou banquiers, ou par faits de commerce , se prescrivent par cinq ans à compter du jour du protèt ou de la dernière poursuite juridique, s'il n'y a eu condamnation, ou si la dette n'a été reconnue par acte séparé. Néanmoins, les prétendus débiteurs seront tenus, s'ils en sont requis, d'affirmer sous serment qu'ils ne sont plus redevables ; et leurs veuves, héritiers ou ayant-cause, qu'ils estiment de bonne foi qu'il n'est plus rien dû.

On entend par *action* le droit de poursuivre devant les tribunaux une personne pour qu'elle nous rende ce que nous croyons nous être dû ou nous appartenir. L'exercice de ce droit se nomme aussi *demande*.

La prescription ordinaire pour les actions civiles est de trente ans.

La prescription quinquennale ou de cinq ans s'applique à toutes les actions relatives aux effets de commerce, sans nulle distinction des causes pour lesquelles ils auraient été souscrits.

Toutefois, elle n'est pas applicable aux billets à ordre causés *valeur reçue*.

Les billets à ordre souscrits par des *non-commerçants* et qui n'auraient pas pour objet des faits de commerce, ne se prescrivent que par le laps de temps ordinaire.

S'il n'y a pas eu de protèt à l'échéance de la lettre de change ou du billet, la prescription court du lendemain de l'échéance. Mais si à une époque quelcon_ que des cinq ans la prescription a été interrompue par un protèt ou une autre poursuite juridique, elle recommence alors son cours quinquennal à dater, soit du jour du protèt, soit du jour de la nouvelle poursuite.

Si le créancier a obtenu un jugement ou une reconnaissance par acte séparé, il n'y a plus lieu qu'à la prescription ordinaire de trente ans, parce qu'alors il y a novation, c'est-à-dire, un titre nouveau.

Lorsque le porteur d'une lettre de change a écrit de sa main, au dos de la lettre, que telles sommes ont été données à compte, cette mention peut être considérée comme suppléant à la reconnaissance de la dette par acte séparé exigée par l'article 189 ci-haut; et par suite, comme ayant l'effet d'interrompre la prescription de cinq ans.

On ne peut d'avance renoncer à la prescription : on peut renoncer à la prescription acquise.

Les créanciers, ou toute autre personne ayant intérêt à ce que la prescription soit acquise, peuvent l'opposer, en cas que le débiteur ou le propriétaire y renonce.

On ne peut prescrire le domaine des choses qui ne sont point dans le commerce.

Se prescrivent par six mois :

L'action des maîtres et instituteurs des sciences et arts, pour les leçons qu'ils donnent au mois;

Celle des hôteliers et traiteurs, à raison du logement et de la nourriture qu'ils fournissent;

Celle des ouvriers et gens de travail, pour le paiement de leurs journées, fournitures et salaires.

Se prescrivent par un an :

L'action des médecins, chirurgiens et apothicaires, pour leurs visites, opérations et médicaments;

Celle des huissiers, pour les actes qu'ils signifient et des commissions qu'ils exécutent;

Celle des marchands, pour les marchandises qu'ils vendent aux particuliers non marchands;

Celle des maîtres de pension, pour le prix de la

pension de leurs élèves; et des autres maîtres, pour le prix de l'apprentissage ;

Celle des domestiques qui se louent à l'année, pour le paiement de leur salaire.

L'action des avoués, pour le paiement de leurs frais et salaires, se prescrit par deux ans, à compter du jugement des procès, ou de la conciliation des parties, ou depuis la révocation des dits avoués. A 'égard des affaires non terminées, ils ne peuvent former de demande pour leurs frais et salaires qui remonteraient à plus de cinq ans.

La prescription, dans les cas ci-dessus, a lieu quoiqu'il y ait eu continuation de fourniture, livraisons, services ou travaux.

Elle ne cesse de courir que lorsqu'il y a eu compte arrêté, cédule ou obligation, ou citation en justice non périmée.

Néanmoins ceux auxquels ces prescriptions seront opposées, peuvent déférer le serment à ceux qui les opposent, sur la question de savoir si la chose a été réellement payée.

Les juges et avoués sont déchargés des pièces cinq ans après le jugement des procès.

Les huissiers, après deux ans, depuis l'exécution de la commission, ou la signification des actes dont ils étaient chargés, en sont pareillement déchargés.

Se prescrivent par cinq ans :

Les arrérages de rentes perpétuelles ou viagères ;

Ceux des pensions alimentaires ;

Les loyers des maisons, et le prix de ferme des biens ruraux ;

Les intérêts des sommes prêtées, et généralement

tout ce qui est payable par année, ou à des termes périodiques plus courts.

En fait de meubles la possession vaut titre.

Néanmoins, celui qui a perdu ou auquel il a été volé une chose, peut la revendiquer pendant trois ans, à compter du jour de la perte ou du vol, contre celui dans les mains duquel il la trouve, sauf à celui-ci son recours contre celui duquel il la tient.

Si le possesseur actuel de la chose volée ou perdue l'a achetée dans une foire ou dans un marché, ou dans une vente publique, ou d'un marchand vendant des choses pareilles, le propriétaire originaire ne peut se la faire rendre qu'en remboursant au possesseur le prix qu'elle lui a coûté.

Les factures entre commerçants ne se prescrivent que par la prescription ordinaire de trente ans.

LIVRE II

COMMERCE MARITIME

(Le Code maritime, ainsi que nous l'avons annoncé au commencement de cet ouvrage, devant être l'objet d'un traité spécial, nous nous bornons seulement à en indiquer le titre pour éviter toute idée de lacune ou d'omission).

LIVRE III

DES FAILLITES ET BANQUEROUTES

—— ⧞ ——

TITRE PREMIER

DE LA FAILLITE

Dispositions générales

La faillite est l'état d'un commerçant qui, par suite du dérangement de ses affaires, a cessé ses paiements.

Pour être failli il faut donc avoir cessé ses paiements et les avoir cessés en tant que commerçant. Ces deux circonstances sont indispensables, mais elles suffisent.

La faillite ne dépend pas toujours de l'insuffisance de l'actif vis-à-vis du passif, mais bien de la perte du crédit, attestée par la cessation de paiements. Un commerçant pourrait avoir beaucoup plus de dettes que de biens et cependant échapper à la déclaration de faillite, parce que, ayant conservé son crédit, il continuerait ses paiements. De même, en sens inverse, un négociant solvable, et même riche, ne pouvant se procurer des ressources immédiates à cause de la perte de son crédit, et ayant cessé ses paiements, peut être déclaré en faillite.

Le refus d'acquitter de simples engagements civils ne peut pas *seul* constituer la cessation de paiements, c'est la perte du crédit commercial et la cessation de paiements des engagements commerciaux qui donnent lieu à la déclaration de faillite.

Art. 437. — Tout commerçant qui cesse ses paiements est en état de faillite.

La faillite d'un commerçant peut être déclarée après son décès, lorsqu'il est mort en état de cessation de paiements. La déclaration de la faillite ne pourra être soit prononcée d'office soit demandée par les créanciers que dans l'année qui suivra le décès.

Le failli est incapable d'exercer des droits politiques. Il ne peut être juré, membre du tribunal de commerce ou du conseil des prud'hommes, agent de change ou courtier. Il ne peut se présenter à la Bourse, ni être admis à l'escompte de la banque de France.

Il ne faut pas confondre la *suspension* de paiements avec la *cessation* de paiements.

Le commerçant qui cesse ses paiements est évidemment insolvable ; celui qui les suspend peut être au contraire très-solvable ; son actif peut être supérieur à son passif ; mais, gêné momentanément par l'effet de quelque événement imprévu, il ne peut faire face à ses engagements. Dans ce cas, il serait quelquefois funeste aux créanciers eux-mêmes de le faire mettre en faillite, car les frais qu'elle entraînerait et les pertes sur l'actif qui pourraient en être la consé-quence, laisseraient aux créanciers bien moins de ressources que celles que peut offrir le débiteur qui, parvenu par la facilité d'un attermoiement à se remettre au courant de ses affaires, peut alors les satisfaire intégralement.

L'état de faillite n'est propre qu'aux commerçants.

L'étranger qui fait le commerce en France peut être aussi déclaré en faillite.

Le commerçant qui cesse ses paiements peut être déclaré en faillite, alors même qu'il n'a qu'un créancier.

Tout individu porteur d'un titre, même non échu, peut provoquer la faillite de son débiteur, s'il justifie au tribunal que ce dernier est en état de cessation de paiements.

Une société peut, comme tout commerçant, être mise en état de faillite. Mais la déclaration de faillite d'une société n'entraîne pas la faillite individuelle ou personnelle de ceux de ses membres qui ne sont pas en état de cessation de paiements à l'égard de leurs créanciers particuliers.

La femme d'un commerçant failli qui n'a fait que détailler les marchandises du commerce de son mari ne peut être déclarée en faillite dans le cas même où elle figurerait au bilan et l'aurait signé conjointement avec son mari.

La loi considère le commerçant comme failli, et le qualifie tel, par cela seul qu'il a cessé ses paiements, et avant toute déclaration émanée, soit de lui-même, soit du tribunal de commerce.

CHAPITRE PREMIER

DE LA DÉCLARATION DE FAILLITE ET DE SES EFFETS

Art. 438. — Tout failli sera tenu, dans les trois jours de la cessation de ses paiements, d'en faire la déclaration au greffe du tribunal de commerce de son domicile. Le jour de la cessation de paiements sera compris dans les trois jours. — En cas de faillite d'une société en nom collectif, la déclaration contiendra le nom et l'indication du domicile de chacun des associés solidaires. Elle sera faite au greffe du tribunal dans le ressort duquel se trouve le siége du principal établissement de la société.

Si un commerçant failli négligeait de faire cette déclaration, ses créanciers auraient le droit de poursuivre la déclaration de faillite par le tribunal qui pourrait même faire la déclaration d'office. De plus, le commerçant pourrait être poursuivi comme banqueroutier simple.

Le délai de trois jours fixé pour faire la déclaration de la cessation de paiements n'est guère observé dans la pratique, car trois jours ne peuvent suffire à un commerçant pour mettre ordre à ses affaires, et établir sa situation.

La déclaration du débiteur doit être faite au greffe. Des aveux contenus dans des lettres adressées aux créanciers, ou faits dans des assemblées, ou toute autre manière employée par le débiteur pour annoncer qu'il est dans l'impossibilité de remplir ses engagements, ne pourraient suppléer cette déclaration.

Le débiteur qui, après avoir fait sa déclaration au greffe et avant que le tribunal eût prononcé, trouverait le moyen de payer ses engagements, serait en droit de retirer sa déclaration.

Art. 439. — La déclaration du failli devra être accompagnée du dépôt du bilan, ou contenir l'indication des motifs qui empêcheraient le failli de le déposer. Le bilan contiendra l'énumération et l'évaluation de tous les biens mobiliers et immobiliers du débiteur, l'état des dettes actives et passives, le tableau des profits et pertes, le tableau des dépenses ; il devra être certifié véritable, daté et signé par le débiteur.

Le *bilan* est l'état passif et actif des affaires du failli. Il permet de discerner s'il y a faillite ou simplement suspension de paiement ; il sert à fixer le caractère de la faillite, indique les créanciers, et rend plus facile la vérification des créances.

Le bilan doit être daté et signé par le débiteur ; mais s'il ne pouvait ou ne savait signer, l'acte de dépôt ferait mention de cette impossibilité, et cette mention équivaudrait à l'accomplissement de la formalité.

Le bilan est dressé par le syndic lorsqu'il ne l'a pas été par le failli.

Un bilan peut être redressé par des états supplémentaires, sans qu'on puisse considérer ces rectifications comme des indices de fraude dans le bilan.

Le commerçant qui ne sait pas signer peut faire rédiger son bilan par un notaire ou le faire dresser par un tiers, et le déposer au greffe du tribunal de commerce ou entre les mains des syndics.

Le failli peut se faire représenter par un fondé de pouvoirs pour déclarer sa faillite et déposer son bilan.

Art. 440. — La faillite est déclarée par jugement du tribunal de commerce, rendu soit sur la déclaration du failli, soit à la requête d'un ou de plusieurs créanciers, soit d'office. Ce jugement sera exécutoire provisoirement.

C'est-à-dire, que le juge-commissaire et les syndics provisoires nommés par le jugement déclaratif de la faillite, rempliront les fonctions que la loi leur confie, à partir du jugement et nonobstant l'opposition qui pourrait être dirigée contre ce jugement.

Le jugement déclaratif de faillite peut être attaqué par la voie d'opposition et rapporté, savoir : Dans la huitaine, par le failli lui-même, si le jugement n'a pas été rendu contradictoirement avec lui; et dans le mois, par ses créanciers ou tout autre intéressé.

Lorsque l'état de faillite est établi par tous les actes prévus par la loi, le failli ne peut recouvrer ses droits que par la réhabilitation.

Tout créancier est recevable à faire fixer la date de la cessation de paiements jusqu'à la clôture du procès-verbal de vérification et d'affirmation des créances. Cependant, des raisons de convenance s'opposent à ce qu'un fils soit admis à provoquer la déclaration de faillite de son père; il en est de même d'une femme, même séparée, à l'égard de son mari.

Le créancier qui a succombé dans sa demande en déclaration de faillite de son débiteur, peut la reproduire avec des preuves plus formelles et plus décisives, et le tribunal peut alors déclarer le débiteur en faillite sans qu'on puisse lui reprocher d'avoir violé la chose jugée.

Si le tribunal ne voyait pas, dans les faits allégués par les créanciers, une preuve suffisante de cessation de paiments, il pourrait rejeter la demande, et le débiteur, dont la réputation aurait souffert des tentatives faites par ses créanciers pour le faire déclarer en état de faillite, pourrait demander des dommages-intérêts.

Le jugement déclaratif de faillite doit, à peine de nullité, être rendu en audience publique.

Art. 441. — Par le jugement déclaratif de la faillite, ou par jugement ultérieur rendu sur le rapport du juge-commissaire, le tribunal déterminera, soit d'office, soit sur la poursuite de toute partie intéressée, l'époque à laquelle a eu lieu la cessation de paiements. A défaut de détermination spéciale, la cessation de paiements sera réputée avoir eu lieu à partir du jugement déclaratif de la faillite.

Il est du plus grand intérêt de fixer l'époque certaine où la cessation de paiement a eu lieu, à cause de la nullité qui frappe les engagements contractés par le failli dans les dix jours qui ont précédé cette cessation, ainsi que les paiements et droits d'hypothèque et de privilége.

Pour constituer une cessation de paiements il faut que les refus de payer soient patents. Des renouvellements d'effets, des garanties données pour obtenir des termes, s'ils n'ont pas été rendus publics, ne suffiraient pas.

Mais, le refus sans motifs de payer un compte arrêté, ou une livraison de marchandises faite au comptant, constatés par jugement, la saisie et vente des meubles, l'emprisonnement du débiteur, la convocation qu'un débiteur ferait de ses créanciers pour leur demander des délais, seraient les preuves propres à fixer l'époque de cessation de paiements.

Art. 442. — Les jugements rendus en vertu des deux articles précédents (440-441) seront affichés et insérés par extrait dans les journaux, tant du lieu où la faillite aura été déclarée, que de tous les lieux où le failli aura des établissements commerciaux, suivant le mode établi par l'article 42 du présent Code.

Le jugement qui déclare la faillite ouverte produit son effet contre les créanciers du failli, à dater du jour où il a été rendu, et non pas seulement à compter de celui où il a été affiché et inséré dans les journaux; en conséquence, les créanciers du failli ne peuvent obtenir des condamnations contre lui, après que ce jugement a été rendu, bien qu'il n'ait pas encore acquis la publicité résultant de l'affiche et de l'insertion dans les journaux.

Art. 443. — Le jugement déclaratif de la faillite emporte de plein droit, à partir de sa date, dessaisissement pour le failli de l'administration de tous ses biens, même de ceux qui peuvent lui échoir tant qu'il est en état de faillite. — A partir de ce jugement, toute action mobilière ou immobilière ne pourra être suivie ou intentée que contre les syndics. — Il en sera de même de toute voie d'exécution tant sur les meubles que sur les immeubles. — Le tribunal, lorsqu'il le jugera convenable, pourra recevoir le failli partie intervenante.

Le jugement déclaratif de la faillite enlève au failli l'administration de ses biens, mais celui-ci n'en perd pas la propriété. Il n'est pas pour cela en état d'interdiction et n'en conserve pas moins la plénitude de sa capacité; il peut contracter, plaider, mais les actes qu'il peut faire sont sans effet à l'égard des biens dont, par suite du dessaisissement, ses créanciers se trouvent en quelque sorte nantis.

Le dessaisissement a pour objet d'assurer le gage des créanciers, et de conserver les biens du failli jusqu'aux mesures définitives qui seront prises dans l'intérêt de tous.

Le dessaisissement a lieu par la force de la loi et sans qu'il soit besoin d'en faire mention dans le jugement qui déclare la faillite.

Les pensions et traitements accordés par l'État ne sont pas atteints par la faillite.

La faillite de l'un des deux commerçants qui étaient en compte-courant, arrête le cours de leurs négociations réciproques.

Le failli peut agir en justice contre les syndics de ses créanciers, pour se plaindre du tort qu'ils lui ont occasionné par leur faute ou leur prévarication.

Art. 444. — Le jugement déclaratif de faillite rend exigibles, à l'égard du failli, les dettes passives non échues. — En cas de faillite du souscripteur d'un billet à ordre, de l'accepteur d'une lettre de change ou du tireur à défaut d'acceptation, les autres obligés seront tenus de donner caution pour le paiement à l'échéance, s'ils n'aiment mieux payer immédiatement.

Si la faillite annule les termes de crédit accordés au failli, il ne s'ensuit pas que ces créances doivent être acquittées de suite. Ce principe n'a pour effet que de donner à tous les créanciers le droit d'être payés en même temps sur les biens du failli. Il n'en résulte pas, non plus, pour celui dont la créance ne viendrait réellement à échéance que postérieurement à la faillite, le droit d'en opérer la compensation avec ce dont il serait débiteur au moment de l'ouverture de cette faillite.

14.

Le jugement déclaratif de faillite, rendu par défaut, est susceptible de péremption, faute d'exécution dans les six mois de sa date, comme les jugements ordinaires par défaut.

Mais, si à l'expiration de la péremption du jugement par défaut qui a déclaré la faillite, le débiteur était en état de payer à bureau ouvert toutes ses dettes échues, les créanciers dont les dettes ne seraient pas exigibles, ne pourraient pas se prévaloir du jugement primitif pour déclarer leur débiteur en faillite, sous le prétexte que ce jugement a rendu leurs créances exigibles. Le jugement étant périmé n'a pu produire son effet.

Les créances privilégiées ou garanties par nantissement, ainsi que les dettes hypothécaires, sont comprises dans l'exigibilité dont parle l'article 444.

Art. 445. — Le jugement déclaratif de faillite arrête, à l'égard de la masse seulement, le cours des intérêts de toute créance non garantie par un privilége, par un nantissement ou par une hypothèque. — Les intérêts des créances garanties ne pourront être réclamés que sur les sommes provenant des biens affectés au privilége, à l'hypothèque ou au nantissement.

Ainsi les intérêts ne cessent pas de courir à l'égard du failli, et si ce dernier devait plus tard se trouver exposé aux poursuites individuelles de ses créanciers, ceux-ci seraient en droit d'exiger les intérêts de leurs créances, tandis que, s'il y a concordat, les intérêts se trouvent compris dans les dividendes accordés aux créanciers, à moins de stipulations contraires.

Si le failli a souscrit des billets payables d'année en année, dans lesquels les intérêts ont été réunis au capital, il n'y a pas lieu de réduire ces effets des intérêts postérieurs à la faillite. La raison en est qu'il y a entre le créancier et le débiteur une espèce de forfait qu'il importe de respecter.

Art. 446. — Sont nuls et sans effet, relativement à la masse, lorsqu'ils auront été faits par le débiteur depuis l'époque déterminée par le tribunal comme étant celle de la cessation de ses paiements, ou dans les dix jours qui auront précédé cette époque : tous actes translatifs de propriétés mobilières ou immobilières à titre gratuit; tous paiements, soit en espèces, soit par transport, vente, compensation ou autrement, pour dettes non échues et pour dettes échues, tous paiements faits autrement qu'en espèces ou effets de commerce ; toute hypothèque conventionnelle ou judiciaire, et tous droits d'antichrèse ou de nantissement constitués sur les biens du débiteur pour dettes antérieurement contractées.

Du moment qu'il y a faillite, tous les créanciers sont égaux devant la loi et ont droit à être payés au marc le franc. La loi a donc déclaré *nuls* et *sans effet* les actes ci-dessus énumérés, faits dans les dix jours avant la cessation de paiements déterminée par le tribunal. Tous les créanciers qui ne sont ni privilégiés, ni hypothécaires, partageront le même sort ; et celui qui aura eu plus de confiance, ne sera pas frustré par un créancier plus vigilant. Cependant, le législateur n'a point poussé jusqu'au bout son système de nullités absolues ; il a admis les nullités relatives pour certains actes seulement, qui sont indiqués dans l'article suivant.

La loi a frappé de nullité les actes énumérés en l'article 446, faits dans les dix jours qui précèdent la faillite, parce qu'il est présumable que dix jours auparavant, le failli connaissait son état, et dès lors ne devait plus faire d'actes pouvant aggraver la position de ses créanciers. Ces actes se trouvent alors frappés d'un soupçon de fraude, et regardés comme le résultat d'un concert entre le failli et ceux qui traitent avec lui.

On nomme généralement *acte translatif de propriété* tout acte qui transfère le droit de propriété, comme une vente, une donation. Le prêt, le louage, ne sont pas des actes translatifs de propriété, car ils ne transfèrent que la jouissance.

Les actes translatifs de propriété à titre gratuit, sont les donations et les testaments.

Tout paiement anticipé, c'est-à-dire pour dettes non échues, opéré dans le délai déterminé par l'article 446, prend un caractère de fraude. On suppose que le débiteur n'a anticipé le paiement que pour favoriser le créancier et lui permettre d'échapper au désastre commun.

Si un négociant, déclaré en faillite après son décès, avait fait des legs dans son testament dont la date serait même de beaucoup antérieure à l'époque de la cessation de ses paiements, ces legs seraient nuls; les libéralités par testament sont censées faites au moment du décès du testateur.

Est nul et sans effet l'abandon d'un immeuble, fait par le père à son fils, en paiement de la somme qu'il lui avait constituée en dot, avec réserve de l'acquitter en espèces ou en immeubles, lorsque cet abandon a eu lieu dans les dix jours qui précèdent l'époque à laquelle a été fixée la cessation de paiements du père en faillite.

Les paiements en marchandises, dans ledit délai, pour dettes, sont nuls.

De même, le paiement de marchandises fait par anticipation, moyennant escompte, par un failli, dans les dix jours qui ont précédé sa cessation de paiements est nul.

La négociation d'effets faite par un commerçant avant les dix jours qui ont précédé la cessation de ses paiements, est valable, bien que les effets aient été payés après l'ouverture de la faillite. Ce n'est pas le jour du paiement qu'il faut considérer, mais celui où la négociation a eu lieu.

Mais un négociant qui escompte des effets dans les dix jours de sa faillite, est censé avoir fait un paiement par anticipation, et qui, par conséquent, doit être nul.

Les hypothèques légales nées depuis la cessation de paiements ne sont pas annulées.

Si l'époque de la cessation de paiements d'un négociant déclaré en faillite était fixée de manière à ce que son contrat de mariage eût lieu dans les dix jours qui ont précédé sa faillite, sa femme ne pourrait avoir d'hypothèques sur ses biens.

Art. 447. — Tous autres paiements faits par le débiteur pour dettes échues, et tous autres actes à titre onéreux par lui passés après la cessation de ses paiements et avant le jugement déclaratif de faillite, pourront être annulés, si, de la part de ceux qui ont reçu du débiteur ou qui ont traité avec lui, ils ont eu lieu avec connaissance de la cessation de ses paiements.

Les paiements faits par le failli, dans le temps intermédiaire entre sa déclaration de faillite et le jour auquel on l'a fait remonter plus tard, doivent être réputés frauduleux, par conséquent nuls, si le créancier avait connaissance de l'état d'insolvabilité du débiteur.

Un transport de créance, bien que consenti en temps utile et par acte authentique, par un individu tombé depuis en faillite, n'est pas valable vis-à-vis des tiers, s'il n'est signifié que postérieurement à la faillite.

Les actes sous seing privé, faits par le failli, n'ont date certaine à l'égard de la masse des créanciers que du jour de leur enregistrement. C'est du reste le principe général pour tous les actes de cette nature à l'égard des tiers.

Art. 448. — Les droits d'hypothèque et de priviléges valablement acquis pourront être inscrits jusqu'au jour du jugement déclaratif de la faillite. Néanmoins, les inscriptions prises après l'époque de la cessation de paiements, ou dans les dix jours qui précèdent, pourront être déclarées nulles, s'il s'est écoulé plus de quinze jours entre la date de l'acte constitutif de l'hypothèque ou du privilége et celle de l'inscription. — Ce délai sera augmenté d'un jour à raison de cinq myriamètres de distance entre le lieu où le droit d'hypothèque aura été acquis et le lieu où l'inscription sera prise.

Cet article a fait cesser la question controversée de savoir si l'on pouvait prendre valablement inscription dans les dix jours qui précédaient l'ouverture de la faillite, pour une hypothèque consentie antérieurement.

Le créancier qui, sur le vu du jugement déclaratif de la faillite de son débiteur, dont il avait antérieurement saisi les meubles, a arrêté ses poursuites, peut prétendre à un privilége pour les frais qu'il a faits, quoique sa créance principale soit une créance ordinaire, et que les syndics n'aient pas continué et mis à fin la saisie commencée.

Art. 449. — Dans le cas où des lettres de change auraient été payées après l'époque fixée comme étant celle de la cessation de paiements et avant le jugement déclaratif de la faillite, l'action en rapport ne pourra être intentée que contre celui pour compte duquel la lettre de change aura été fournie. — S'il s'agit d'un billet à ordre, l'action ne pourra être exercée que contre le premier endosseur. — Dans l'un et l'autre cas, la preuve que celui à qui on demande le rapport avait connaissance de la cessation de paiements à l'époque de l'émission du titre, devra être fournie.

Le principe posé dans la loi est que celui qui a reçu du débiteur depuis le moment où il est censé avoir cessé ses paiements, doit rapporter à la masse quand il a eu connaissance du mauvais état des affaires. Mais il n'en pouvait être ainsi des titres cessibles par endossement. En effet, si à l'échéance, une lettre de change ou un billet à ordre n'est pas payé, le porteur, en faisant constater par un protêt le refus de pâiement, a son recours contre tous les endosseurs. Si, au contraire, le billet est payé, le porteur n'est pas en droit de faire le protêt; mais si, plus tard, il était soumis à l'obligation de rapporter ce qu'il aurait reçu, sa condition serait pire que s'il n'avait rien reçu, puisqu'il aurait perdu son recours. Il est donc juste que l'action en rapport ne puisse être intentée que contre celui pour lequel l'effet aura été souscrit, c'est-à-dire, le tireur, si c'est une lettre de change, ou le premier endosseur, si c'est un billet à ordre. Mais il ne sera tenu au rapport qu'autant que celui qui intente l'action fournira la preuve qu'il connaissait le mauvais état des affaires du failli à l'époque de l'émission de la lettre de change ou du billet à ordre.

Art. 450. — Toute voie d'exécution pour parvenir au paiement des loyers sur les effets mobiliers servant à l'exploitation du commerce du failli seront suspendues pendant trente jours, à partir du jugement déclaratif de faillite, sans préjudice de toutes mesures conservatoires et du droit, qui serait acquis au propriétaire, de reprendre possession des lieux loués. Dans ce cas, la suspension des voies d'exécution établie au présent article cessera de plein droit.

Grâce à ce délai de trente jours, les créanciers ont le temps de se réunir et de prendre les mesures nécessaires pour continuer l'exploitation appartenant au failli ; et le locateur, quoique nanti d'un gage, ne peut pas plus que les autres créanciers, pendant ce délai, exercer des poursuites individuelles. Ainsi, lors même que la vente des effets du failli servant à l'exploitation de son commerce serait déjà affichée sur les poursuites du propriétaire, elle serait suspendue pendant trente jours. Mais le propriétaire peut faire valoir ses droits contre les autres effets mobiliers du failli qui ne servent pas à l'exploitation de son fonds de commerce. De même qu'après l'expiration du délai de trente jours il rentre dans tous ses droits à l'égard des effets servant à l'exploitation du fonds de commerce, et c'est à sa requête que la vente doit être faite.

Pour les priviléges il n'y a pas de faillite. Ils s'exercent sans modification, sans interruption, sur les objets qu'ils affectent.

Ainsi, la faillite n'empêche pas les créanciers privilégiés de commencer individuellement des poursuites, ou de continuer celles déjà commencées à raison de leur privilége.

CHAPITRE II

DE LA NOMINATION DU JUGE-COMMISSAIRE

Le juge-commissaire est toujours un des membres du tribunal de commerce. Il est le pouvoir régulateur qui surveille, préside et dirige toutes les opérations de la faillite.

Le tribunal peut nommer à ces fonctions tel de ses membres que bon lui semble.

Enfin, le juge-commissaire surveille la faillite jusqu'au concordat ou jusqu'à la liquidation définitive ; il fait convoquer les créanciers et préside à leurs assemblées, il prend part à la vérification des créances, concourt, comme juge, à la décision ; autorise une foule d'actes, et veille à ce qu'aucune fraude ne vienne se glisser dans les opérations ; s'il découvre des indices ou des preuves de fraude, il les signale au tribunal de commerce et au procureur impérial.

Art. 451. — Par le jugement qui déclarera la faillite, le tribunal de commerce désignera l'un de ses membres pour juge-commissaire.

Art. 452. — Le juge-commissaire sera chargé spécialement d'accélérer et de surveiller les opérations et la gestion de la faillite. Il fera au tribunal de commerce le rapport de toutes les contestations que la faillite pourra faire naître, et qui seront de la compétence de ce tribunal.

Le juge-commissaire doit faire son rapport même sur les affaires qui, dans son opinion, ne sont pas de la compétence du tribunal de commerce. Il peut concourir au jugement de l'affaire dont il a fait le rapport.

ART. 453. — Les ordonnances du juge-commissaire ne seront susceptibles de recours que dans les cas prévus par la loi. Ces recours seront portés devant le tribunal de commerce.

Le juge-commissaire peut concourir au jugement qui intervient sur l'opposition faite à son ordonnance.

ART. 454. — Le tribunal de commerce pourra, à toutes les époques, remplacer le juge-commissaire de la faillite par un autre de ses membres.

Les syndics et les créanciers peuvent provoquer ce remplacement.

CHAPITRE III

DE L'APPOSITION DES SCELLÉS ET DES PREMIÈRES
DISPOSITIONS A L'ÉGARD DE LA PERSONNE DU FAILLI

Les scellés sont l'apposition d'un sceau sur les effets de quelqu'un. Ils consistent dans des bandes de papier attachées aux deux bouts par des cachèts en cire de manière à ce qu'elles empêchent d'ouvrir les portes et autres lieux fermés.

ART. 455. — Par le jugement qui déclarera la faillite, le tribunal ordonnera l'apposition des scellés et le dépôt de la personne du failli dans la maison d'arrêt pour dettes, ou la garde de sa personne par un officier de police ou de justice, ou par un gendarme.

Néanmoins, si le juge-commissaire estime que l'actif du failli peut être inventorié en un seul jour, il ne sera point apposé de scellés, et il devra être immédiatement procédé à l'inventaire.

Il ne pourra, en cet état, être reçu, contre le failli, d'écrou ou recommandation pour aucune espèce de dettes.

Dès que le tribunal de commerce aura connaissance de la faillite, soit par la déclaration du failli, soit par la requête de quelque créancier, soit par la notoriété publique, il ordonnera l'apposition des scellés. Expédition du jugement sera adressée au procureur impérial, ou, en son absence, au juge de paix.

Si l'apposition des scellés n'avait point eu lieu avant la nomination des syndics, ils doivent requérir cette mesure.

L'apposition des scellés doit être faite par le juge de paix du lieu. A Paris et dans quelques grandes villes, les syndics évitent l'apposition des scellés lorsqu'ils pensent faire l'inventaire dans les vingt-quatre heures.

Le ministère public, ou le juge-commissaire d'une faillite, ont seuls qualité pour faire incarcérer le failli, en exécution de la disposition du jugement déclaratif de la faillite qui a ordonné le dépôt de la personne du failli dans la maison d'arrêt; cependant les syndics peuvent, comme nous le verrons à l'article 460, exercer des diligences à cet effet.

L'emprisonnement du failli étant ordonné, tant dans l'intérêt des créanciers que dans celui de la vindicte publique, peut être fait à la requête des créanciers aussi bien qu'à celle du ministère public.

Le failli qui prétend que son emprisonnement a été mal à propos ordonné, doit se pouvoir par une demande de sauf-conduit adressée au tribunal de commerce, et non par appel du jugement qui a ordonné son arrestation.

Art. 456. — Lorsque le failli se sera conformé aux articles 438 et 449, et ne sera point, au moment de la déclaration, incarcéré pour dettes ou pour autre cause, le tribunal pourra l'affranchir du dépôt ou de la garde de sa personne. — La disposition du jugement qui affranchirait le failli du dépôt ou de la garde de sa personne pourra toujours, suivant les circonstances, être ultérieurement rapportée par le tribunal de commerce, même d'office.

Art. 457. — Le greffier du tribunal de commerce adressera sur-le-champ, au juge de paix, avis de la disposition du jugement qui aura ordonné l'apposition des scellés. — Le juge de paix pourra, même avant ce jugement, apposer les scellés, soit d'office, soit sur la réquisition d'un ou plusieurs créanciers, mais seulement dans le cas de disparition du débiteur ou de détournement de tout ou partie de son actif.

Il est bien entendu que le juge de paix doit apporter la plus grande prudence dans l'application de la mesure relative à l'apposition des scellés.

Art. 458. — Les scellés seront apposés sur les magasins, comptoirs, caisses, portefeuilles, livres, papiers, meubles et effets du failli. En cas de faillite d'une société en nom collectif, les scellés seront apposés, non-seulement dans le siége principal de la société, mais encore dans le domicile séparé de chacun des associés solidaires. — Dans tous les cas, le juge de paix donnera sans délai, au président du tribunal de commerce, avis de l'apposition des scellés.

En cas de faillite d'une société en commandite, les scellés doivent être apposés non-seulement au domicile social, mais encore aux divers domiciles des gérants, puisqu'ils sont indéfiniment responsables et solidaires.

Mais les scellés ne peuvent être apposés au domicile du commanditaire qui a fait acte de gestion, avant le jugement qui le déclare débiteur solidaire ; car, à cette condition seulement, l'apposition des scellés à son domicile pourrait être régulière.

Art. 459. — Le greffier du tribunal de commerce adressera dans les vingt-quatre heures, au procureur impérial du ressort, extrait des jugements déclaratifs de faillite, mentionnant les principales indications et dispositions qu'ils contiennent.

Art. 460. — Les dispositions qui ordonneront le dépôt de la personne du failli dans une maison d'arrêt pour dettes, ou la garde de sa personne, seront exécutées à la diligence, soit du ministère public, soit des syndics de la faillite.

A Paris, la garde des faillis peut être confiée aux gardes du commerce, mais ils n'ont pas ce droit d'une manière exclusive, comme ils ont celui de procéder à l'exécution de la contrainte par corps, et de faire écrouer et recommander le débiteur ; d'autres personnes peuvent être préposées à cette garde.

L'*écrou* est un procès-verbal écrit sur le registre de la prison qui constate que le débiteur soumis à la contrainte par corps a été amené par un huissier ou un garde du commerce, remis au geôlier, et que celui-ci s'en est chargé.

La *recommandation* est l'acte par lequel un créancier qui a obtenu la contrainte par corps contre un débiteur déjà emprisonné à la requête d'un autre créancier, s'oppose à sa mise en liberté, et recommande au geôlier de ne pas le laisser sortir, bien que le premier créancier y ait consenti.

15.

Art. 461. — Lorsque les deniers appartenant à la faillite ne pourront suffire immédiatement aux frais du jugement de déclaration de la faillite, d'affiche et d'insertion de ce jugement dans les journaux, d'apposition de scellés, d'arrestation et d'incarcération du failli, l'avance de ces frais sera faite, sur l'ordonnance du juge-commissaire, par le trésor public, qui en sera remboursé par privilége sur les premiers recouvrements, sans préjudice du privilége du propriétaire.

CHAPITRE IV

DE LA NOMINATION ET DU REMPLACEMENT DES SYNDICS
PROVISOIRES

Les syndics sont les administrateurs, les gérants de la faillite.

Art. 462. — Par le jugement qui déclarera la faillite, le tribunal de commerce nommera un ou plusieurs syndics *provisoires.*

Le juge-commissaire convoquera immédiatement les créanciers présumés à se réunir dans un délai qui n'excédera pas quinze jours. Il consultera les créanciers présents à cette réunion, tant sur la composition de l'état des créanciers présumés que sur la nomination de nouveaux syndics. Il sera dressé procès-verbal de leurs dires et observations, lequel sera représenté au tribunal.

Sur le vu de ce procès-verbal et de l'état des créanciers présumés, et sur le rapport du juge-commissaire, le tribunal nommera de nouveaux syndics, ou continuera les premiers dans leurs fonctions.

Les syndics ainsi institués sont *définitifs;* cependant ils peuvent être remplacés par le tribunal de commerce dans les cas et suivant les formes qui seront déterminées.

Le nombre des syndics pourra être, à toute époque, porté jusqu'à trois; ils pourront être choisis parmi les personnes étrangères à la masse, et recevoir, quelle que soit leur qualité, après avoir rendu compte de leur gestion, une indemnité que le tribunal arbitrera sur le rapport du juge-commissaire.

La gestion provisoire des syndics nommés par le tribunal ne peut durer que quinze jours au plus, à moins que le tribunal ne trouve nécessaire de prolonger leur administration de quinze autres jours pour tout délai.

La loi ne fixe pas positivement le nombre des syndics, parce que ce nombre doit varier à raison de l'importance de la faillite; mais il paraît résulter du présent article que ce nombre ne peut dépasser le nombre *trois*.

Les syndics sont solidairement responsables des actes qu'ils ont dû faire collectivement.

De même, tous les syndics sont solidairement responsables des actes faits par l'un d'eux sans l'autorisation du juge-commissaire, s'ils ne les dénoncent pas.

Les mineurs, les femmes en puissance de mari, les individus qui sont en faillite et les interdits, ne peuvent être nommés syndics. Cependant, le failli non réhabilité, mais qui a obtenu un concordat, peut être nommé syndic. Il en est de même d'un étranger quoique non admis à fixer son domicile en France.

Les convocations de créanciers se font par lettres du greffe et par publication dans les journaux.

Art. 463. — Aucun parent ou allié du failli, jusqu'au quatrième degré inclusivement, ne pourra être nommé syndic.

Art. 464. — Lorsqu'il y aura lieu de procéder à l'adjonction ou au remplacement d'un ou plusieurs syndics, il en sera référé par le juge-commissaire au tribunal de commerce, qui procédera à la nomination suivant les formes établies par l'article 462.

Le juge-commissaire étant, pour ainsi dire, le tuteur de la faillite, il est libre de proposer au tribunal le remplacement des syndics ou l'adjonction de nouveaux, seulement il doit consulter préalablement les créanciers.

ART. 465. — S'il a été nommé plusieurs syndics, ils ne pourront agir que collectivement ; néanmoins, le juge-commissaire peut donner à un ou plusieurs d'entre eux des autorisations spéciales, à l'effet de faire séparément certains actes d'administration. Dans ce dernier cas, les syndics autorisés seront seuls responsables.

Les syndics, étant salariés, répondent de leurs fautes même légères. Ils sont solidairement responsables des suites de leur gestion, car ils agissent collectivement, à moins d'autorisations spéciales, et ils exercent une administration commune, une surveillance indivisible. Ils sont en outre contraignables par corps pour les restitutions des objets dépendants de la faillite et qui en auraient été distraits, car l'administration de ces objets leur a été confiée par la justice.

L'autorisation à un syndic de procéder seul, peut être verbale.

Le syndic qui, de mauvaise foi, a induit en erreur le juge-commissaire et le tribunal, est responsable du dommage qu'il a causé, c'est de droit commun.

Toute personne intéressée peut demander la nullité des actes qui seraient faits par un syndic seul sans le concours des autres.

Les syndics définitifs d'une faillite sont mandataires des créanciers ayant hypothèque aussi bien que des créanciers chirographaires, de sorte que les frais de gestion qu'ils réclament sont privilégiés sur les immeubles, en cas d'insuffisance du mobilier.

Art. 466. — S'il s'élève des réclamations contre quelqu'une des opérations des syndics, le juge-commissaire statuera, dans le délai de trois jours, sauf recours devant le tribunal de commerce. Les décisions du juge-commissaire sont exécutoires par provision.

Art. 467. — Le juge-commissaire pourra, soit sur les réclamations à lui adressées par le failli ou par des créanciers, soit même d'office, proposer la révocation d'un ou plusieurs des syndics. Si, dans les huit jours, le juge-commissaire n'a pas fait droit aux réclamations qui lui ont été adressées, ces réclamations pourront être portées devant le tribunal. Le tribunal, en chambre du conseil, entendra le rapport du juge-commissaire et les explications des syndics, et prononcera à l'audience sur la révocation.

La loi a laissé un délai de huit jours au juge-commissaire pour faire droit aux réclamations qui lui sont adressées, afin qu'il ait le temps de s'éclairer. Il faut remarquer que ce n'est pas lui qui prononce, mais qui propose la révocation au tribunal. On doit adresser une requête au juge-commissaire contenant les griefs contre les syndics. Si dans les huit jours de la date de cette requête, le juge-commissaire ne l'a pas mise sous les yeux du tribunal, la partie demanderesse adressera la requête au tribunal lui-même.

Les explications et la discussion contradictoire ont lieu en chambre du conseil pour éviter une publicité de nature à nuire à la majesté de l'audience et qui pourrait d'ailleurs porter atteinte à la considération des personnes. Mais, comme garantie de bonne justice, le jugement est lu à l'audience.

CHAPITRE V

DES FONCTIONS DES SYNDICS

SECTION PREMIÈRE

Dispositions générales.

Art. 468. — Si l'apposition des scellés n'avait point eu lieu avant la nomination des syndics, ils requerront le juge de paix d'y procéder.

Si le juge de paix refusait de poser les scellés, il s'exposerait à être pris à partie et à des dommages intérêts. Les syndics pourraient, avec l'autorisation du juge-commissaire, procéder à l'inventaire sans apposition de scellés. Ils pouraient encore, en vertu d'une grosse du jugement déclaratif de faillite, requérir un huissier d'exécuter ce jugement, et l'huissier devrait procéder à la prise de possession de tout l'avoir du failli, en dressant procès-verbal du tout et faisant inventaire des objets. Si le failli s'y opposait, on s'adresserait par référé au président du tribunal de première instance. L'huissier pourrait établir des gardiens pour la conservation de tout ce qui se trouve dans la demeure du failli.

Art. 469. — Le juge-commissaire pourra également, sur la demande des syndics, les dispenser de faire placer sous les scellés, ou les autoriser à en faire extraire :

1° Les vêtements, hardes, meubles et effets nécessaires au failli et à sa famille, et dont la délivrance sera autorisée par le juge-commissaire sur l'état que lui en soumettront les syndics;

2° Les objets sujets à dépérissement prochain ou à dépréciation imminente ;

3° Les objets servant à l'exploitation du fonds de commerce, lorsque cette exploitation ne pourrait être interrompue sans préjudice pour les créanciers. — Les objets compris dans les deux paragraphes précédents seront de suite inventoriés avec prisée par les syndics, en présence du juge de paix, qui signera le procès-verbal.

Nous devons dire ici, qu'il est d'usage à Paris, que lorsque l'apposition des scellés n'a pas été jugée nécessaire par les syndics et le juge-commissaire, on se passe de la présence du juge de paix, et le syndic paraphe seul les inventaires, livres, etc.

Art. 470. — La vente des objets sujets à dépérissement, ou à dépréciation imminente, ou dispendieux à conserver, et l'exploitation du fonds de commerce, auront lieu à la diligence des syndics, sur l'autorisation du juge-commissaire.

Art. 471. — Les livres seront extraits des scellés et remis par le juge de paix aux syndics, après avoir été arrêtés par lui ; il constatera sommairement, par son procès-verbal, l'état dans lequel ils se trouveront. Les effets de portefeuille à courte échéance ou susceptibles d'acceptation, ou pour lesquels il faudra faire des actes conservatoires, seront aussi extraits des scellés par le juge de paix, décrits et remis aux syndics pour en faire le recouvrement. Le bordereau en sera remis au juge-commissaire. Les autres créances seront recouvrées par les syndics sur leurs quittances. Les lettres adressées au failli seront remises aux syndics, qui les ouvriront ; il pourra, s'il est présent, assister à l'ouverture.

En effet, ces lettres peuvent ne pas concerner son commerce. Il faut en ce cas que le failli puisse les réclamer. S'il est absent, il est sous le poids d'une prévention défavorable, et la loi permet aux syndics, dans l'intérêt des créanciers, d'ouvrir les lettres qui lui sont adressées. S'il est en prison on ne peut pas dire qu'il soit absent, et ses lettres doivent être ouvertes en sa présence.

Jusqu'à la représentation au directeur de la poste aux lettres du jugement déclaratif de la faillite, les lettres du failli lui seront remises en personne ; mais après la présentation de ce jugement, les lettres du failli doivent être remises au syndic jusqu'au concordat.

Lorsque la faillite est déclarée, les créanciers du failli ne peuvent saisir-arrêter les sommes dues à leur débiteur. Les syndics ont seuls qualité pour faire rentrer les sommes dues à la masse. S'il y a négligence de la part du syndic, le créancier n'a qu'à provoquer la nomination d'autres syndics.

Les syndics d'une faillite peuvent, selon les circonstances, être condamnés personnellement aux dépens d'une instance, lors même qu'ils l'ont suivie comme représentant la masse des créanciers, mais pour cela il faut qu'il y ait faute grave de leur part.

Les syndics qui ont laissé le failli continuer son commerce et disposer de l'actif sans déposer de bilan, sont responsables, vis-à-vis des créanciers, de l'inobservation de ces formalités.

Art. 472. — Le juge-commissaire, d'après l'état apparent des affaires du failli, pourra proposer sa mise en liberté avec sauf-conduit provisoire de sa personne. Si le tribunal accorde le sauf-conduit, il pourra obliger le failli à fournir caution de se représenter, sous peine de paiement d'une somme que le tribunal arbitrera et qui sera dévolue à la masse.

Le sauf-conduit est un acte par lequel on permet au failli d'agir librement sans crainte d'être arrêté.

Le tribunal peut, suivant la gravité des circonstances, accorder au failli sa liberté pure et simple, ou ordonner, dans l'intérêt des créanciers, que le failli fournira caution de se représenter ; c'est-à-dire, qu'il présentera une personne solvable qui s'obligera à payer une somme fixée par le tribunal, dans le cas où le failli ne se présenterait pas. A Paris, on use rarement de cette mesure.

Le tribunal conserve la faculté de révoquer le sauf-conduit si le failli en abusait, ou si des faits de fraude venaient à se révéler.

Lorsqu'un failli a été incarcéré avant la faillite à la requête d'un créancier qui avait obtenu contre lui la contrainte par corps, le tribunal de commerce doit lui accorder sa mise en liberté avec sauf-conduit. En effet, la contrainte par corps n'est qu'un moyen de forcer au paiement un débiteur qui s'y refuse sans juste cause ; or, lorsqu'il y a faillite, et par suite dessaisissement de l'administration, il n'y a plus refus injuste de la part d'un débiteur qui ne saurait plus payer ; tout ce qui peut être fait désormais à l'égard du failli ne doit plus l'être dans l'intérêt de tel créancier, mais de la masse des créanciers.

Le jugement par lequel un tribunal de commerce statue sur une demande de mise en liberté provisoire est susceptible d'appel, et cet appel peut être interjeté par le failli lui-même.

Art. 475. — A défaut, par le juge-commissaire, de proposer un sauf-conduit pour le failli, ce dernier pourra présenter sa demande au tribunal de commerce, qui statuera, en audience publique, après avoir entendu le juge-commissaire.

Le failli ne doit pas souffrir de la négligence ou de l'oubli du juge-commissaire, aussi la loi lui donnet-elle le droit de demander un sauf-conduit au tribunal.

Le failli qui se croit fondé à demander, soit un sauf-conduit, soit une mise en liberté définitive, doit s'adresser préalablement au juge-commissaire de la faillite; jusque-là il doit être déclaré non recevable dans sa demande.

Art. 474. — Le failli pourra obtenir pour lui et sa famille, sur l'actif de sa faillite, des secours alimentaires qui seront fixés, sur la proposition des syndics, par le juge-commissaire, sauf appel au tribunal, en cas de contestation.

Par un motif d'humanité, on a permis d'accorder au failli, dès le commencement de sa faillite, des secours alimentaires. Si les syndics négligeaient d'en faire la proposition, le failli pourrait adresser une requête au juge-commissaire. Mais ces secours peuvent lui être refusés.

Art. 475. — Les syndics appelleront le failli auprès d'eux pour clore et arrêter les livres en sa présence. S'il ne se rend pas à l'invitation, il sera sommé de comparaître dans les quarante-huit heures au plus tard. Soit qu'il ait ou non obtenu un sauf-conduit, il pourra comparaître par fondé de pouvoirs, s'il justifie de causes d'empêchement reconnues valables par le juge-commissaire.

Ici le mot *arrêter* veut dire examiner, vérifier le contenu des livres et en faire la balance.

Si le failli ne comparaissait pas on dresserait un procès-verbal de non-comparution et on passerait outre.

Art. 476. — Dans le cas où le bilan n'aurait pas été déposé par le failli, les syndics le dresseront immédiatement à l'aide des livres et papiers du failli, et des renseignements qu'ils se procureront, et ils le déposeront au greffe du tribunal de commerce.

Le moindre retard dans cette opération peut entraver toute solution de la faillite ; les syndics doivent donc, autant qu'ils le peuvent, dresser le bilan immédiatement.

ART. 477. — Le juge-commissaire est autorisé à entendre le failli, ses commis et employés, et toute autre personne, tant sur ce qui concerne la formation du bilan que sur les causes et les circonstances de la faillite.

Le juge-commissaire n'a pas, comme un juge d'instruction, les moyens de forcer les personnes à venir se faire interroger. Sa mission est toute paternelle et se borne à prendre les renseignements qu'on veut bien lui fournir.

ART. 478. — Lorsqu'un commerçant aura été déclaré en faillite après son décès, ou lorsque le failli viendra à décéder après la déclaration de la faillite, sa veuve, ses enfants, ses héritiers pourront se présenter ou se faire représenter pour le suppléer dans la formation du bilan, ainsi que dans toutes les autres opérations de la faillite.

Il peut arriver que la veuve, les enfants ou les héritiers du failli décédé, n'aient pas les notions suffisantes pour dresser le bilan ; aussi la loi ne leur impose pas une *obligation* mais leur accorde une *faculté*.

SECTION DEUXIÈME.

De la levée des scellés et de l'inventaire.

ART. 479. — Dans les trois jours, les syndics requerront la levée des scellés, et procéderont à l'inventaire des biens du failli, lequel sera présent ou dûment appelé.

Si les syndics ne procédaient point à l'inventaire dans les trois jours, outre la responsabilité qui pèserait sur eux, les créanciers les plus diligents auraient à s'adresser au juge-commissaire, et si celui-ci ne faisait point droit à leur réclamation, au tribunal de commerce.

Art. **480.** — L'inventaire sera dressé en double minute, par les syndics, à mesure que les scellés seront levés, et en présence du juge de paix, qui le signera à chaque vacation. L'une de ces minutes sera déposée au greffe du tribunal de commerce, dans les vingt-quatre heures, l'autre restera entre les mains des syndics.

Les syndics seront libres de se faire aider, pour sa rédaction comme pour l'estimation des objets, par qui ils jugeront convenable.

Il sera fait récolement des objets qui, conformément à l'article 469, n'auraient pas été mis sous les scellés et auraient déjà été inventoriés et prisés.

La présence du juge de paix n'est nécessaire à l'inventaire qu'autant qu'il y a eu apposition de scellés.

La minute de l'inventaire, déposée au greffe, est communiquée, sans frais et sans déplacement, à tous les intéressés.

Récolement veut dire vérification. Il est évident que, dans l'inventaire définitif, on doit procéder à une vérification des objets qui, par autorisation du juge-commissaire, auraient été extraits des scellés.

Art. **481.** — En cas de déclaration de faillite après décès, lorsqu'il n'aura point été fait d'inventaire antérieurement à cette déclaration, ou en cas de décès du failli avant l'ouverture de l'inventaire, il y sera procédé immédiatement, dans les formes du précédent article, et en présence des héritiers, ou eux dûment appelés.

Les héritiers représentant le failli, il est de leur

plus grand intérêt d'assister aux opérations de la faillite.

Art. 482. — En toute faillite, les syndics, dans la quinzaine de leur entrée ou de leur maintien en fonctions, seront tenus de remettre au juge-commissaire un mémoire ou compte sommaire de l'état apparent de la faillite, de ses principales causes et circonstances, et des caractères qu'elle paraît avoir.

Le juge-commissaire transmettra immédiatement les mémoires, avec ses observations, au procureur impérial. S'ils ne lui ont pas été remis dans les délais prescrits, il devra en prévenir le procureur impérial, et lui indiquer les causes du retard.

Comme il importe à l'ordre public d'assurer la poursuite des banqueroutes, le mémoire envoyé au procureur impérial sert à éclairer ce magistrat, afin qu'il poursuive d'office, s'il le juge à propos, le failli devant les tribunaux correctionnels ou criminels, selon qu'il jugera qu'il y a fraude ou seulement mauvaise conduite et imprudence.

Mais la plus grande circonspection doit être apportée dans la rédaction de ce mémoire, car, l'agent ou le syndic qui, en donnant au procureur impérial les renseignements exigés par la loi sur l'état de la faillite, porte inconsidérément atteinte à la moralité du failli, est tenu des dommages-intérêts envers ce dernier, lorsque, par suite des erreurs graves qu'il a commises dans son rapport, le failli a été renvoyé devant la cour d'assises, qui l'a néanmoins acquitté. L'agent ou le syndic, contre qui les dommages et intérêts sont réclamés, ne peut, dans ce cas, se prévaloir de ce que le failli ne les a pas demandés devant la cour d'assises, avant le jugement.

16.

Art. **483.** — Les officiers du ministère public pourront se transporter au domicile du failli et assister à l'inventaire. Ils auront, à toute époque, le droit de requérir communication de tous les actes, livres ou papiers relatifs à la faillite.

Ainsi, depuis le commencement jusqu'à la fin de la faillite, et même encore après, jusqu'à ce que la prescription ait éteint son action, le ministère public pourra prendre toutes les communications qu'il jugera convenables.

SECTION TROISIÈME.

De la vente des marchandises et meubles
et des recouvrements.

Art. **484.** — L'inventaire terminé, les marchandises, l'argent, les titres actifs, les livres et papiers, meubles et effets du débiteur, seront remis aux syndics, qui s'en chargeront au bas dudit inventaire.

C'est-à-dire, qu'au bas de l'inventaire, ils écriront et signeront la déclaration qu'ils se rendent responsables des objets décrits dans l'inventaire, quel que soit le lieu où ils sont.

Art. **485.** — Les syndics continueront de procéder, sous la surveillance du juge-commissaire, au recouvrement des dettes actives.

Le syndic d'une faillite est tenu, comme mandataire, des intérêts des sommes qu'il a employées à son usage, à dater de cet emploi.

Les syndics de la faillite d'une société en commandite ont qualité pour exercer contre les commanditaires l'action en responsabilité.

Le syndic d'une faillite doit refuser tout mandat

particulier de l'un des créanciers, pour le représenter dans la masse ; toutefois, il n'en résulte pas que le mandat soit nul, tant que la créance n'est pas contestée.

Art. 486. — Le juge-commissaire pourra, le failli entendu ou dûment appelé, autoriser les syndics à procéder à la vente des effets mobiliers ou marchandises.

Il décidera si la vente se fera soit à l'amiable, soit aux enchères publiques, par l'entremise de courtiers ou de tous autres officiers publics préposés à cet effet.

Les syndics choisiront, dans la classe d'officiers publics déterminée par le juge-commissaire, celui dont ils voudront employer le ministère.

Les syndics sont solidairement et personnellement responsables envers les officiers ministériels qu'ils emploient dans l'intérêt de la faillite.

Quoique les syndics d'une faillite aient seuls qualité pour en diriger les actions, un créancier peut, néanmoins, seul et en son nom personnel, demander la nullité de l'adjudication des immeubles du failli, prononcée sur la poursuite des syndics, sauf à lui à répondre de son action.

L'agent ou le syndic d'une faillite qui a vendu des marchandises, et loué des immeubles sans formalité de justice, et à vil prix, peut être condamné à des dommages-intérêts, lorsqu'il s'élève contre lui des présomptions de dol ou de fraude.

Le failli ayant intérêt à ce qu'il soit procédé pour l'administration et la vente de ses biens, suivant les formes déterminées par la loi, a qualité et action pour attaquer les actes dans lesquels on ne s'y est point conformé.

Art. 487. — Les syndics pourront, avec l'autorisation du

juge-commissaire, et le failli dûment appelé, transiger sur toutes contestations qui intéressent la masse, même sur celles qui sont relatives à des droits et actions immobilières. — Si l'objet de la transaction est d'une valeur indéterminée ou qui excède 300 francs, la transaction ne sera obligatoire qu'après avoir été homologuée, savoir : par le tribunal de commerce pour les transactions relatives à des droits mobiliers, et par le tribunal civil pour les transactions relatives à des droits immobiliers.

Le failli sera appelé à l'homologation. Il aura, dans tous les cas, la faculté de s'y opposer. Son opposition suffira pour empêcher la transaction, si elle a pour objet des biens immobiliers.

Aux termes de cet article, les syndics peuvent, dès à présent, et avant le concordat, sous l'autorisation du juge-commissaire, procéder à la vente des effets mobiliers et des marchandises du failli. Le failli peut s'opposer à la transaction, sauf à faire valider son opposition. Mais quand la transaction a pour objet des immeubles, son opposition a un effet absolu. On ne peut évidemment point priver le failli de la propriété de ses immeubles, puisque l'on ignore s'il sera remis ou non, par un concordat, à la tête de ses affaires.

Art. 488. — Si le failli a été affranchi du dépôt, ou s'il a obtenu un sauf conduit, les syndics pourront l'employer pour faciliter et éclairer leur gestion ; le juge-commissaire fixera les conditions de son travail.

Les syndics ne pourraient laisser le failli gérer à leur place; ils seraient responsables des conséquences de leur confiance à cet égard, mais ils peuvent l'employer, et doivent avoir égard, en cette circonstance à sa position.

Le failli est libre de refuser son travail.

Le failli qui ne se livre qu'à la liquidation de sa faillite ne peut être tenu à payer patente.

Art. 489. — Les deniers provenant des ventes et des recouvrements seront, sous la déduction des sommes arbitrées par le juge-commissaire, pour le montant des dépenses et frais, versés immédiatement à la caisse des dépôts et consignations. Dans les trois jours des recettes, il sera justifié au juge-commissaire desdits versements ; en cas de retard, les syndics devront les intérêts des sommes qu'ils n'auront point versées.

Les deniers versés par les syndics et tous autres consignés par des tiers, pour compte de la faillite, ne pourront être retirés qu'en vertu d'une ordonnance du juge-commissaire. S'il existe des oppositions, les syndics devront préalablement en obtenir la main-levée.

Le juge-commissaire pourra ordonner que le versement sera fait par la caisse directement entre les mains des créanciers de la faillite, sur un état de répartition dressé par les syndics et ordonnancé par lui.

Il y aurait grand inconvénient à laisser entre les mains des syndics l'argent de la masse. C'est donc avec raison que la loi a ordonné le dépôt immédiat des fonds à la caisse des dépôts et consignations , en exceptant ceux nécessaires aux frais et aux dépenses que le juge-commissaire arbitrera. Ainsi les créanciers pourront toucher leurs dividendes à la caisse même à laquelle le juge-commissaire adressera l'état de répartition.

Les syndics doivent obtenir main-levée des oppositions auprès des tribunaux de commerce, s'il s'agit de dettes commerciales ; de première instance, s'il s'agit de créances ordinaires ou de droits immobiliers.

SECTION QUATRIÈME.

Des Actes conservatoires.

Art. 490. — A compter de leur entrée en fonctions, les syndics seront tenus de faire tous actes pour la conservation des droits du failli contre ses débiteurs.

Ils seront aussi tenus de requérir l'inscription aux hypothèques sur les immeubles des débiteurs du failli, si elle n'a pas été requise par lui; l'inscription sera prise au nom de la masse par les syndics, qui joindront à leurs bordereaux un certificat constatant leur nomination.

Ils seront tenus aussi de prendre inscription, au nom de la masse des créanciers, sur les immeubles du failli, dont ils connaîtront l'existence. L'inscription sera reçue sur un simple bordereau énonçant qu'il y a faillite, et relatant la date du jugement par lequel ils auront été nommés.

Les syndics qui omettraient de remplir ces formalités essentielles s'exposeraient à des dommages-intérêts envers les créanciers, comme tout mandataire qui n'exécute pas son mandat, puisqu'ils sont leurs représentants.

Les syndics provisoires doivent faire tous les actes nécessaires pour la conservation des droits du failli sur ses débiteurs. Mais ils ne sont pas obligés d'intenter, aux risques et périls des créanciers, un procès éventuel dont les frais pourraient absorber la totalité ou la majeure partie de leurs créances.

SECTION CINQUIÈME

De la vérification des créances.

La plus importante des opérations des syndics est la vérification des créances.

La vérification des créances est l'acte par lequel les

syndics s'assurent de la vérité et de la sincérité des créances produites.

Art. 491. — A partir du jugement déclaratif de la faillite, les créanciers pourront remettre au greffier leurs titres, avec un bordereau indicatif des sommes par eux réclamées. Le greffier devra en tenir état et en donner récépissé.

Il ne sera responsable des titres que pendant cinq années, à partir du jour de l'ouverture du procès-verbal de vérification.

La vérification se fait sans enregistrement préalable des titres; mais le bordereau exigé par la loi, et qu'on nomme production, doit être sur papier timbré, comme toutes les pièces produites en justice. (Voir le modèle aux formules, à la fin de l'ouvrage.)

Lorsqu'on a des droits à exercer dans une faillite, à quelque titre que ce soit, on est obligé d'affirmer et de faire vérifier sa créance.

Art. 492. — Les créanciers qui, à l'époque du maintien ou du remplacement des syndics, en exécution du troisième paragraphe de l'art. 462, n'auront pas remis leurs titres, seront immédiatement avertis, par des insertions dans les journaux et par lettres du greffier, qu'ils doivent se présenter en personne ou par fondés de pouvoirs, dans le délai de vingt jours, à partir desdites insertions, aux syndics de la faillite, et leur remettre leurs titres accompagnés d'un bordereau indicatif des sommes par eux réclamées, si mieux ils n'aiment en faire le dépôt au greffe du tribunal de commerce; il leur en sera donné récépissé.

A l'égard des créanciers domiciliés en France, hors du lieu où siége le tribunal saisi de l'instruction de la faillite, ce délai sera augmenté d'un jour par cinq myriamètres de distance entre le lieu où siége le tribunal et le domicile du créancier.

A l'égard des créanciers domiciliés hors du territoire continental de la France, ce délai sera augmenté, conformément aux règles de l'art. 73 du Code de procédure civile.

Ce délai, pour ceux demeurant en Corse, dans l'île d'Elbe ou de Capraja, en Angleterre et dans les États limitrophes de la France, est de deux mois; dans les autres États de l'Europe, de quatre mois ; hors d'Europe en deçà du cap de Bonne-Espérance, six mois ; au delà, d'un an.

Les titres produits peuvent être retirés par le créancier ou son mandataire cinq jours après l'affirmation de la créance.

Un créancier peut n'avoir jamais eu de titres ou les avoir perdus; en ce cas il peut faire preuve de sa créance par tous autres moyens ; par livres, registres, comptes-courants, etc. Il est donc certain qu'il doit pouvoir se présenter à la vérification.

Art. 495. — La vérification des créances commencera dans les trois jours de l'expiration des délais déterminés par les premier et deuxième paragraphes de l'art. 492. Elle sera continuée sans interruption. Elle se fera aux lieu, jour et heure indiqués par le juge-commissaire. — L'avertissement aux créanciers, ordonné par l'article précédent, contiendra mention de cette indication. Néanmoins, les créanciers seront de nouveau convoqués à cet effet, tant par lettres du greffier que par insertion dans les journaux.

Les créances des syndics seront vérifiées par le juge-commissaire ; les autres le seront contradictoirement entre le créancier ou son fondé de pouvoirs et les syndics, en présence du juge-commissaire, qui en dressera procès-verbal.

Si les syndics ne commençaient pas les opérations dans le délai déterminé par le présent article, le créancier qui voudrait les mettre en demeure de le faire devrait, à l'expiration des délais, demander au juge-commissaire de rendre ordonnance pour appeler les syndics à la vérification, et en cas de défaut, y faire procéder par le juge-commissaire, qui dresserait alors le procès-verbal exigé par notre article, et les syndics encourraient la responsabilité de leur négligence s'il y avait lieu. Si le juge-commissaire ne faisait pas droit à ces réclamations, les créanciers pourraient s'adresser au tribunal.

Le créancier peut se faire représenter par un fondé de pouvoir à toutes les opérations de la faillite. (Voyez le modèle de ce pouvoir aux formules à la fin de cet ouvrage.)

Le mandataire ou représentant d'un créancier est tenu de faire enregistrer son pouvoir avant la vérification.

Après l'expiration des délais accordés aux créanciers domiciliés hors de France, il sera passé outre aux opérations de la faillite, malgré leur absence, sauf à mettre leur part présumée en réserve.

Le procès-verbal de vérification est dressé par le greffier.

Art. 494. — Tout créancier vérifié ou porté au bilan pourra assister à la vérification des créances, et fournir des contredits aux vérifications faites et à faire. Le failli aura le même droit.

En matière de faillite, les créances, une fois admises après vérification, ne peuvent plus être contestées, à moins, pourtant, qu'on ne pût invoquer des faits bien positifs de fraude, et sauf le cas de report d'ouverture de la faillite.

Art. 495. — Le procès-verbal de vérification indiquera le domicile des créanciers et de leurs fondés de pouvoirs. Il contiendra la description sommaire des titres, mentionnera les surcharges, ratures et interlignes, et exprimera si la créance est admise ou contestée.

ART. 496. — Dans tous les cas, le juge-commissaire pourra, même d'office, ordonner la représentation des livres du créancier, ou demander, en vertu d'un compulsoire, qu'il en soit rapporté un extrait fait par les juges du lieu.

Si la créance est contestée, et que le commerçant refuse de présenter ses livres, le juge-commissaire renvoie la question d'admissibilité de la créance au tribunal.

Lorsque le titre d'un créancier du failli est un jugement passé en force de chose jugée, le syndic de la faillite est non recevable à demander à ce créancier la production de ses livres.

ART. 497. — Si la créance est admise, les syndics signeront, sur chacun des titres, la déclaration suivante : *Admis au passif de la faillite de. . . . . pour la somme de. . . . le. . . . .* Le juge-commissaire visera la déclaration.

Chaque créancier, dans la huitaine au plus tard, après que sa créance aura été vérifiée, sera tenu d'affirmer, entre les mains du juge-commissaire, que ladite créance est sincère et véritable.

Cette affirmation doit être faite dans le délai ci-dessus, sous peine pour les créanciers de n'être pas compris dans les répartitions à faire en cas d'union. Cependant ils peuvent user des dispositions de l'art. 503.

Mais, s'il y a concordat, les créanciers qui n'ont pas affirmé, ont comme ceux qui ont rempli cette formalité, droit aux dividendes promis.

Les créanciers vérifiés, mais qui ont négligé d'affirmer, sont privés du droit d'agir, de délibérer et *d'opposer.*

Lorsque les syndics d'une faillite ont réduit une

créance, et que cette créance ainsi réduite, a été affirmée par le créancier ou par son fondé de pouvoir, sans aucune réserve, le créancier est non recevable à réclamer, après ce concordat, contre la réduction opérée sur sa créance. (*J. du P.*, Paris, 5 février 1833.)

Il peut arriver qu'un créancier n'ait pas en ses mains, lors de la vérification des créances, tous les titres formant le montant de sa créance; s'il y a, par exemple, des effets en circulation; il peut alors faire des réserves pour cette partie de la créance et la faire admettre par provision. Mais il ne peut, plus tard, toucher les dividendes lui revenant sur sa réserve que sur la présentation des titres qui en ont fait l'objet.

Art. 498. — Si la créance est contestée, le juge-commissaire pourra, sans qu'il soit besoin de citation, renvoyer à bref délai devant le tribunal de commerce, qui jugera sur son rapport.

Le tribunal de commerce pourra ordonner qu'il soit fait, devant le juge-commissaire, enquête sur les faits, et que les personnes qui pourront fournir des renseignements soient, à cet effet, citées par-devant lui.

On nomme *enquête* la preuve qui a lieu au moyen de l'audition des personnes qui ont été témoins d'un fait contesté.

Art. 499. — Lorsque la contestation sur l'admission d'une créance aura été portée devant le tribunal de commerce, ce tribunal, si la cause n'est point en état de recevoir jugement définitif avant l'expiration des délais fixés, à l'égard des personnes domiciliées en France, par les art. 492 et 497, ordonnera, selon les circonstances, qu'il sera sursis ou passé outre à la convocation de l'assemblée pour la formation du concordat. — Si le tribunal ordonne qu'il sera passé outre, il pourra décider par provision que le créancier contesté sera admis dans les délibérations pour une somme que le même jugement déterminera.

Le jugement qui prononce l'admission provisoire de la créance n'est sujet ni à opposition, ni à appel, ni au recours en cassation. Mais il y a faculté d'appel et recours en cassation contre un jugement qui admet ou rejette définitivement la créance.

Art. 500. — Lorsque la contestation sera portée devant un tribunal civil, le tribunal de commerce décidera s'il sera sursis ou passé outre; dans ce dernier cas, le tribunal civil saisi de la contestation jugera, à bref délai, sur requête des syndics, signifiée au créancier contesté, et sans autre procédure, si la créance sera admise par provision, et pour quelle somme.

Dans le cas où une créance serait l'objet d'une instruction criminelle ou correctionnelle, le tribunal de commerce pourra également prononcer le sursis; s'il ordonne de passer outre, il ne pourra accorder l'admission par provision, et le créancier contesté ne pourra prendre part aux opérations de la faillite, tant que les tribunaux compétents n'auront pas statué.

Le tribunal de commerce est appelé à décider s'il sera sursis ou passé outre aux opérations de la faillite, quoiqu'il ne soit pas saisi de la demande, parce que, étant saisi de toutes les autres contestations relatives à la faillite, il est bien plus apte à juger de cette nécessité.

Mais le tribunal civil étant appelé à apprécier la créance, peut seul déterminer si on peut l'admettre provisoirement et pour quelle somme.

Lorsqu'une créance est l'objet d'une instruction criminelle ou correctionnelle, il y a présomption de fraude, et alors il est juste de ne pas admettre au nombre des créanciers celui que la justice peut frapper.

Art. 501. — Le créancier dont le privilége ou l'hypothèque seulement serait contesté sera admis dans les délibérations de la faillite comme créancier ordinaire.

Il est juste d'admettre ce créancier comme créancier ordinaire aux délibérations de la faillite, puisque ce n'est pas le fond de la créance qui est contesté, mais la forme privilégiée ; ce créancier ne devra prendre part aux délibérations que lorsque le tribunal aura déclaré, par jugement, que son privilége ou son hypothèque seulement est contesté ; sans cette déclaration il encourrait la déchéance de son hypothèque aux termes de l'art. 508, qui veut que le vote au concordat emporte renonciation à l'hypothèque.

Art. 502. — A l'expiration des délais déterminés par les articles 492 et 497, à l'égard des personnes domiciliées en France, il sera passé outre à la formation du concordat et à toutes les opérations de la faillite, sous l'exception portée aux articles 567 et 568 en faveur des créanciers domiciliés hors du territoire continental de la France.

C'est-à-dire, à l'exception de la réserve de fonds qu'on fera pour les créanciers hors de France et ceux dont les créances sont encore en contestation.

Art. 503. — A défaut de comparution et affirmation dans les délais qui leur sont applicables, les défaillants connus ou inconnus ne seront pas compris dans les répartitions à faire ; toutefois, la voie de l'opposition leur sera ouverte jusqu'à la distribution des deniers inclusivement ; les frais de l'opposition demeureront toujours à leur charge.

Leur opposition ne pourra suspendre l'exécution des répartitions ordonnancées par le juge-commissaire ; mais s'il est procédé à des répartitions nouvelles avant qu'il ait été statué sur leur opposition, ils seront compris pour la somme qui sera provisoirement déterminée par le tribunal, et qui sera tenue en réserve jusqu'au jugement de leur opposition.

S'ils se font ultérieurement reconnaître créanciers, ils ne pourront rien réclamer sur les répartitions ordonnancées par le juge-commissaire, mais ils auront le droit de prélever sur l'actif non encore réparti les dividendes afférents à leurs créances dans les premières répartitions.

Les créanciers non comparus ni affirmés ne sont pas frappés d'une déchéance absolue, ainsi que nous l'avons déjà vu à la suite de l'art. 497. Si même, toutes les répartitions étant faites, et bien qu'ils n'y aient pas pris part, le failli venait à acquérir de nouveaux biens, ils n'en conserveraient pas moins le droit de le poursuivre.

Ces mêmes créanciers peuvent, aux termes de l'article 503 ci-dessus, tant que l'actif n'est pas entièrement réparti, se faire relever de déchéance en formant opposition à la distribution des deniers restant à répartir. Cette opposition doit être signifiée aux syndics et jugée par le tribunal.

CHAPITRE VI

DU CONCORDAT ET DE L'UNION

SECTION PREMIÈRE

De la Convocation et de l'Assemblée des Créanciers.

Art. 504. — Dans les trois jours qui suivront les délais prescrits pour l'affirmation, le juge-commissaire fera convoquer par le greffier, à l'effet de délibérer sur la formation du concordat, les créanciers dont les créances auront été vérifiées et affirmées, ou admises par provision. Les insertions dans les journaux et les lettres de convocation indiqueront l'objet de l'assemblée.

Si le juge-commissaire ne remplissait pas les prescriptions de la loi, relativement à cette convocation, les créanciers auraient le droit de demander au tribunal le remplacement de ce magistrat.

Le défaut de convocation d'un créancier vérifié et affirmé peut motiver le refus d'homologation du concordat, surtout si l'importance de ce créancier pouvait modifier les chiffres du vote en voix ou en somme.

Art. 505. — Aux lieu, jour et heure qui seront fixés par le juge-commissaire, l'assemblée se formera sous sa présidence ; les créanciers vérifiés et affirmés, ou admis par provision, s'y présenteront en personne ou par fondés de pouvoirs.

Le failli sera appelé à cette assemblée ; il devra s'y présenter en personne, s'il a été dispensé de la mise en dépôt ou s'il a obtenu un sauf-conduit, et il ne pourra s'y faire représenter que pour des motifs valables et approuvés par le juge-commissaire.

Le failli doit être appelé à cette assemblée afin qu'il puisse faire, lui-même, ou par l'organe de son conseil, dont il peut se faire assister, des propositions à ses créanciers, et arriver, s'il est possible, à la formation d'un concordat. Sa présence est exigée, non-seulement dans son intérêt, mais encore dans l'intérêt de ses créanciers, auxquels il peut donner d'utiles renseignements.

On exige qu'il ne puisse légèrement se dispenser d'assister à cette assemblée. Il pourrait même être déclaré banqueroutier simple, sur son refus de se présenter sans cause légitime. Mais le concordat pourrait néanmoins avoir lieu.

Un créancier, parent du failli, quelque proche qu'il soit, n'est pas exclu du droit de délibérer et de voter au concordat. La justice trouve une garantie dans la vérification de la créance.

Les créanciers dont on aurait contesté les droits, lors de la vérification des créances, ne peuvent, tant que leurs droits ne sont pas jugés, se présenter à l'assemblée, à l'effet de délibérer sur la formation du concordat.

En cas de faillite d'une société anonyme, cette société, représentée par ses ex-administrateurs ou par un liquidateur précédemment nommé, doit être appelée à l'assemblée des créanciers et être entendue sur des propositions de concordat.

Art. 506. — Les syndics feront à l'assemblée un rapport sur l'état de la faillite, sur les formalités qui auront été remplies, et les opérations qui auront eu lieu; le failli sera entendu.

Le rapport des syndics sera remis, signé d'eux, au juge-commissaire, qui dressera procès-verbal de ce qui aura été dit et décidé dans l'assemblée.

SECTION DEUXIÈME

Du Concordat.

Le *concordat* est le traité qui intervient entre le failli et ses créanciers. C'est un arrangement au moyen duquel le failli rentre dans la libre disposition de ses biens, sous les conditions convenues, et prend l'engagement de payer ses créanciers en tout ou en partie à certaines époques.

Ce traité peut souvent offrir beaucoup plus d'avantages aux créanciers qu'un état d'union qui, presque toujours, consomme la ruine du débiteur. Le concordat, rédigé d'après des bases raisonnables, permet quelquefois au failli, que des malheurs imprévus ont frappé, de rétablir son commerce, son crédit, sa réputation, et, par suite, de se libérer intégralement envers ses créanciers et de se réhabiliter. (Voyez à la fin du volume le modèle de concordat.)

§ 1er

De la formation du Concordat.

Art. 507. — Il ne pourra être consenti de traité entre les créanciers délibérants et le débiteur failli, qu'après l'accomplissement des formalités ci-dessus prescrites.

Ce traité ne s'établira que par le concours d'un nombre de créanciers formant la majorité et représentant, en outre, les trois quarts de la totalité des créances vérifiées et affirmées, ou admises par provision, conformément à la section v du chapitre V, le tout à peine de nullité.

La loi a exigé cette double majorité pour plusieurs motifs. D'abord, il ne fallait pas qu'un seul créancier, par exemple, qui posséderait les trois quarts des créances, et auquel le concordat conviendrait, pût l'emporter sur vingt créanciers bien moins importants, qui ne pourraient pas faire les mêmes sacrifices que lui, et auxquels le concordat paraîtrait ruineux. Ensuite, on n'a pas voulu qu'un nombre considérable de petits créanciers, presque sans intérêt, pût faire la loi aux véritables créanciers qui posséderaient la masse des créances. C'est aussi parce que le concordat enchaîne la volonté des créanciers qui n'y ont pas consenti que la loi ne s'est pas contentée de la majorité absolue dans les sommes ducs, mais a exigé les trois quarts de la totalité des dites sommes.

Le cessionnaire de plusieurs créances figure pour la totalité de ce qui lui est dû dans la formation de la majorité en sommes. Mais il ne peut avoir autant de voix qu'il a de créances, et ne doit voter qu'une fois. Il ne peut compter que pour une personne dans la formation de la majorité numérique.

Le mandataire de plusieurs a autant de voix dans la délibération du concordat qu'il représente de créanciers.

L'absence du créancier affirmé à la délibération du concordat est considérée comme un vote négatif.

Art. 508. — Les créanciers hypothécaires inscrits ou dispensés d'inscription, et les créanciers privilégiés ou nantis d'un gage, n'auront pas voix dans les opérations relatives au concordat pour lesdites créances, et elles n'y seront comptées que s'ils renoncent à leurs hypothèques, gages ou priviléges.

Le vote au concordat emportera de plein droit cette renonciation.

Ainsi, les créanciers mentionnés dans le présent article, ont le droit d'assister aux assemblées et aux délibérations, parce qu'ils peuvent y avoir intérêt; mais ils ne peuvent voter au concordat, parce que ces créanciers, étant assurés du paiement de leurs créances sur les immeubles qui y sont affectés, pourraient s'entendre avec le débiteur et consentir des remises préjudiciables aux créanciers chirographaires.

Mais il peut y avoir des créanciers qui auraient une hypothèque sur un débiteur non propriétaire d'immeubles, ou qui auraient négligé de prendre inscription, ou enfin, dont l'inscription ne serait pas valable; n'ayant aucune garantie spéciale, ces créanciers retomberaient dans la classe des créanciers chirographaires, c'est-à-dire, qui n'ont qu'un titre sans hypothèque ni privilége; et leurs voix, conséquemment, devraient compter dans les délibérations relatives au concordat. Il devrait en être de même des créanciers hypothécaires ou privilégiés dont les immeubles ou les gages affectés à leurs créances, seraient insuffisants. Ce serait au tribunal à décider jusqu'à concurrence de quelle somme ils devraient être admis parmi les chirographaires.

Art. 509. — Le concordat sera, à peine de nullité, signé séance tenante. S'il est consenti seulement par la majorité en nombre, ou par la majorité des trois quarts en somme, la délibération sera remise à huitaine pour tout délai ; dans ce cas, les résolutions prises et les adhésions données, lors de la première assemblée, demeureront sans effet.

Le concordat doit être délibéré dans l'assemblée et non ailleurs. Il doit être signé séance tenante, pour empêcher que, étant colporté après sa rédaction, il ne devienne valable au moyen de signatures arrachées à la faiblesse ou par corruption.

Quand des mineurs ou des interdits sont créanciers d'une faillite, le tuteur ou le curateur peut, de sa seule autorité, consentir au concordat.

Art. 510. — Si le failli a été condamné comme banqueroutier frauduleux, le concordat ne pourra être formé.

Lorsqu'une instruction en banqueroute frauduleuse aura été commencée, les créanciers seront convoqués à l'effet de décider s'ils se réservent de délibérer sur un concordat, en cas d'acquittement, et si, en conséquence, ils surseoient à statuer jusqu'après l'issue des poursuites.

Ce sursis ne pourra être prononcé qu'à la majorité en nombre et en somme déterminée par l'art. 507. Si , à l'expiration du sursis, il y a lieu à délibérer sur le concordat, les règles établies par le précédent article seront applicables aux nouvelles délibérations.

Pendant les poursuites exercées contre le failli comme banqueroutier frauduleux, les créanciers ne pourront pas former de concordat, seulement ils seront convoqués pour déclarer à la majorité, en somme et en nombre, déterminée par l'art. 507, s'ils veulent surseoir aux opérations pour accorder le concordat au failli s'il était acquitté. Si ce sursis n'est pas accordé le concordat se trouve par là même refusé.

Art. 511. — Si le failli a été condamné comme banqueroutier simple , le concordat pourra être formé. Néanmoins, en cas de poursuites commencées , les créanciers pourront surseoir à délibérer jusqu'après l'issue des poursuites, en se conformant aux dispositions de l'article précédent.

Ainsi, en cas de poursuites pour banqueroute simple, les créanciers ont le choix ou de former le concordat, ou d'attendre l'issue des poursuites, qui amènent toujours avec elles des éclaircissements et des révélations.

Art. 512. — Tous les créanciers ayant eu droit de concourir au concordat, ou dont les droits auront été reconnus depuis, pourront y former opposition.

L'opposition sera motivée et devra être signifiée aux syndics et au failli , à peine de nullité, dans les huit jours qui suivront le concordat ; elle contiendra assignation à la première audience du tribunal de commerce.

S'il n'a été nommé qu'un seul syndic, et s'il se rend opposant au concordat, il devra provoquer la nomination d'un nouveau syndic, vis-à-vis duquel il sera tenu de remplir les formes prescrites au présent article.

Si le jugement de l'opposition est subordonné à la solution de questions étrangères, à raison de la matière, à la compétence du tribunal de commerce, ce tribunal surseoira à prononcer jusqu'après la décision de ces questions.

Il fixera un bref délai dans lequel le créancier opposant devra saisir les juges compétents et justifier de ses diligences.

L'opposition est indispensable pour empêcher l'homologation d'un concordat; une protestation, une plainte en banqueroute, quoique antérieure au concordat, ne peuvent suppléer à l'opposition.

Les créanciers vérifiés et affirmés peuvent seuls former opposition au concordat.

Le délai de huitaine n'est pas augmenté en raison des distances.

L'opposition est recevable après la huitaine pour vol et fraude découverts depuis le concordat.

L'homologation résulte d'un jugement, par lequel le tribunal de commerce reconnaît le concordat régulier et le rend obligatoire pour tous les créanciers portés ou non portés au bilan, vérifiés ou non vérifiés, connus ou non connus.

Art. 513. — L'homologation du concordat sera poursuivie devant le tribunal de commerce, à la requête de la partie la plus diligente ; le tribunal ne pourra statuer avant l'expiration du délai de huitaine fixé par l'article précédent.

Si, pendant ce délai, il a été formé des oppositions, le tribunal statuera sur ces oppositions et sur l'homologation par un seul et même jugement.

Si l'opposition est admise, l'annulation du concordat sera prononcée à l'égard de tous les intéressés.

L'appel du jugement qui a rejeté l'opposition au concordat est suspensif.

Le décès du failli, postérieurement au concordat, n'est point un obstacle à l'homologation, elle peut être requise par les héritiers mêmes bénéficiaires du failli.

Il semblerait que le tribunal de commerce ne peut refuser d'office l'homologation du concordat, lorsque aucun créancier ne se plaint, que le juge commissaire atteste que toutes les formalités ont été remplies, et qu'il ne s'élève contre le failli aucune présomption de banqueroute ni d'inconduite. Cependant nous devons dire que le tribunal de commerce de la Seine se considère comme investi d'un pouvoir discrétionnaire en fait d'homologation.

Art. 514. — Dans tous les cas, avant qu'il soit statué sur l'homologation, le juge-commissaire fera au tribunal de commerce un rapport sur les caractères de la faillite et sur l'admissibilité du concordat.

Comme l'admission du concordat intéresse la société aussi bien que les créanciers et qu'il importe à tous que la fraude soit réprimée, la loi a ordonné qu'avant qu'il soit statué sur l'homologation du concordat, un rapport bien détaillé de celui qui a tout vu et tout entendu (le juge-commissaire) vînt encore éclairer les juges.

Art. 515. — En cas d'inobservation des règles ci-dessus prescrites, ou lorsque des motifs tirés soit de l'intérêt public, soit de l'intérêt des créanciers, paraîtront de nature à empêcher le concordat, le tribunal en refusera l'homologation.

Des faits étrangers à la faillite et qui ont motivé une condamnation correctionnelle, ne sont pas un obstacle absolu à l'homologation du concordat.

Le refus d'homologation anéantit le concordat, remet les parties au même état que s'il n'avait jamais existé, et les créanciers se trouvent constitués par le fait en état d'union.

Le droit d'appel d'un jugement d'homologation n'appartient qu'aux syndics ou au failli, qui l'ont provoqué, mais non aux créanciers contre qui l'homologation rend le concordat exécutoire ; ils ont dû former opposition ; s'ils ne l'ont pas fait, *ou si leur opposition a été rejetée*, ils ne peuvent plus revenir par la voie d'appel, après le délai, contre le concordat. Ils n'ont ce droit qu'autant qu'ils attaqueraient l'homologation comme nulle en la forme, ou parce qu'elle aurait été prononcée avant qu'il ait été statué sur la validité de leur opposition.

Le délai d'appel pour le jugement d'homologation est de quinze jours.

§ 2.

Des Effets du Concordat.

Art. 516. — L'homologation du concordat le rendra obligatoire pour tous les créanciers portés ou non portés au bilan, vérifiés ou non vérifiés, et même pour les créanciers domiciliés hors du territoire continental de la France, ainsi que pour ceux qui, en vertu des articles 499 et 500, auraient été admis provisoirement à délibérer, quelle que soit la somme que le jugement définitif leur attribuerait ultérieurement.

Par le concordat toute obligation légale du débiteur envers les créanciers est éteinte pour la partie de la créance dont remise lui a été faite ; mais l'obligation morale de s'acquitter intégralement subsiste toujours pour lui dans le cas où de nouveaux biens lui adviendraient.

Le concordat lie les créanciers hypothécaires eux-mêmes, quant à l'exercice de leurs droits sur les meubles du failli.

Si un créancier prouve que sa créance a été frauduleusement omise dans le bilan du failli, le concordat n'est pas obligatoire pour ce créancier.

Celui qui a obtenu un concordat est tenu, par corps, de l'exécution de ses engagements, à moins que la remise de cette contrainte ne lui soit faite.

La compensation ne peut être opposée au failli concordataire que pour les dividendes alloués par le concordat.

La caution du failli concordataire ne peut exiger que le dividende alloué au créancier qu'elle a intégralement payé.

La caution de l'exécution du concordat, c'est-à-dire celui qui a garanti le paiement des dividendes, est obligée envers les créanciers non vérifiés et non affirmés, comme envers ceux qui le sont.

Le créancier hypothécaire non utilement colloqué sur les biens de son débiteur failli, par suite d'un stellionat pratiqué à son préjudice par ce dernier, peut poursuivre contre le failli stellionataire, la condamnation par corps au paiement intégral de sa créance.

Il y a stellionat :

1° Lorsqu'on vend ou qu'on hypothèque un immeuble dont on sait n'être pas propriétaire ;

2° Lorsqu'on présente comme libres des biens hypothéqués ou que l'on déclare des hypothèques moindres que celles dont les biens sont chargés.

ART. 517. — L'homologation conservera à chacun des créanciers, sur les immeubles du failli, l'hypothèque inscrite en vertu du troisième paragraphe de l'article 490. A cet effet, les syndics feront inscrire aux hypothèques le jugement d'homologation, à moins qu'il en ait été décidé autrement par le concordat.

L'homologation a pour effet de convertir les créances chirographaires en créances hypothécaires, non pas pour les faire concourir avec les hypothécaires qui les précèdent, mais elles deviennent hypothécaires vis-à-vis des créanciers postérieurs à l'ouverture de la faillite. Cette hypothèque est judiciaire, puisqu'elle résulte du jugement d'homologation.

ART. 518. — Aucune action en nullité du concordat ne sera recevable, après l'homologation, que pour cause de dol découvert depuis cette homologation, et résultant soit de la dissimulation de l'actif, soit de l'exagération du passif.

ART. 519. — Aussitôt après que le jugement d'homologation sera passé en force de chose jugée, les fonctions des syndics cesseront.

Les syndics rendront au failli leur compte définitif en présence du juge-commissaire ; ce compte sera débattu et arrêté. — Ils remettront au failli l'universalité de ses biens, livres, papiers et effets. — Le failli en donnera décharge.

Il sera dressé du tout procès-verbal par le juge-commissaire, dont les fonctions cesseront. — En cas de contestation, le tribunal de commerce prononcera.

Un jugement est passé en force de chose jugée lorsqu'il n'est plus possible de le faire annuler par une juridiction supérieure.

Les coobligés ou les cautions du débiteur failli ne jouissent pas des remises qui lui sont accordées par le concordat.

Si, avant la formation du concordat, le failli se trouvait à même de payer toutes ses dettes, le tribunal, après avoir entendu les syndics et le juge-commissaire, pourrait ordonner la clôture de la faillite, et la réintégration du failli dans son actif.

§ 3.

De l'annulation ou de la résolution du Concordat.

Art. 520. — L'annulation du concordat, soit pour dol, soit par suite de condamnation pour banqueroute frauduleuse intervenue après son homologation, libère de plein droit les cautions.

En cas d'inexécution, par le failli, des conditions de son concordat, la résolution de ce traité pourra être poursuivie contre lui devant le tribunal de commerce, en présence des cautions, s'il en existe, ou elles dûment appelées.

La résolution du concordat ne libérera pas les cautions qui y seront intervenues pour en garantir l'exécution totale ou partielle.

L'annulation du concordat pour dol ou pour fraude libère de plein droit la caution, parce que, les cautions, comme les créanciers, ayant été les victimes du failli, il eût été injuste de les laisser engagées, car elles ne l'eussent pas fait, si elles avaient eu connaissance du dol ou de la fraude.

L'action en résolution de concordat dure trente ans, à partir de l'expiration des termes accordés par le concordat.

La résolution du concordat sur la demande d'un seul créancier profite à tous les créanciers non payés.

Si le débiteur ne remplissait pas les conditions de

son concordat, lorsqu'il a été stipulé dans cet acte que, *faute par le failli de remplir ses engagements, il serait déchu des remises qui lui sont faites, et que chaque créancier rentrerait dans la plénitude de ses droits*, il pourrait, sur les poursuites de ses créanciers, tomber dans une nouvelle faillite qui ne serait pas le renouvellement de la première.

Lorsqu'un débiteur, qui a obtenu un concordat, tombe de nouveau en faillite, avant d'avoir satisfait à son concordat, cet acte est résolu à l'égard de ses premiers créanciers qui rentrent dans l'intégralité de leurs droits. Ceux qui n'ont rien touché en vertu du concordat, figurent dans la nouvelle faillite pour la totalité de leurs créances vérifiées, telles qu'elles étaient au moment du concordat.

Il faut distinguer la résolution de l'annulation du concordat : l'annulation remet les parties au même point où elles étaient avant le concordat, et conséquemment les cautions sont affranchies de leurs obligations ; la résolution, au contraire, n'a pas le même effet, elle ne libère pas les cautions, par la raison qu'elles n'ont pas dû prévoir plus que les créanciers le dol qui vicie le concordat, tandis qu'elles ont pu prévoir le défaut d'exécution.

ART. 521. — Lorsque, après l'homologation du concordat, le failli sera poursuivi pour banqueroute frauduleuse, et placé sous mandat de dépôt ou d'arrêt, le tribunal de commerce pourra prescrire telles mesures conservatoires qu'il appartiendra. Ces mesures cesseront de plein droit du jour de la déclaration qu'il n'y a lieu à suivre, de l'ordonnance d'acquittement ou de l'arrêt d'absolution.

Le tribunal de commerce, étant chargé des intérèts des créanciers, nommera, s'il est besoin, un administrateur provisoire et ordonnera le séquestre des biens du failli.

Art. 522. — Sur le vu de l'arrêt de condamnation pour banqueroute frauduleuse, ou par le jugement qui prononcera, soit l'annulation, soit la résolution du concordat, le tribunal de commerce nommera un juge-commissaire et un ou plusieurs syndics.

Ces syndics pourront faire apposer les scellés.

Ils procéderont sans retard, avec l'assistance du juge de paix, sur l'ancien inventaire, au récolement des valeurs, actions et des papiers, et procéderont, s'il y a lieu, à un supplément d'inventaire.

Ils dresseront un bilan supplémentaire.

Ils feront immédiatement afficher et insérer dans les journaux à ce destinés, avec un extrait du jugement qui les nomme, invitation aux créanciers nouveaux, s'il en existe, de produire, dans le délai de vingt jours, leurs titres de créances à la vérication. Cette invitation sera faite aussi par lettres du greffier, conformément aux articles 492 et 493.

C'est comme une nouvelle faillite, il faut donc procéder en conséquence.

Art. 523. — Il sera procédé sans retard à la vérification des titres de créances produits en vertu de l'article précédent.

Il n'y aura pas lieu à nouvelle vérification des créances antérieurement admises et affirmées, sans préjudice, néanmoins, du rejet ou de la réduction de celles qui depuis auraient été payées en tout ou en partie.

Lorsqu'un concordat est annulé ou résolu, la faillite peut facilement être reprise sur les derniers créanciers, s'il n'y a pas de créanciers nouveaux; mais, s'il en existe, leur concours avec les créanciers anciens ouvre une faillite nouvelle, soumise aux formalités prescrites pour vérifier et constater les droits de chacun.

Art. 524. — Ces opérations mises à fin, s'il n'intervient pas de nouveau concordat, les créanciers seront convoqués, à l'effet de donner leur avis sur le maintien ou le remplacement des syndics.

Il ne sera procédé aux répartitions qu'après l'expiration, à l'égard des créanciers nouveaux, des délais accordés aux personnes domiciliées en France, par les art. 492 et 497.

Il n'existe que trois cas d'annulation ou de résolution de concordat, savoir :

1° L'annulation par suite de condamnation pour banqueroute frauduleuse ;

2° L'annulation pour dol ;

3° La résolution pour défaut d'exécution des engagements.

Dans le premier cas, un concordat est impossible ; dans le second, les mêmes motifs existent que dans le premier pour refuser le concordat ; c'est toujours de la fraude ; enfin, dans le troisième cas, un nouveau concordat est possible, surtout s'il est plus avantageux aux créanciers qu'un contrat d'union.

Art. 525. — Les actes faits par le failli, postérieurement au jugement d'homologation, et antérieurement à l'annulation ou à la résolution du concordat, ne seront annulés qu'en cas de fraude aux droits des créanciers.

En effet, par le concordat, le failli jouissait du droit de contracter ; les actes qu'il a faits depuis ne peuvent donc être attaqués que s'ils étaient entachés de dol ou de fraude.

Art. 526. — Les créanciers antérieurs au concordat rentreront dans l'intégralité de leurs droits à l'égard du failli seulement ; mais ils ne pourront figurer dans la masse que pour les proportions suivantes, savoir :

S'ils n'ont touché aucune part du dividende, pour l'intégralité de leurs créances ; s'ils ont reçu une partie du dividende, pour la portion de leurs créances primitives correspondante à la portion du dividende promis qu'ils n'auront pas touchée.

Les dispositions du présent article seront applicables au cas où une seconde faillite viendra à s'ouvrir sans qu'il y ait eu préalablement annulation ou résolution du concordat.

En cas d'annulation de concordat et en cas de nouvelle faillite, lorsque les créanciers antérieurs n'ont touché aucune part du dividende, la créance originaire est rétablie dans son intégralité ; par exemple, soit un créancier de 20,000 francs auquel il ait été promis un dividende de 50 p. 100 ; s'il n'a rien reçu, il se présentera à la nouvelle faillite pour ses 20,000 francs primitifs ; mais s'il a reçu 5,000 francs, comme ces 5,000 francs à 50 p. 100 auront libéré le débiteur de 10,000 francs, le créancier se présentera à la nouvelle faillite, mais pour 10,000 francs seulement.

Lorsque le concordat est annulé ou résolu, les obligations que les créanciers avaient contractées vis-à-vis du failli sont aussi annulées. Ils rentrent dans l'intégralité de tous leurs droits individuels, et peuvent les exercer ainsi qu'ils le jugent convenable. Cependant, si le failli avait, lors de son concordat, été déclaré excusable, il ne pourra être assujetti à la contrainte par corps.

En cas de seconde faillite, les créanciers de la première ont, sur les immeubles du failli, une véritable hypothèque en vertu des inscriptions prises par les syndics.

SECTION TROISIÈME

De la clôture en cas d'insuffisance d'actif.

ART. 527. — Si, à quelque époque que ce soit, avant l'homologation du concordat ou la formation de l'union, le cours des opérations de la faillite se trouve arrêté par insuffisance de l'actif, le tribunal de commerce pourra, sur le rapport du juge-commissaire, prononcer, même d'office, la clôture des opérations de la faillite.

Ce jugement fera rentrer chaque créancier dans l'exercice de ses actions individuelles, tant contre les biens que contre la personne du failli.

Pendant un mois, à partir de sa date, l'exécution de ce jugement sera suspendue.

ART. 528. — Le failli ou tout autre intéressé pourra, à toute époque, le faire rapporter par le tribunal, en justifiant qu'il existe des fonds pour faire face aux frais des opérations de la faillite, ou en faisant consigner, entre les mains des syndics, somme suffisante pour y pourvoir.

Dans tous les cas, les frais des poursuites exercées en vertu de l'article précédent devront être préalablement acquittés.

On voit, par l'art. 527, que lorsqu'une faillite a été close faute d'actifs, et un mois après cette clôture, les créanciers peuvent poursuivre leur débiteur par toutes les voies et moyens de droit. Mais, suivant l'art. 528, si le failli s'est procuré des fonds pour faire suivre de nouveau sa faillite et faire rapporter le jugement qui a prononcé la clôture, les poursuites ne peuvent plus avoir lieu.

SECTION QUATRIÈME

De l'union des Créanciers.

L'*union* est une communauté d'intérêt par laquelle les créanciers d'un failli qui n'a pas obtenu de concordat, agissent ensemble, pour prendre les mesures nécessaires pour arriver à une prompte liquidation. Elle a pour objet de réaliser l'actif, de vendre les immeubles, et de payer les créanciers proportionnellement à leurs droits et à la quotité des recettes. Ordinairement le syndic opère cette liquidation et fait la répartition du produit de l'actif aux créanciers.

ART. 529. — S'il n'intervient point de concordat, les créanciers seront de plein droit en état d'union.

Le juge-commissaire les consultera immédiatement, tant sur les faits de la gestion que sur l'utilité du maintien ou du remplacement des syndics. Les créanciers privilégiés, hypothécaires ou nantis d'un gage, seront admis à cette délibération.

Il sera dressé procès-verbal des dires et observations des créanciers, et, sur le vu de cette pièce, le tribunal de commerce statuera comme il est dit à l'art. 462.

Les syndics qui ne seraient pas maintenus devront rendre leurs comptes aux nouveaux syndics, en présence du juge-commissaire, le failli dûment appelé.

Les créanciers, dans l'état d'union, n'ont plus que voix consultative.

On a vu, dans les chapitres précédents, que les créanciers privilégiés et hypothécaires n'avaient pas voix dans les opérations relatives au concordat à cause de leurs priviléges ; dans l'état d'union ils ont le plus grand intérêt, parce que leurs droits seront classés et soldés avant toutes autres créances ; aussi sont-ils tous admis indistinctement aux opérations de l'union.

Le contrat d'union ne libère le failli que de la portion de ses dettes éteintes par la répartition faite entre ses créanciers.

Art. 530. — Les créanciers seront consultés sur la question de savoir si un secours pourra être accordé au failli sur l'actif de la faillite.

Lorsque la majorité des créanciers présents y aura consenti, une somme pourra être accordée au failli, à titre de secours sur l'actif de la faillite. Les syndics en proposeront la quotité, qui sera fixée par le juge-commissaire, sauf recours au tribunal de commerce, de la part des syndics seulement.

Il ne s'agit pas, dans cet article, de la majorité en somme et en nombre tout à la fois, mais simplement de la majorité numérique des créanciers présents.

Lorsque les créanciers ont accordé un secours au failli, le juge-commissaire ne peut s'y refuser, il n'a d'autre mission que d'en fixer le montant, et si cette fixation ne convenait pas aux syndics, ils peuvent, mais eux seulement, en appeler au tribunal pour la faire modifier, et la décision du tribunal est en dernier ressort.

Art. 531. — Lorsqu'une société de commerce sera en faillite, les créanciers pourront ne consentir de concordat qu'en faveur d'un ou de plusieurs des associés.

En ce cas, tout l'actif social demeurera sous le régime de l'union. Les biens personnels de ceux avec lesquels le con-

cordat aura été consenti en seront exclus , et le traité particulier passé avec eux ne pourra contenir l'engagement de payer
un dividende que sur des valeurs étrangères à l'actif social.

L'associé qui aura obtenu un concordat particulier sera déchargé de toute solidarité.

La loi a permis que , quoique une société en faillite fût mise en contrat d'union , on pût accorder un
concordat particulier , parce qu'il peut arriver que
cet associé , ou ces associés , soit par le secours de
leurs familles , soit par le concours d'amis , ou enfin
par des ressources indépendantes de l'actif de la faillite , peuvent offrir des avantages aux créanciers , et
qu'il est alors de leur intérêt de leur accorder un
concordat particulier , puisqu'ils obtiennent par là
un dividende en dehors de celui de la masse.

Comme récompense des sacrifices que s'impose
l'associé par un concordat particulier , il est déchargé
de toute solidarité. Mais il retombe sous le coup de
cette solidarité dès qu'il veut obtenir sa réhabilitation , car il ne peut être réhabilité qu'autant qu'il
justifie que toutes les dettes de la société ont été intégralement payées en principal , intérêts et frais.

En cas de faillite d'une société commerciale , les
créanciers personnels d'un associé n'ont rien à réclamer sur l'actif social.

ART. 532. — Les syndics représentent la masse des créanciers et sont chargés de procéder à la liquidation. — Néanmoins les créanciers pourront leur donner mandat pour continuer l'exploitation de l'actif.

La délibération qui leur conférera ce mandat en déterminera
la durée et l'étendue, et fixera les sommes qu'ils pourront
garder entre leurs mains, à l'effet de pourvoir aux frais et
dépenses. Elle ne pourra être prise qu'en présence du juge-

commissaire, et à la majorité des trois quarts des créanciers en nombre et en somme.

La voie de l'opposition sera ouverte contre cette délibération au failli et aux créanciers dissidents.

Cette opposition ne sera pas suspensive de l'exécution.

La loi n'indiquant aucun délai pour former l'opposition à la délibération dont il est question ci-dessus, on peut dire qu'elle est valable à toute époque.

Il est très-juste de permettre au failli de s'opposer à la continuation de l'exploitation de son commerce, car il a intérêt à ce qu'on ne dissipe pas l'actif qui est le gage commun des créanciers, et souvent la vente de son établissement pourrait bien être plus avantageuse que son exploitation. Dans d'autres cas aussi, tout à fait contraires, le moindre retard dans l'exploitation d'un établissement peut avoir de fâcheux résultats. C'est pour cela que la loi veut que la détermination des créanciers ne soit pas prise à la légère, et qu'elle exige la majorité des trois quarts en nombre et en somme.

Art. 533. — Lorsque les opérations des syndics entraîneront des engagements qui excéderaient l'actif de l'union, les créanciers qui auront autorisé ces opérations seront seuls tenus personnellement au delà de leur part dans l'actif, mais seulement dans les limites du mandat qu'ils auront donnés ; ils contribueront au prorata de leurs créances.

Les créanciers qui ont voté pour la continuation de l'exploitation du commerce du failli répondent, seuls, des dettes auxquelles aurait entraîné cette exploitation, et chacun au prorata de leur créance ; il eût été injuste d'exiger que ceux qui se seraient refusés à la continuation de cette exploitation fussent obligés de payer au delà de l'actif, dans le cas où cet actif serait absorbé par les frais d'exploitation.

Les créanciers sont obligés seulement dans les limites du mandat qu'ils ont donné. Si les syndics outre-passaient ce mandat, ils seraient tenus des engagements contractés par eux hors des limites de leurs pouvoirs.

Art. 534. — Les syndics sont chargés de poursuivre la vente des immeubles, marchandises et effets mobiliers du failli, et la liquidation de ses dettes actives et passives ; le tout sous la surveillance du juge-commissaire, et sans qu'il soit besoin d'appeler le failli.

Les syndics de l'union ont les pouvoirs les plus étendus pour vendre les biens du failli, ils peuvent prendre les voies qui leur paraissent les plus utiles. Ils ont en outre qualité, non-seulement pour défendre les intérêts communs des créanciers contre des tiers, mais encore pour contester la demande formée par un des créanciers contre la masse.

Art. 535. — Les syndics pourront, en se conformant aux règles prescrites par l'art. 487, transiger sur toute espèce de droits appartenant au failli, nonobstant toute opposition de sa part.

L'article 487, comme nous l'avons vu, donne aux syndics le droit de transiger, mais sous des conditions, entre autres, celle d'appeler le failli à l'homologation de la transaction à laquelle il peut s'opposer et même empêcher lorsqu'il s'agit de droits immobiliers ; mais dans l'état d'union le failli n'a plus espoir d'être remis par un concordat à la tête de ses affaires, il n'est donc plus nécessaire de l'appeler, et son opposition n'a plus d'effet.

L'homologation est néanmoins nécessaire si l'objet de la transaction est d'une valeur indéterminée ou excède 300 francs. S'il s'agit de droits mobiliers, c'est le tribunal de commerce qui homologue la transaction ; s'il s'agit de droits immobiliers, c'est le tribunal civil.

Art. 536. — Les créanciers en état d'union seront convoqués, au moins une fois dans la première année, et, s'il y a lieu, dans les années suivantes, par le juge-commissaire. — Dans ces assemblées, les syndics devront rendre compte de leur gestion. Ils seront continués ou remplacés dans l'exercice de leurs fonctions, suivant les formes prescrites par les articles 462 et 529.

Les syndics ne peuvent être poursuivis pour reddition de compte devant un autre tribunal que celui de la faillite.

Art. 537. — Lorsque la liquidation de la faillite sera terminée, les créanciers seront convoqués par le juge-commissaire. — Dans cette dernière assemblée, les syndics rendront leur compte. Le failli sera présent ou dûment appelé.

Les créanciers donneront leur avis sur l'excusabilité du failli. Il sera dressé, à cet effet, un procès-verbal dans lequel chacun des créanciers pourra consigner ses dires et observations.

Après la clôture de cette assemblée, l'union sera dissoute de plein droit.

Le failli doit être appelé à cette dernière assemblée, afin qu'il puisse donner des explications et contredire, même sur le procès-verbal, les observations des créanciers.

Les créanciers sont seulement consultés sur l'excusabilité du failli ; c'est le tribunal qui prononce s'il est ou non excusable, sans que d'ailleurs ce tribunal soit lié par l'opinion émise par les créanciers.

Art. 538. — Le juge-commissaire présentera au tribunal la délibération des créanciers relative à l'excusabilité du failli, et un rapport sur les caractères et les circonstances de la faillite. — Le tribunal prononcera si le failli est ou non excusable.

Le jugement sur l'excusabilité du failli est susceptible d'appel, de la part du failli et des créanciers ; les délais d'appel courent de la date même de ce jugement.

Art. 539. — Si le failli n'est pas déclaré excusable, les créanciers rentreront dans l'exercice de leurs actions individuelles, tant contre sa personne que sur ses biens.

S'il est déclaré excusable, il demeurera affranchi de la contrainte par corps à l'égard des créanciers de sa faillite, et ne pourra plus être poursuivi par eux que sur ses biens, sauf les exceptions prononcées par les lois spéciales.

Les exceptions dont on veut parler dans cet article concernent : les étrangers non domiciliés, les tuteurs administrateurs ou dépositaires, qui, alors même qu'ils seraient déclarés excusables, resteront assujettis à la contrainte par corps, parce que le caractère particulier de leurs dettes exige que cette garantie continue à subsister contre eux.

Le failli déclaré excusable n'est affranchi de la contrainte par corps qu'à l'égard seulement des créanciers de la faillite, et non à l'égard des créanciers qu'il aurait faits pour de nouvelles dettes.

Art. 540. — Ne pourront être déclarés excusables : les banqueroutiers frauduleux, les stellionataires, les personnes condamnées pour vol, escroquerie ou abus de confiance, les comptables de deniers publics.

Art. 541. — Aucun débiteur commerçant ne sera recevable à demander son admission au bénéfice de cession de biens.

La cession de biens étant un abandon général de ses biens fait par un débiteur à ses créanciers, il est évident que le débiteur qui se trouve réduit à cette extrémité est, pour ainsi dire, en état de faillite et ne peut dès lors céder à ses créanciers ce qui leur appartient.

CHAPITRE VII

DES DIFFÉRENTES ESPÈCES DE CRÉANCIERS ET DE LEURS DROITS EN CAS DE FAILLITE

Il y a quatre sortes de créanciers, savoir :
1º Les créanciers nantis de gage ;
2º Les créanciers privilégiés;
3º Les créanciers hypothécaires ;
4º Les créanciers chirographaires.

Le créancier nanti de gage est celui qui a dans ses mains, en dépôt ou en nantissement, un gage, une chose quelconque, en garantie de sa créance, et qui assure son privilége.

Le créancier privilégié est celui dont la créance est tellement favorable, que la loi y a attaché le privilége d'être payé sur les biens du débiteur de préférence aux autres créanciers, même hypothécaires.

Le créancier hypothécaire est celui qui a sur les immeubles de son débiteur un droit réel judiciaire ou contractuel qui lui permet de les suivre en quelques mains qu'ils passent, pour les faire vendre, et sur le prix être payé de sa créance à laquelle ces biens sont affectés, de préférence aux créanciers chirographaires.

Le créancier chirographaire est celui dont la créance est prouvée, soit par un titre authentique ou sous seing privé, soit par tout autre titre résultant, soit d'un billet, soit d'une facture, d'un compte courant ou d'une fourniture de toute espèce, mais à laquelle la loi n'a attaché aucune faveur, ni les parties aucun droit réel sur les immeubles du débiteur; enfin ce sont les créanciers ordinaires.

SECTION PREMIÈRE

Des Coobligés et des Cautions

ART. 542. — Le créancier porteur d'engagements souscrits, endossés ou garantis solidairement par le failli et d'autres coobligés qui sont en faillite, participera aux distributions dans toutes les masses, et y figurera pour la valeur nominale de son titre jusqu'à parfait paiement.

Les coobligés sont ceux qui sont obligés, qui ont garanti, et qui sont solidaires avec d'autres, pour le paiement d'une créance.

D'après les principes de la solidarité, le créancier porteur d'un titre où il y a des coobligés, a le droit de se faire payer de la totalité de sa créance par celui des débiteurs qu'il veut choisir. Si donc quelques-uns des codébiteurs ou coobligés sont solvables et les autres en état de faillite, le créancier peut se faire payer intégralement par ceux qui sont solvables, sauf le recours de ceux-ci contre les masses des autres débiteurs faillis.

Si tous les coobligés sont en faillite, le créancier peut participer aux distributions dans toutes les masses jusqu'à son parfait et entier paiement. Ainsi, par exemple :

Je suis créancier d'une somme de 10,000 francs sur trois débiteurs solidaires; ces trois débiteurs font faillite; la masse du premier débiteur donne 50 pour 100; je me ferai colloquer ou admettre à cette masse pour la totalité de ma créance, soit 10,000 francs, je recevrai donc. 5,000

La masse du deuxième débiteur donne 35 pour 100; j'y serai colloqué encore pour la totalité de ma créance, et je recevrai. 3,500

La masse du troisième débiteur donne aux créanciers 25 p. 100; si j'étais colloqué pour la totalité de ma créance, je recevrais 2,500 fr.; mais comme il ne m'était dû par les débiteurs solidaires que 10,000 fr., et que j'en ai déjà reçu 8,500, je ne pourrai plus réclamer que. 1,500

Total fr. 10,000

C'est ainsi que j'aurai pris part dans toutes les masses, jusqu'à mon parfait et entier paiement.

La valeur *nominale* est la stricte valeur énoncée par le titre; mais ici il est entendu que les accessoires de cette valeur nominale, tels que les intérêts et les frais de justice, suivent la créance principale; c'est ce qui résulte des mots : *jusqu'à parfait paiement.*

Quoiqu'il y ait, dans une créance, des coobligés non tombés en faillite, le créancier peut se présenter à la masse des coobligés faillis s'il y en a. Les autres créanciers de ces faillites n'ont aucun intérêt à détourner leur action sur les coobligés non faillis, puisque ceux-ci ont contre les masses de ces faillites un recours pour la part dont chaque failli est débiteur dans la dette solidaire.

En cas de faillite du débiteur principal, si le créancier, sachant que la caution ou le coobligé présentent des garanties suffisantes, ne produisait pas à la faillite, la caution ou le coobligé a le droit de se faire admettre à ladite faillite pour le montant de la créance qu'il a garantie, sauf à produire son titre plus tard ; mais s'il y avait contestation sur le titre, le coobligé ou la caution devrait sommer le créancier de produire son titre, sinon demander en justice à être déchargé de la portion du dividende qu'il aurait reçu de la masse, s'il avait produit.

Art. 543. — Aucun recours, pour raison des dividendes payés, n'est ouvert aux faillites des coobligés les unes contre les autres, si ce n'est lorsque la réunion des dividendes que donneraient ces faillites excéderait le montant total de la créance, en principal et accessoires, auquel cas cet excédant sera dévolu, suivant l'ordre des engagements, à ceux des co-obligés qui auraient les autres pour garants.

Le principe de la solidarité exige que les coobligés paient les uns pour les autres, sauf le recours à exercer entre eux ; mais ce principe reçoit une exception quand les coobligés sont en faillite. Ils n'ont aucun recours à exercer de faillite à faillite, parce qu'en matière de faillite le dividende payé représente la totalité de la créance, qui est censée soldée en entier par l'acceptation du dividende.

Si le créancier a trop reçu des diverses masses, il doit rendre l'excédant à ceux des coobligés qui auraient les autres pour garants, parce que ceux-ci seront libérés d'une somme égale à cet excédant payée à ceux des coobligés dont ils sont les cautions.

Art. 544. — Si le créancier porteur d'engagements solidaires entre le failli et d'autres coobligés a reçu, avant la faillite, un à-compte sur sa créance, il ne sera compris dans la masse que sous la déduction de cet à-compte, et conservera, pour ce qui lui restera dû, ses droits contre le coobligé ou la caution.

Le coobligé ou la caution qui aura fait le paiement partiel sera compris dans la même masse pour tout ce qu'il aura payé à la décharge du failli.

La caution ou le coobligé qui a payé a son recours contre le débiteur principal. Elle a payé non pas ce qu'elle devait personnellement, mais ce que devait le failli ; elle doit être comprise dans la masse.

Art. 545. — Nonobstant le concordat, les créanciers conservent leur action pour la totalité de leurs créances contre les coobligées du failli.

La remise faite dans un concordat n'ayant pas le caractère d'un abandon volontaire, ne peut profiter à la caution du failli, car la caution ou le coobligé a garanti la totalité de la créance ; elle doit donc être tenue de garder l'engagement qu'elle a contracté vis-à-vis du créancier.

SECTION DEUXIÈME

Des Créanciers nantis de gage et des créanciers privilégiés sur les biens meubles.

Art. 546. — Les créanciers du failli qui seront valablement nantis de gages ne seront inscrits dans la masse que pour mémoire.

Le gage, ainsi que nous l'avons déjà vu, confère

au créancier le droit de se faire payer sur la chose mobilière qui en est l'objet, par privilége et préférence aux autres créanciers. Dès lors il est inutile d'inscrire les créanciers nantis de gages dans la masse, si ce n'est pour mémoire, c'est-à-dire, de rappeler que, dans le cas où le créancier nanti viendrait à faire vendre le gage, les syndics auraient à réclamer, dans le prix, ce qui excéderait la créance ; et aussi parce que si le prix qu'ils retirent du gage est inférieur à leur créance, ils doivent venir à contribution pour le surplus, c'est-à-dire, être admis, pour la différence, à la masse.

L'article 2074 du Code civil, qui n'admet de privilége sur un objet donné en nantissement excédant la valeur de cent cinquante francs qu'autant que le nantissement est constaté par acte authentique, ou sous signature privée, dûment enregistré, est appli cable en matière commerciale comme en matière civile. Ainsi, les syndics d'une faillite sont fondés à critiquer le nantissement alors même que la date de ce nantissement et la chose qui en était l'objet auraient été reconnues par eux d'après les livres et la correspondance du failli. (Voy. *Journal du Palais.* Cassation, 5 juillet 1820.)

ART. 547. — Les syndics pourront, à toute époque, avec l'autorisation du juge-commissaire, retirer les gages au profit de la faillite, en remboursement de la dette.

Le gage n'est qu'un dépôt entre les mains du créancier qui assure son privilége : dès que le créancier est payé de sa créance, il ne doit plus retenir le gage au préjudice des autres créanciers, et si la valeur de ce gage excède ce qui lui est dû, ces derniers créanciers doivent en profiter.

ART. 548. — Dans le cas où le gage ne sera pas retiré par les syndics, s'il est vendu par le créancier moyennant un prix qui excède la créance, le surplus sera recouvré par les syndics ; si le prix est moindre que la créance, le créancier viendra à contribution pour le surplus, dans la masse, comme créancier ordinaire.

ART. 549. — Le salaire acquis aux ouvriers employés directement par le failli, pendant le mois qui aura précédé la déclaration de faillite, sera admis au nombre des créances privilégiées, au même rang que le privilége établi par l'art. 2101 du Code civil pour le salaire des gens de service. — Les salaires dus aux commis pour les six mois qui auront précédé la déclaration de faillite seront admis au même rang.

L'article 2101 du Code civil accorde aux gens de service seulement un privilége général sur les meubles pour le salaire de l'année échue, et pour ce qui leur est dû pour l'année courante. D'après l'ancien Code, les ouvriers n'avaient pas privilége pour leur salaire. L'article 549 ci-dessus leur accorde un privilége d'un mois de salaire. Ce temps est suffisant en effet, car les ouvriers sont payés au moins tous les mois. Mais pour que l'ouvrier jouisse de ce privilége, il faut qu'il ait été employé directement par le failli.

Le privilége des commis ne peut être invoqué que pour des appointements fixes, et non pour des rétributions qui sont proportionnées aux affaires qu'ils traitent.

ART. 550. — Le privilége et le droit de revendication établis par le n° 4 de l'art. 2102 du Code civil, au profit du vendeur d'effets mobiliers, ne seront point admis en cas de faillite.

L'art. 2102 du Code civil dit, au n° 4, que le prix

des effets mobiliers non payés , s'ils sont encore en la possession du débiteur, soit qu'il ait acheté à terme ou sans terme, sont privilégiés et peuvent être revendiqués dans la huitaine de la livraison. L'art. 550 ci-dessus, du Code de commerce, annule l'article du Code civil , lorsqu'il s'agit de faillite.

Art. 551. — Les syndics présenteront au juge-commissaire l'état des créanciers se prétendant privilégiés sur les biens meubles, et le juge-commissaire autorisera, s'il y a lieu, le paiement de ces créanciers sur les premiers deniers rentrés. — Si le privilége est contesté, le tribunal prononcera.

Les syndics et les créanciers ont le droit de contester l'admission d'un privilége , mais les frais sont supportés par ceux dont la demande a été rejetée.

En cas de faillite du locataire , le propriétaire n'est pas obligé de se présenter comme un autre créancier pour soumettre sa créance à une vérification, ni pour conserver son privilége.

SECTION TROISIÈME

Des droits des Créanciers hypothécaires et privilégiés sur les immeubles.

Art. 552. — Lorsque la distribution du prix des immeubles sera faite antérieurement à celle du prix des biens meubles, ou simultanément, les créanciers privilégiés ou hypothécaires, non remplis sur le prix des immeubles concourront, à proportion de ce qui leur restera dû, avec les créanciers chirographaires, sur les deniers appartenant à la masse chirographaire, pourvu toutefois que leurs créances aient été vérifiées et affirmées suivant les formes ci-dessus établies.

Les créanciers qui ont un gage spécial affecté au paiement de leurs créances ne cessent pas d'avoir tous les biens du débiteur pour gage commun ; seulement, en cas d'insuffisance de leur gage spécial, ils ne jouissent plus sur les autres biens que des mêmes droits dont jouissent les créanciers chirographaires, ils ne peuvent dès lors venir avec eux que dans la proportion de ce qui leur reste dû.

Art. 553. — Si une ou plusieurs distributions de deniers mobiliers précèdent la distribution du prix des immeubles, les créanciers privilégiés et hypothécaires vérifiés et affirmés concourront aux répartitions dans la proportion de leurs créances totales, et, sauf le cas échéant, les distractions dont il sera parlé ci-après.

Comme il est encore incertain, dans ce cas, si les créanciers hypothécaires seront entièrement remplis de leurs créances sur le prix des immeubles qui leur sont affectés, et si, par suite, ils n'auront pas droit à prendre part aux répartitions dans la masse chirographaire, la loi ne devait pas suspendre les répartitions des deniers provenant de la vente du mobilier, jusqu'à la distribution du prix des immeubles, car un des plus grands inconvénients des faillites c'est précisément cette prolongation de la liquidation définitive. (Rogron.)

Art. 554. — Après la vente des immeubles et le règlement définitif de l'ordre entre les créanciers hypothécaires et privilégiés, ceux d'entre eux qui viendront en ordre utile sur le prix des immeubles pour la totalité de leurs créances, ne toucheront le montant de leur collocation hypothécaire que sous la déduction des sommes par eux perçues dans la masse chirographaire.

Les sommes ainsi déduites ne resteront point dans la masse hypothécaire, mais retourneront à la masse chirographaire, au profit de laquelle il en sera fait distraction.

L'*ordre* assigne le rang dans lequel chaque créancier doit être payé de ce qui lui est dû, et le rang des hypothèques.

Les créanciers qui viennent en ordre utile sont ceux dont les hypothèques sont dans un ordre tel qu'ils sont payés de tout ou partie de leurs créances.

Ils ne viennent pas en ordre utile lorsque les premiers créanciers absorbent la totalité du prix de l'immeuble affecté.

ART. 555. — A l'égard des créanciers hypothécaires qui ne seront colloqués que partiellement dans la distribution du prix des immeubles, il sera procédé comme il suit : leurs droits sur la masse chirographaire seront définitivement réglés d'après les sommes dont ils resteront créanciers après leur collocation immobilière, et les deniers qu'ils auront touchés au delà de cette proportion, dans la distribution antérieure, leur seront retenus sur le montant de leur collocation hypothécaire et reversés dans la masse chirographaire.

ART. 556. — Les créanciers qui ne viennent point en ordre utile seront considérés comme chirographaires, et soumis comme tels aux effets du concordat et de toutes les opérations de la masse chirographaire.

En effet, dans ce dernier cas, ils ne retirent aucun avantage de l'hypothèque qu'ils avaient obtenue, ils ne doivent donc être considérés que comme créanciers chirographaires. Il en est de même des créanciers hypothécaires qui ne sont colloqués en ordre utile que pour une partie de leurs créances; ils doivent être considérés comme chirographaires, pour la portion qui leur reste due.

Quoique les créanciers dont il est question dans l'article ci-dessus, soient devenus chirographaires d'hypothécaires qu'ils étaient, cela n'empêcherait pas que le débiteur soit poursuivi comme stellionataire, s'il avait consenti hypothèque sur des biens dont il n'était pas propriétaire.

SECTION QUATRIÈME

Des droits des Femmes

Art. 557. — En cas de faillite du mari, la femme dont les apports en immeubles ne se trouveraient pas mis en communauté reprendra en nature lesdits immeubles et ceux qui lui seront survenus par succession ou par donation entre-vifs ou testamentaire.

En général les immeubles ne tombent pas dans la communauté; mais les époux, par une convention particulière, qu'on nomme *clause d'ameublissement*, peuvent les y faire tomber. Ils sont, dans ce cas, considérés comme des meubles, et suivent le sort des autres biens de la communauté, dont le mari est maître, et qui, par suite, sont affectés aux dettes qu'il contracte. Si aucune convention de cette espèce n'existe, il est juste que la femme reprenne les immeubles qui ne sont pas entrés en communauté, et qu'on appelle alors *propres* de communauté ou personnels. (Art. 1493 du Code civil.)

Il en est de même des immeubles appartenant aux femmes mariées sous le régime dotal. Ces biens étant inaliénables, le mari n'en a que l'usufruit, et ils ne sauraient devenir le gage des créanciers du mari. (Art. 1536 du Code civil.)

Enfin, les immeubles appartenant à la femme séparée de biens doivent encore être repris par elle,

20.

parce que ces biens n'ont jamais pu être considérés comme appartenant au mari.

Les immeubles survenus à la femme par succession, donation entre-vifs ou testamentaire n'entrent pas dans la communauté et lui restent personnels. (Article 1404 et 1405 du Code civil.)

Art. 558. — La femme reprendra pareillement les immeubles acquis par elle et en son nom des deniers provenant desdites successions et donations, pourvu que la déclaration d'emploi soit expressément stipulée au contrat d'acquisition, et que l'origine des deniers soit constatée par inventaire ou par tout autre acte authentique.

Si ces immeubles étaient acquis par le mari, rien ne prouverait plus la propriété de la femme, et elle chercherait en vain à prouver que ses deniers ont été employés à cette acquisition. Il faut que la déclaration d'emploi soit stipulée et l'origine des deniers constatée, autrement on pourrait toujours présumer que ces immeubles ont réellement été achetés avec les deniers appartenant au mari.

Art. 559. — Sous quelque régime qu'ait été formé le contrat de mariage, hors le cas prévu par l'article précédent, la présomption légale est que les biens acquis par la femme du failli appartiennent à son mari, ont été payés de ses deniers, et doivent être réunis à la masse de son actif, sauf à la femme à fournir la preuve du contraire.

Les créanciers n'ont rien à prouver, leurs droits sont garantis par la présomption de la loi ; la preuve contraire doit être fournie par la femme.

L'insertion faite par un failli dans l'actif de son bilan d'un immeuble appartenant à sa femme non commune en biens avec lui, ne fait pas preuve que celle-ci n'en était pas propriétaire. Elle a toujours le droit de prouver que l'immeuble est sa propriété personnelle.

Art. 560. — La femme pourra reprendre en nature les effets mobiliers qu'elle s'est constitués par contrat de mariage, ou qui lui sont advenus par succession, donation entre-vifs ou testamentaire, et qui ne seront pas entrés en communauté, toutes les fois que l'identité en sera prouvée par inventaire ou tout autre acte authentique.

A défaut, par la femme, de faire cette preuve, tous les effets mobiliers, tant à l'usage du mari qu'à celui de la femme, sous quelque régime qu'ait été contracté le mariage, seront acquis aux créanciers, sauf aux syndics à lui remettre, avec l'autorisation du juge-commissaire, les habits et linge nécessaires à son usage.

Cet article donne à la femme du failli le droit de reprise sur tout ce qui est effets mobiliers, quelles qu'en soient la nature et l'origine, pourvu qu'elle fasse la preuve de l'identité, c'est-à-dire que ce sont bien les mêmes objets, par un inventaire ou par tout autre acte authentique.

Art. 561. — L'action en reprise, résultant des dispositions des art. 557 et 558, ne sera exercée par la femme qu'à la charge des dettes et hypothèques dont les biens sont légalement grevés, soit que la femme s'y soit obligée volontairement, soit qu'elle y ait été condámnée.

La femme du failli qui renonce à la communauté n'en est pas moins tenue des dettes qui frappent sur les immeubles que la loi lui donne le droit de reprendre.

Mais les biens dotaux étant, par la loi, affranchis de toute hypothèque, même consentie par la femme, ses biens lui seront rendus libres.

Art. 562. — Si la femme a payé des dettes pour son mari, la présomption légale est qu'elle l'a fait des deniers de celui-ci, et elle ne pourra, en conséquence, exercer aucune action dans la faillite, sauf la preuve contraire, comme il est dit à l'art. 559.

Art. 563. — Lorsque le mari sera commerçant au moment de la célébration du mariage, ou lorsque, n'ayant pas alors de profession déterminée, il sera devenu commerçant dans l'année, les immeubles qui lui appartiendraient à l'époque de la célébration du mariage, ou qui lui seraient advenus depuis, soit par succession, soit par donation entre-vifs ou testamentaire, seront seuls soumis à l'hypothèque de la femme : 1° pour les deniers et effets mobiliers qu'elle aura apportés en dot, ou qui lui seront advenus depuis le mariage par succession, ou donation entre-vifs ou testamentaire, et dont elle prouvera la délivrance ou le paiement par acte ayant date certaine ; 2° pour le remploi de ses biens aliénés pendant le mariage ; 3° pour l'indemnité des dettes par elle contractées avec son mari.

Cet article étend l'hypothèque de la femme aux immeubles advenus au mari depuis le mariage, soit par succession, soit par donation entre-vifs ou testamentaires.

La restriction de l'hypothèque légale de la femme a lieu au cas de cessation de paiement par le failli, quoique la faillite n'ait pas été judiciairement prononcée : la raison en est que la loi le considère comme failli, par cela seul qu'il a cessé ses paiements, et avant toute déclaration émanée soit de lui-même, soit du tribunal de commerce. (Teulet, Duvergier et Sulpicy.)

La qualité de commerçant, prise par erreur par le mari dans le contrat de mariage, ne nuit pas aux droits de la femme. (Renouard.)

Il y a preuve suffisante du paiement de la dot, lorsqu'il est stipulé dans le contrat de mariage que la célébration du mariage tiendra lieu de quittance.(Id.)

Art. 564. — La femme dont le mari était commerçant à l'époque de la célébration du mariage, ou dont le mari, n'ayant pas alors d'autre profession déterminée, sera devenu commerçant dans l'année qui suivra cette célébration, ne pourra exercer dans la faillite aucune action à raison des avantages portés au contrat de mariage, et, dans ce cas, les créanciers ne pourront, de leur côté, se prévaloir des avantages faits par la femme au mari dans ce même contrat.

Il suffit qu'un commerçant ait cessé ses paiements pour que sa femme ne puisse exercer sur ses biens aucune action à raison des avantages portés au contrat de mariage. (Voy. *Journ. du Palais.* Cass. 13 nov. 1838.)

L'article 564 ci-dessus a pour objet de déjouer des combinaisons coupables par lesquelles des époux, en se mariant, projetteraient ou prépareraient à l'avance la ruine de leurs créanciers au moyen d'une faillite, et pourraient donner à une femme, sans fortune au moment du mariage, une opulence scandaleuse, qu'elle partagerait avec son mari à la face de ses créanciers spoliés. Mais par une réciprocité équitable, les créanciers du mari peuvent réclamer les avantages promis par la femme à son mari.

CHAPITRE VIII

DE LA RÉPARTITION ENTRE LES CRÉANCIERS
ET DE LA LIQUIDATION DU MOBILIER

Art. 565. — Le montant de l'actif mobilier, distraction faite des frais et dépenses de l'administration de la faillite, des secours qui auraient été accordés au failli ou à sa famille, et des sommes payées aux créanciers privilégiés, sera réparti entre tous les créanciers au marc le franc de leurs créances vérifiées et affirmées.

C'est par un motif d'humanité que la loi a permis que la famille même du failli pût recevoir des secours.

On entend généralement par frais et dépenses de l'administration de la faillite, les frais de justice, si les syndics ont dû soutenir quelque procès; ceux occasionnés par l'exécution des formalités que prescrit la loi, enfin toutes les dépenses qu'entraîne la gestion de la faillite, même l'indemnité due aux syndics, aux termes de l'art. 462.

ART. 566. — A cet effet, les syndics remettront, tous les mois, au juge-commissaire, un état de situation de la faillite, et des deniers déposés à la caisse des dépôts et consignations; le juge-commissaire ordonnera, s'il y a lieu, une répartition entre les créanciers, en fixera la quotité, et veillera à ce que tous les créanciers en soient avertis.

Si après la dernière répartition et la reddition de compte des syndics, il survient de nouveaux biens au failli, les créanciers peuvent se réunir de nouveau pour nommer les syndics chargés de procéder, sous la surveillance du juge-commissaire, à la vente de ces biens et à la répartition des sommes qui en résulteront.

ART. 567. — Il ne sera procédé à aucune répartition entre les créanciers domiciliés en France, qu'après la mise en réserve de la part correspondante aux créances pour lesquelles les créanciers domiciliés hors du territoire continental de la France seront portés sur le bilan.

Lorsque ces créances ne paraîtront pas portées sur le bilan

d'une manière exacte, le juge-commissaire pourra décider que la réserve sera augmentée, sauf aux syndics à se pourvoir contre cette décision devant le tribunal de commerce.

Art. 568. — Cette part sera mise en réserve et demeurera à la caisse des dépôts et consignations, jusqu'à l'expiration du délai déterminé par le dernier paragraphe de l'art. 492; elle sera répartie entre les créanciers reconnus, si les créanciers domiciliés en pays étranger n'ont pas fait vérifier leurs créances, conformément aux dispositions de la présente loi.

Une pareille réserve sera faite pour raison de créances sur l'admission desquelles il n'aurait pas été statué définitivement.

Par les délais accordés par la loi et mentionnés en l'article 492, les créanciers domiciliés en pays étrangers ont eu le temps de faire vérifier leurs créances ; s'ils ne l'ont pas fait, c'est donc leur faute s'ils ne sont pas compris dans les dividendes.

Mais s'il y avait encore des créances sur l'admission desquelles il n'aurait pas été statué définitivement, parce que les délais qui les concernent ne seraient pas expirés, on devrait mettre leur part en réserve.

Les intérêts provenant des sommes réservées profitent à la masse des créanciers.

Art. 569. — Nul paiement ne sera fait par les syndics que sur la représentation du titre constitutif de la créance. — Les syndics mentionneront sur le titre la somme payée par eux ou ordonnancée conformément à l'art. 489.

Néanmoins, en cas d'impossibilité de représenter le titre, le juge-commissaire pourra autoriser le paiement sur le vu du procès-verbal de vérification.

Dans tous les cas, le créancier donnera la quittance en marge de l'état de répartition.

Le titre constitutif de la créance est celui qui a été admis à la vérification, et du moment que la créance a été vérifiée contradictoirement et que le procès-verbal de vérification en fait mention, il n'est pas urgent que ce titre soit présenté.

ART. 570. — L'union pourra se faire autoriser par le tribunal de commerce, le failli dûment appelé, à traiter à forfait de tout ou partie des droits et actions dont le recouvrement n'aurait pas été opéré, et à les aliéner ; en ce cas, les syndics feront tous les actes nécessaires.

Tout créancier pourra s'adresser au juge-commissaire pour provoquer une délibération de l'union à cet égard.

La difficulté de certains recouvrements, soit de créances litigieuses, soit de créances dispendieuses à effectuer, et l'intérêt des créanciers, demandent que l'union puisse les aliéner pour un prix fixé qu'on nomme *forfait ;* mais il faut qu'elle y soit autorisée par le tribunal.

CHAPITRE IX

DE LA VENTE DES IMMEUBLES DU FAILLI

ART. 571. — À partir du jugement qui déclarera la faillite, les créanciers ne pourront poursuivre l'expropriation des immeubles sur lesquels ils n'auront pas d'hypothèques.

L'expropriation est une voie d'exécution au moyen de laquelle le créancier fait saisir et vendre les biens immobiliers de son débiteur, pour être payé de sa créance sur le prix provenant de cette vente.

La saisie des immeubles se poursuit contre les syndics, et la vente a lieu devant les tribunaux civils. (Renouard.)

Le créancier non hypothécaire sur un immeuble

saisi à sa requête avant la déclaration de faillite, ne peut continuer ses poursuites de saisie après la déclaration.

Art. 572. — S'il n'y a pas de poursuite en expropriation des immeubles, commencée avant l'époque de l'union, les syndics seuls seront admis à poursuivre la vente ; ils seront tenus d'y procéder dans la huitaine, sous l'autorisation du juge-commissaire, suivant les formes prescrites pour la vente des biens des mineurs.

Il faut remarquer qu'il s'agit ici de poursuites faites par un créancier hypothécaire, tandis que l'art. 571 précédent ne dispose que pour le cas où les poursuites sont exercées par un créancier sans hypothèque.

Le créancier hypothécaire ne peut commencer ses poursuites avant l'échéance de sa créance.

Les syndics peuvent se rendre adjudicataires des biens du failli. (Renouard.)

Les formes prescrites pour les biens des mineurs sont celles-ci : la vente se fera aux enchères, qui seront reçues par un membre du tribunal de première instance, ou par un notaire à ce commis, et à la suite de trois affiches apposées, par trois dimanches consécutifs, aux lieux accoutumés dans le canton. Chacune de ces affiches sera visée et certifiée par le maire des communes où elles auront été apposées.

Art. 573. — La surenchère, après adjudication des immeubles du failli sur la poursuite des syndics, n'aura lieu qu'aux conditions et dans les formes suivantes :

La surenchère devra être faite dans la quinzaine.

Elle ne pourra être au-dessous du dixième du prix principal de l'adjudication. Elle sera faite au greffe du tribunal civil,

suivant les formes prescrites par les articles 710 et 711 du
Code de procédure civile; toute personne sera admise à sur-
enchérir. — Toute personne sera également admise à concourir
à l'adjudication par suite de surenchère. Cette adjudication
demeurera définitive, et ne pourra être suivie d'aucune autre
surenchère.

Par cet article la loi a voulu appeler la plus grande
concurrence possible pour la vente des biens du
failli.

La surenchère autorisée par cet article doit porter
non-seulement sur le prix exprimé en argent, mais
encore sur toutes les charges imposées en sus.

L'adjudicataire des immeubles d'une faillite a privilége pour les frais de notification de son adjudication aux créanciers inscrits.

Suivant le Code de procédure civile, la surenchère
sera faite au greffe du tribunal qui a prononcé l'adjudication : elle contiendra constitution d'avoué, et
ne pourra être rétractée; elle devra être dénoncée
par le surenchérisseur, dans les trois jours, aux
avoués de l'adjudicataire, du poursuivant et de la
partie saisie, si elle a constitué avoué, sans néanmoins qu'il soit nécessaire de faire cette dénonciation
à la personne ou au domicile de la partie saisie qui
n'aurait pas d'avoué.

La dénonciation sera faite par un simple acte,
contenant avenir pour l'audience qui suivra l'expiration de la quinzaine, sans autre procédure.

Si le surenchérisseur ne dénonce pas la surenchère
dans le délai ci-dessus fixé, le poursuivant, ou tout
créancier inscrit, ou le saisi, pourra le faire dans les
trois jours qui suivront l'expiration de ce délai; faute

de quoi la surenchère sera nulle de droit, et sans qu'il soit besoin de faire prononcer la nullité.

Au jour indiqué il sera ouvert de nouvelles enchères auxquelles toute personne pourra concourir; s'il ne se présente pas d'enchérisseurs, le surenchérisseur sera déclaré adjudicataire : en cas de folle-enchère, il sera tenu par corps de la différence entre son prix et celui de la vente.

Lorsqu'une seconde adjudication aura eu lieu, après la surenchère ci-dessus, aucune autre surenchère des mêmes biens ne pourra être reçue.

CHAPITRE X

DE LA REVENDICATION

La *revendication* est l'action par laquelle le propriétaire d'une chose réclame pour qu'elle lui soit rendue.

Cette action donne au propriétaire le droit de faire distraire sa chose de l'actif de la faillite, et de se la faire remettre sans que les créanciers du failli puissent prétendre y avoir aucun droit.

Il y a trois espèces de revendications, savoir :

1° Celle des effets de commerce;

2° Celle des objets déposés ou consignés;

3° Celle des objets vendus au failli et non payés.

Ces trois sortes de revendication forment l'objet de ce chapitre.

ART. 574. — Pourront être revendiqués, en cas de faillite, les remises en effets de commerce ou autres titres non encore payés, et qui se trouveront en nature dans le portefeuille du failli à l'époque de sa faillite, lorsque ces remises auront été faites par le propriétaire, avec le simple mandat d'en faire le recouvrement et d'en garder la valeur à sa disposition, ou lorsqu'elles auront été, de sa part, spécialement affectées à des paiements déterminés.

Les effets qui se trouveraient entre les mains des tiers, revêtus d'endossements irréguliers, ou régularisés seulement depuis l'ouverture de la faillite, doivent être regardés comme s'ils existaient en portefeuille.

Si les effets avaient été remis par le failli à un tiers pour qu'il en fît le recouvrement, il y aurait encore lieu à revendication; car le tiers, considéré ici comme le mandataire du failli, n'a lui-même acquis aucun droit de propriété.

Si les effets qui se trouvent dans le portefeuille du failli lui ont été livrés en propriété, on ne saurait les réclamer; s'ils n'ont été remis au failli qu'à titre de dépôt, on peut les revendiquer.

La demande en revendication peut être formée à toute époque de la faillite.

Lorsque des valeurs envoyées à un failli, pour faire des paiements, lui sont arrivées postérieurement à sa faillite, et ont été reçues par ses syndics, elles n'entrent point dans son actif, et elles sont susceptibles de revendication.

Art. 575. — Pourront être également revendiquées, aussi longtemps qu'elles existeront en nature, en tout ou en partie, les marchandises consignées au failli à titre de dépôt, ou pour être vendues pour le compte du propriétaire. — Pourra même être revendiqué le prix ou la partie du prix desdites marchandises qui n'aura été ni payé, ni réglé en valeur, ni compensé en compte courant entre le failli et l'acheteur.

Le dépôt ne donne au dépositaire aucun droit sur la chose déposée ; le déposant en reste toujours propriétaire en entier. Donc, lorsque le dépositaire fait faillite, quoique les objets déposés se trouvent dans ses magasins, le déposant peut les revendiquer comme lui appartenant, pourvu toutefois qu'on puisse les reconnaître. Les altérations ou les diminutions, que le failli aurait fait subir à ces objets, ne changent en rien le droit du propriétaire.

Lorsque des marchandises ont été vendues par un commissionnaire tombé depuis en faillite, et que le prix lui en est encore dû, le propriétaire de ces marchandises peut en revendiquer le prix et s'opposer à ce qu'il soit versé à la masse.

Il aurait encore ce droit, et à plus forte raison, si les marchandises, ayant été confiées, non pas à un commissionnaire chargé de les vendre, mais à un dépositaire chargé de les garder, celui-ci abusant de la confiance qu'on avait en lui, les avait vendues.

Le commettant qui envoie des marchandises à un commissionnaire pour les vendre peut, en cas de faillite du commissionnaire, revendiquer le prix des marchandises porté en compte-courant entre le failli et l'acheteur, lorsque, dans ce compte, le failli n'était que créditeur et n'avait pas d'article à son débit. (*Journal du Palais*, Toulouse, 7 février 1825.)

Art. 576. — Pourront être revendiquées les marchandises expédiées au failli, tant que la tradition n'en aura point été effectuée dans ses magasins, ou dans ceux du commissionnaire chargé de les vendre pour le compte du failli.

Néanmoins, la revendication ne sera pas recevable si, avant leur arrivée, les marchandises ont été vendues sans fraude, sur facture et connaissements, ou lettres de voiture signées par l'expéditeur.

Le revendiquant sera tenu de rembourser à la masse les à-comptes par lui reçus, ainsi que toutes avances faites pour fret ou voiture, commission, assurances, ou autres frais, et de payer les sommes qui seraient dues pour mêmes causes.

Ainsi, une fois les marchandises entrées dans les magasins, la revendication n'a plus lieu.

Il y a certaines marchandises qui, à raison de leur poids ou de leur volume, ne se déposent pas dans les magasins, comme des blocs de pierre, des bois, etc., il peut alors se présenter deux cas : 1° ou ces objets ont été déposés dans des lieux publics, ou ils ont été déposés dans des lieux particuliers. Les circonstances servent alors à déterminer si ces lieux peuvent être en quelque sorte assimilés aux magasins du failli. Si, par exemple, la vente a été faite à la charge par l'acheteur d'enlever lui-même les objets et de les transporter où bon lui semblerait, et qu'il les ait fait transporter dans un lieu public, ce lieu devrait être assimilé à ses magasins. Il en est de même si, les objets se trouvant dans des lieux particuliers, c'est l'acheteur qui en paie le loyer.

Les marchandises peuvent être revendiquées tant qu'elles sont en route, sur les voitures du commissionnaire chargé du transport et même dans la cour ou les remises du voiturier au lieu de leur destination.

On ne peut considérer comme magasin de l'acheteur ou de son commissionnaire, un entrepôt public dans lequel des marchandises ont été déposées en route pour les vérifications, déclarations, acquittement de droits ou contestations relatives aux douanes. (Pardessus.)

Mais il en serait autrement si les marchandises avaient été déposées dans un entrepôt public, par ordre de l'acheteur, pour son compte et pour être mises à sa disposition. (*Id.*)

Si le commissionnaire n'a été chargé de vendre qu'une partie des marchandises, l'autre partie pourra être revendiquée.

Le tiers acquéreur qui s'oppose à la revendication doit prouver que la vente lui a été faite, et que ce sont bien les mêmes marchandises que l'on revendique.

Si le failli avait fait des avances pour les marchandises à lui expédiées, le vendeur qui reprend ces marchandises doit rembourser toutes ces avances à l'actif de la faillite.

Lorsque des marchandises étant en route sont revendiquées par l'expéditeur, celui-ci doit préalablement en payer les frais de transport. Les sommes payées ainsi par le revendiquant ne sont pas à sa charge, il est censé payer pour le compte du failli, et devient son créancier pour ces sommes ; mais il n'est que créancier pur et simple.

Art. 577. — Pourront être retenues par le vendeur les marchandises, par lui vendues, qui ne seront pas délivrées au failli, ou qui n'auront pas été expédiées, soit à lui, soit à un tiers pour son compte.

En effet, il est juste que le vendeur ne soit pas tenu de livrer la chose si l'acheteur n'en paie pas le prix lorsque le vendeur ne lui a pas accordé un délai pour le paiement, ou si, depuis la vente, l'acheteur est tombé en faillite ou en déconfiture.

Art. 578. — Dans le cas prévu par les deux articles précédents, et sous l'autorisation du juge-commissaire, **les syndics auront la faculté d'exiger la livraison des marchandises, en payant au vendeur le prix convenu entre lui et le failli.**

Souvent les achats de ce genre peuvent profiter à la masse ; il est bien alors que les syndics aient cette faculté ; car peu importe au vendeur qui le paie s'il a vendu de bonne foi.

Art. 579. — **Les syndics pourront, avec l'approbation du juge-commissaire, admettre les demandes en revendication ; s'il y a contestation, le tribunal prononcera après avoir entendu le juge-commissaire.**

Les créanciers, malgré l'admission des demandes en revendication par les syndics, peuvent s'opposer à la revendication.

CHAPITRE XI

DES VOIES DE RECOURS CONTRE LES JUGEMENTS RENDUS EN MATIÈRE DE FAILLITE

Art. 580. — **Le jugement déclaratif de la faillite, et celui qui fixera à une date antérieure l'époque de la cessation de paiements, seront susceptibles d'opposition de la part du failli, dans la huitaine, et, de la part de toute autre partie intéressée, pendant un mois. Ces délais courront à partir des jours où les formalités de l'affiche et de l'insertion, énoncées dans l'article 442, auront été accomplies.**

L'*opposition* est une voie par laquelle l'on s'oppose à l'exécution d'un jugement par défaut devant les juges qui l'ont rendu.

Un jugement est *par défaut* lorsqu'il est rendu sans que les parties aient présenté leur défense. Si les parties ont été entendues, le jugement est contradictoire ou définitif, et ne peut être attaqué que par voie d'appel devant les juges supérieurs à ceux qui ont prononcé.

Celui qui acquiesce à un jugement par défaut rend ce jugement définitif, et ne peut plus y former opposition.

Le jugement intervenu sur l'opposition autorisée par l'article 580 ci-dessus, n'est pas susceptible lui-même d'opposition.

Les délais indiqués par le même article ne sont pas applicables au cas où le jour de la faillite n'avait été fixé d'abord que provisoirement. Les délais ne courent que du jour où un jugement a fixé le jour de l'ouverture de la faillite.

Le failli peut former opposition au jugement qui le déclare en faillite, s'il prétend que la date de sa faillite est représentée trop loin ou trop près : trop loin, il en résulte présomption de fraude ; trop près, il en résulte que les actes qui devraient être annulés sont valables.

Le jugement qui déclare la faillite n'est pas sujet à la tierce-opposition.

Les commanditaires ne peuvent former opposition au jugement déclaratif de faillite.

En cas de déclaration de faillite d'une société en nom collectif, les membres de cette société peuvent former opposition au jugement en offrant de payer les dettes exigibles, dont le défaut de paiement avait motivé la déclaration de faillite. (Pardessus.)

Art. 581. — Aucune demande des créanciers tendant à faire fixer la date de la cessation des paiements à une époque autre que celle qui résulterait du jugement déclaratif de faillite ou d'un jugement postérieur, ne sera recevable après l'expiration des délais pour la vérification et l'affirmation des créances. Ces délais expirés, l'époque de la cessation de paiements demeurera irrévocablement déterminée à l'égard des créanciers.

C'est avec raison que la loi a déterminé ces délais pour rendre fixe et irrévocable l'époque de la cessation de paiements. A partir de cette époque, la situation devient nette et claire, tout le passif est constaté. D'ailleurs les créanciers ont eu suffisamment le temps de songer à leurs intérêts.

Art. 582. — Le délai d'appel pour tout jugement rendu en matière de faillite, sera de quinze jours seulement, à compter de la signification.

Ce délai sera augmenté, à raison d'un jour par cinq myriamètres, pour les parties qui seront domiciliées à une distance excédant cinq myriamètres du lieu où siége le tribunal.

Le délai court de la date du jugement s'il ne doit pas être signifié.

Le délai d'appel dans les matières ordinaires est de trois mois. Mais ce délai a été réduit à quinze jours pour les jugements dont il s'agit ici pour hâter la marche de la faillite.

Les syndics définitifs d'une faillite ne peuvent interjeter appel d'un jugement qui prononce des condamnations contre la masse de la faillite, sans s'y être fait autoriser préalablement par le juge-commissaire.

Le même délai de quinze jours est applicable aux jugements rendus par les tribunaux civils, jugeant pendant le cours d'une faillite des questions qui ne sont pas de la compétence des tribunaux de commerce.

Art. 583. — Ne seront susceptibles ni d'opposition, ni d'appel, ni de recours en cassation :

1° Les jugements relatifs à la nomination ou au remplacement du juge-commissaire, à la nomination ou à la révocation des syndics;

2° Les jugements qui statuent sur les demandes de sauf-conduit, et sur celles de secours pour le failli et sa famille;

3° Les jugements qui autorisent à vendre les effets ou marchandises appartenant à la faillite;

4° Les jugements qui prononcent sursis au concordat, ou admission provisionnelle de créanciers contestés;

5° Les jugements par lesquels le tribunal de commerce statue sur les recours formés contre les ordonnances rendues par le juge-commissaire dans les limites de ses attributions.

Cependant sont susceptibles d'appel :

Le jugement par lequel le tribunal de commerce arbitre l'indemnité due aux syndics;

Le jugement du tribunal de commerce qui homologue le concordat.

TITRE II

DES BANQUEROUTES

On distingue la faillite des banqueroutes en ce que la faillite n'est que le résultat de malheurs et de pertes que le commerçant n'a pu éviter et ne donne lieu contre lui à aucune poursuite correctionnelle ni criminelle, tandis que la banqueroute est la suite de ses fautes ou de son dol.

Il y a banqueroute simple quand elle n'a pour cause que des fautes du failli, et banqueroute frauduleuse quand il y a fraude ou dol de sa part.

Ainsi la banqueroute simple est un délit qui est jugé correctionnellement. La banqueroute frauduleuse est un crime qui est jugé par la cour d'assises.

Le ministère public, étant spécialement chargé de veiller à la répression des crimes et délits, a le droit d'intervenir dans les opérations de la faillite, d'assister au bilan, à l'inventaire, pour rechercher s'il n'y a pas des présomptions ou des indices de banqueroute. Son action n'est pas même subordonnée à la déclaration de la faillite, et il peut poursuivre le débiteur comme banqueroutier, quand même la faillite n'aurait pas été déclarée.

La faillite peut dégénérer en banqueroute pour des faits soit antérieurs, soit postérieurs à la cessation de paiements. Mais, en matière de banqueroute simple, la loi ne reconnaît ni tentative, ni complicité; tandis qu'en matière de banqueroute frauduleuse, la tentative est assimilée au fait lui-même, et les complices sont punis de la même peine que l'auteur principal.

CHAPITRE PREMIER

DES BANQUEROUTES SIMPLES

Art. 584. — Les cas de banqueroute simple seront punis des peines portées au Code pénal, et jugés par les tribunaux de police correctionnelle, sur la poursuite des syndics, de tout créancier, ou du ministère public.

La peine de la banqueroute simple est un emprisonnement d'un mois au moins et de deux ans au plus.

Celle de la banqueroute frauduleuse est les travaux forcés à temps.

Si les créanciers avaient formé opposition au concordat, et si cette opposition avait été rejetée, ils ne pourraient plus poursuivre le débiteur comme banqueroutier simple.

Le même failli peut être poursuivi successivement pour banqueroute simple et pour banqueroute frauduleuse.

L'accusé de banqueroute frauduleuse peut être acquitté pour ce crime devant la cour d'assises, et renvoyé comme banqueroutier simple devant le tribunal de police correctionnelle.

Le tribunal criminel, saisi de la poursuite en banqueroute, peut, avant tout jugement du tribunal de commerce, décider qu'il y a faillite.

Le concordat n'est pas un obstacle aux poursuites en banqueroute.

Le délit de banqueroute simple se prescrit par trois ans à partir du jour de la cessation des paiements.

Art. 585. — Sera déclaré banqueroutier simple tout commerçant failli qui se trouvera dans un des cas suivants :

1° Si ses dépenses personnelles ou les dépenses de sa maison sont jugées excessives ;

2° S'il a consommé de fortes sommes, soit à des opérations de pur hasard, soit à des opérations fictives de bourse ou sur marchandises ;

3° Si, dans l'intention de retarder sa faillite, il a fait des achats pour revendre au-dessous du cours ; si, dans la même intention, il s'est livré à des emprunts, circulation d'effets, ou autres moyens ruineux de se procurer des fonds ;

4° Si, après cessation de ses paiements, il a payé un créancier au préjudice de la masse.

Un commerçant français établi en pays étranger, peut-être poursuivi en France pour banqueroute, si les faits de banqueroute ont été commis en France au préjudice de Français.

L'étranger peut, en France, être déclaré banqueroutier.

Le débiteur qui aurait payé un créancier au préjudice de la masse, dans la seule intention d'éviter la déclaration de faillite, n'en est pas moins coupable de banqueroute simple.

Art. 586. — Pourra être déclaré banqueroutier simple, tout commerçant failli qui se trouvera dans un des cas suivants :

1° S'il a contracté, pour le compte d'autrui, sans recevoir des valeurs en échange, des engagements jugés trop considérables eu égard à sa situation lorsqu'il les a contractés ;

2° S'il est de nouveau déclaré en faillite sans avoir satisfait aux obligations d'un précédent concordat ;

3° Si, étant marié sous le régime dotal, ou séparé de biens, il ne s'est pas conformé aux art. 69 et 70 ;

4° Si, dans les trois jours de la cessation de ses paiements, il n'a pas fait au greffe la déclaration exigée par les art. 438 et 439, ou si cette déclaration ne contient pas les noms de tous les associés solidaires ;

5° Si, sans empêchement légitime, il ne s'est pas présenté en personne aux syndics dans les cas et dans les délais fixés, ou si, après avoir obtenu un sauf-conduit, il ne s'est pas représenté à justice ;

S'il n'a pas tenu de livres et fait exactement inventaire ; si ses livres ou inventaires sont incomplets ou irrégulièrement tenus, ou s'ils n'offrent pas sa véritable situation active et passive, sans néanmoins qu'il y ait fraude.

Dans les circonstances énumérées dans le présent article, le failli n'est pas *déclaré de droit* banqueroutier simple comme dans celles portées à l'art. 585 précédent. Aussi l'article 586 dit-il *pourra être déclaré* banqueroutier simple. Ces derniers faits sont en effet moins coupables que ceux énoncés dans l'article précédent ; ils ont pu exister sans qu'il y ait eu une pensée de fraude de la part du failli. (ROGRON.)

On ne doit pas déclarer banqueroutier le failli qui prouverait que, jusqu'au moment où le jugement de déclaration de faillite a été prononcé contre lui, il conservait un légitime espoir de faire face à ses engagements, en empruntant sur ses immeubles, ou en recevant une cargaison qui, depuis, a péri. (PAR-DESSUS.)

ART. 587. — Les frais de poursuite en banqueroute simple, intentée par le ministère public, ne pourront, en aucun cas, être mis à la charge de la masse. En cas de concordat, le recours du trésor public contre le failli pour ces frais, ne pourra être exercé qu'après l'expiration des termes accordés par ce traité.

ART. 588. — Les frais de poursuite intentée par les syndics, au nom des créanciers, seront supportés, s'il y a acquittement, par la masse, et, s'il y a condamnation, par le trésor public, sauf son recours contre le failli, conformément à l'article précédent.

La loi, dans l'intérêt de la vindicte publique, a mis les frais de poursuite à la charge du trésor, s'il y a condamnation, pour que les créanciers n'aient pas d'intérêt à dissimuler des faits coupables dans une faillite. Mais elle fait supporter ces frais à la masse lorsqu'il y a acquittement pour mettre un frein à la vengeance des créanciers, qui, craignant de voir ces frais retomber sur eux, seront plus prudents dans leurs dénonciations contre le failli.

Art. 589. — Les syndics ne pourront intenter de poursuite en banqueroute simple, ni se porter partie civile au nom de la masse, qu'après y avoir été autorisés par une délibération prise à la majorité individuelle des créanciers présents.

La poursuite en banqueroute simple est, en effet, un fait trop grave pour que les syndics en soient seuls les arbitres ; le syndic, qui poursuivrait un failli pour banqueroute simple, pourrait être personnellement condamné à des dommages au profit du failli acquitté. C'est l'opinion de plusieurs législateurs consacrée par un arrêt de la Cour de cassation du 14 décembre 1825.

Art. 590. — Les frais de poursuite intentée par un créancier seront supportés, s'il y a condamnation, par le trésor public ; s'il y a acquittement, par le créancier poursuivant.

La même raison qui a fait adopter l'art. 588, au sujet des poursuites intentées par les syndics, a fait adopter celui-ci pour le cas où la poursuite est intentée par un créancier. Dans ces deux circonstances la société a un intérêt égal à ce que le délit soit puni, s'il existe.

CHAPITRE II

DE LA BANQUEROUTE FRAUDULEUSE.

Art. 591. — Sera déclaré banqueroutier frauduleux, et puni des peines portées au Code pénal, tout commerçant failli qui aura soustrait ses livres ; détourné ou dissimulé une partie de son actif, ou qui, soit dans ses écritures, soit par des actes publics ou des engagements sous signature privée, soit par son bilan, se sera frauduleusement reconnu débiteur de sommes qu'il ne devait pas.

Ainsi, toutes les fois que le failli se trouvera dans un des cas mentionnés dans cet article, il devra nécessairement être déclaré banqueroutier frauduleux.

La tentative de banqueroute frauduleuse est punie comme le crime lui-même.

Il n'est pas nécessaire qu'il existe un jugement de déclaration de faillite pour que les poursuites en banqueroute puissent avoir lieu. Elles peuvent être faites même quand le jugement déclaratif de faillite aurait été rapporté.

Art. 592. — Les frais de poursuite en banqueroute frauduleuse ne pourront, en aucun cas, être mis à la charge de la masse. — Si un ou plusieurs créanciers se sont rendus parties civiles en leur nom personnel, les frais, en cas d'acquittement, demeureront à leur charge.

Les frais de poursuites ne sont, ni dans le cas de condamnation, ni dans le cas d'acquittement, à la charge de la masse, parce que la société a le plus grand intérêt à ce que les banqueroutes frauduleuses soient réprimées.

Mais il est juste que si des créanciers se sont portés parties civiles ils supportent les frais s'il y a acquittement, car dans ce cas, ils se sont associés volontairement à une poursuite que l'acquittement fait présumer injuste.

CHAPITRE III

DES CRIMES ET DES DÉLITS COMMIS DANS LES FAILLITES
PAR D'AUTRES QUE PAR LES FAILLIS.

ART. 593. — Seront condamnés aux peines de la banqueroute frauduleuse :

1° Les individus convaincus d'avoir, dans l'intérêt du failli, soustrait, recélé ou dissimulé tout ou partie de ses biens, meubles ou immeubles ; le tout sans préjudice des autres cas prévus par l'art. 60 du Code pénal ;

2° Les individus convaincus d'avoir frauduleusement présenté dans la faillite, et affirmé, soit en leur nom, soit par interposition de personnes, des créances supposées ;

3° Les individus qui, faisant le commerce sous le nom d'autrui ou sous un nom supposé, se seront rendus coupables de faits prévus en l'art. 591.

Le complice peut être condamné après la mort du coupable de banqueroute frauduleuse.

Le détournement de tout ou partie de l'actif d'un failli, dans son intérêt, constitue le délit prévu par l'article ci-dessus, quoique le failli n'y ait pas participé.

ART. 594. — Le conjoint, les descendants ou les ascendants du failli, ou ses alliés aux mêmes degrés, qui auraient détourné, diverti ou recélé des effets appartenant à la faillite, sans avoir agi de complicité avec le failli, seront punis des peines du vol.

Ainsi les soustractions d'effets appartenant à la faillite entre mari et femme et réciproquement, et entre les enfants et les ascendants et réciproquement, ainsi qu'entre les alliés aux mêmes degrés, sont punies comme le vol, c'est-à-dire, que les coupables sont justiciables des tribunaux de police correctionnelle. Si les soustractions ont été faites avec bris de scellés ou effraction d'un meuble, elles constituent un vol qualifié qui est justiciable des cours d'assises.

Art. 595. — Dans les cas prévus par les articles précédents, la cour ou le tribunal saisis statueront, lors même qu'il y aurait acquittement : 1º d'office sur la réintégration à la masse des créanciers de tous biens, droits ou actions frauduleusement soustraits ; 2º sur les dommages-intérêts qui seraient demandés, et que le jugement ou l'arrêt arbitrera.

Art. 596. — Tout syndic qui se sera rendu coupable de malversation dans sa gestion sera puni correctionnellement des peines portées en l'art. 406 du Code pénal.

C'est-à-dire, d'un emprisonnement de deux mois au moins et de deux ans au plus, et d'une amende qui ne pourra excéder le quart des restitutions et des dommages-intérêts qui seront dus aux parties lésées, ni être moindre de vingt-cinq francs.

Art. 597. — Le créancier qui aura stipulé, soit avec le failli, soit avec toutes autres personnes, des avantages particuliers à raison de son vote dans les délibérations de la faillite, ou qui aura fait un traité particulier duquel résulterait en sa faveur un avantage à la charge de l'actif du failli, sera puni correctionnellement d'un emprisonnement qui ne pourra excéder une année et d'une amende qui ne pourra être au-dessus de 2000 francs.

L'emprisonnement pourra être porté à deux ans, si le créancier est syndic de la faillite.

Pour mettre un frein à un abus attesté par l'expérience, la loi annule les avantages particuliers qu'un créancier aurait stipulés pour prix de son vote dans les délibérations de la faillite, ainsi que tout traité qu'il aurait conclu avec le failli au détriment de la masse.

Pour mieux assurer la répression, on a admis le failli lui-même à invoquer la nullité, et de plus le créancier peut être condamné à l'emprisonnement.

Les dispositions du présent article ne sont pas applicables lorsqu'il s'agit d'un concordat amiable, ou arrangement, librement consenti entre un débiteur demeuré à la tête de ses affaires, et les créanciers agissant individuellement et sans contrôle judiciaire.

Art. 598. — Les conventions seront, en outre, déclarées nulles à l'égard de toutes personnes, et même à l'égard du failli. — Le créancier sera tenu de rapporter à qui de droit les sommes ou valeurs qu'il aura reçues en vertu des conventions annulées.

Art. 599. — Dans le cas où l'annulation des conventions serait poursuivie par la voie civile, l'action sera portée devant les tribunaux de commerce.

Il peut arriver, en effet, que l'on ait demandé l'annulation de ces traités par la voie civile, par exemple, contre les héritiers de celui qui a contracté ; dans ce cas, ce n'est pas devant le tribunal civil, mais bien devant le tribunal de commerce que l'action doit être portée. Mais le ministère public a toujours le droit de traduire devant le tribunal correctionnel les individus qui y ont contribué.

Art. 600. — Tous arrêts et jugements de condamnation rendus, tant en vertu du présent chapitre que des deux chapitres précédents, seront affichés et publiés suivant les formes établies par l'art. 42 du Code de commerce, aux frais des condamnés.

Cette publicité, qui ne peut être restreinte ni étendue, est faite aux frais et dépens des condamnés.

CHAPITRE IV

DE L'ADMINISTRATION DES BIENS EN CAS DE BANQUEROUTE.

Art. 601. — Dans tous les cas de poursuite et de condamnation pour banqueroute simple ou frauduleuse, les actions civiles autres que celles dont il est parlé dans l'art. 595 resteront séparées, et toutes les dispositions relatives aux biens, prescrites pour la faillite, seront exécutées sans qu'elles puissent être attribuées ni évoquées aux tribunaux de police correctionnelle, ni aux cours d'assises.

Qu'il y ait poursuite et même condamnation, soit pour banqueroute simple, soit pour banqueroute frauduleuse, cela n'influe en rien sur là marche à suivre pour l'administration des biens, pour le règlement des droits des créanciers et la répartition de l'actif. Le ministère public et les créanciers poursuivant deux buts différents, les moyens d'y parvenir devaient être et sont, en effet, restés indépendants les uns des autres.

Lorsqu'il y a condamnation pour banqueroute frauduleuse, le failli est représenté par un tuteur et un subrogé-tuteur d'après l'art. 20 du Code pénal.

Lorsque le failli a été condamné par coutumace, sur une poursuite criminelle, ses biens ne sont pas mis en séquestre; ils sont devenus le gage de ses créanciers, et sont administrés comme tels. (PARDESSUS.)

Art. 602. — Seront cependant tenus, les syndics de la faillite, de remettre au ministère public les pièces, titres, papiers et renseignements qui leur seront demandés.

Le droit du ministère public, à l'égard de la communication des pièces, se borne à requérir leur dépôt au greffe, dépôt dont il est dressé procès-verbal.

En cas de négligence ou de refus de la part des syndics, ils peuvent être déclarés responsables avec dépens.

Art. 603. — Les pièces, titres et papiers délivrés par les syndics seront, pendant le cours de l'instruction, tenus en état de communication par la voie du greffe ; cette communication aura lieu sur la réquisition des syndics, qui pourront y prendre des extraits privés, ou en requérir d'authentiques qui leur seront expédiés par le greffier.

Les pièces, titres et papiers dont le dépôt judiciaire n'aura pas été ordonné, seront, après l'arrêt ou le jugement, remis aux syndics, qui en donneront décharge.

Les pièces, restent déposées au greffe pendant le cours de l'instruction afin que les syndics puissent en prendre communication, et s'en faire délivrer des extraits, s'il y a lieu, pour qu'ils puissent continuer la liquidation de la faillite.

TITRE III

DE LA RÉHABILITATION

La *réhabilitation* est l'acte par lequel un commerçant failli est rendu à l'état dont la faillite l'avait fait déchoir, et aux droits qu'elle lui avait enlevés. Elle efface la tache que la faillite avait imprimée sur sa réputation, et le relève de toutes les incapacités qui en avaient été la conséquence.

Art. 604. — Le failli qui aura intégralement acquitté en

principal, intérêts et frais, toutes les sommes par lui dues, pourra obtenir sa réhabilitation.

Il ne pourra l'obtenir, s'il est l'associé d'une maison de commerce tombée en faillite, qu'après avoir justifié que toutes les dettes de la société ont été intégralement acquittées en principal, intérêts et frais, lors même qu'un concordat particulier lui aurait été consenti.

Art. 605. — Toute demande en réhabilitation sera adressée à la Cour impériale dans le ressort de laquelle le failli sera domicilié. Le demandeur devra joindre à sa requête les quittances et autres pièces justificatives.

La réhabilitation n'est point une question d'argent entre les créanciers et le failli, mais une question de moralité. Aussi le principe absolu de la réhabilitation est la libération complète du débiteur de toutes les dettes de la faillite. L'honneur du commerce exige qu'une personne ne puisse jouir des droits qu'elle avait avant sa faillite qu'autant qu'elle a satisfait tous ses créanciers, et qu'elle les a complétement désintéressés.

La demande en réhabilitation tenant à l'état du citoyen, ce n'est point au tribunal de commerce, qui est un tribunal exceptionnel, qu'elle doit être adressée, mais bien à la cour d'appel.

Cette cour doit chercher à s'assurer, par toutes les preuves possibles, si le failli a acquitté réellement et intégralement toutes ses dettes. Elle ne devrait pas même s'en rapporter entièrement aux quittances des créanciers ; car très-souvent il arrive que le failli transige avec eux, et obtient une quittance pour la totalité de la dette, quoiqu'il ne l'ait réellement payée qu'en partie.

Art. 606. — Le procureur général près la Cour impériale,

sur la communication qui lui aura été faite de la requête, en adressera des expéditions certifiées de lui au procureur impérial et au président du tribunal de commerce du domicile du demandeur, et si celui-ci a changé de domicile depuis la faillite, au procureur impérial et au président du tribunal de commerce de l'arrondissement où elle a eu lieu, en les chargeant de recueillir tous les renseignements qu'ils pourront se procurer sur la vérité des faits exposés.

ART. 607. — A cet effet, à la diligence tant du procureur impérial que du président du tribunal de commerce, copie de ladite requête restera affichée pendant un délai de deux mois, tant dans les salles d'audience de chaque tribunal qu'à la Bourse et à la maison commune, et sera insérée par extrait dans les papiers publics.

La demande en réhabilitation est ainsi rendue publique afin que tous ceux qui auraient intérêt à s'y opposer puissent faire connaître leurs motifs d'opposition.

ART. 608. — Tout créancier qui n'aura pas été payé intégralement de sa créance en principal, intérêts et frais, et toute autre partie intéressée, pourra, pendant la durée de l'affiche, former opposition à la réhabilitation par simple acte au greffe, appuyé des pièces justificatives. Le créancier opposant ne pourra jamais être partie dans la procédure de réhabilitation.

L'opposition à la réhabilitation doit être faite au greffe, soit du tribunal de commerce, soit du tribunal de première instance où l'on a affiché la demande du failli. Elle doit être appuyée par toutes les pièces propres à justifier qu'il est dû encore quelque chose à la partie qui réclame.

Le failli pourra lever les oppositions en payant les sommes qu'on lui demande, à moins qu'il ne prouve qu'il ne les doit pas.

L'opposant ne peut jamais être *partie* dans la procédure de réhabilitation, parce que la demande du failli ne s'instruit jamais contradictoirement; c'est la cour d'appel, qui, par elle-même et par les renseignements qu'elle se procure, décide s'il y a lieu à la réhabilitation. Mais le créancier opposant n'en conserve pas moins ses autres droits et la faculté d'attaquer le failli devant les tribunaux compétents.

Art. 609. — Après l'expiration de deux mois, le procureur impérial et le président du tribunal de commerce transmettront, chacun séparément, au procureur général près la Cour impériale, les renseignements qu'ils auront recueillis et les oppositions qui auront pu être formées. Ils y joindront leurs avis sur la demande.

Après ce délai les oppositions ne sont plus reçues aux greffes des tribunaux de première instance et de commerce, mais les créanciers peuvent encore les former au greffe de la cour d'appel.

Art. 610. — Le procureur général près la Cour impériale fera rendre arrêt portant admission ou rejet de la demande en réhabilitation. Si la demande est rejetée, elle ne pourra être reproduite qu'après une année d'intervalle.

La demande en réhabilitation peut être rejetée sans qu'il y ait opposition de la part des créanciers.

Le failli peut renouveler sa demande après un an d'intervalle, parce que, pendant ce temps, il a pu satisfaire des créanciers qu'il aurait oubliés, ou s'être rendu, par sa conduite, plus digne de la faveur de la réhabilitation.

Art. 611. — L'arrêt portant réhabilitation sera transmis aux procureurs impériaux et aux présidents des tribunaux auxquels la demande aura été adressée. Ces tribunaux en feront faire la lecture publique et la transcription sur leurs registres.

Art. **612**. — Ne seront point admis à la réhabilitation les banqueroutiers frauduleux, les personnes condamnées pour vol, escroquerie ou abus de confiance, les stellionataires, ni les tuteurs, administrateurs ou autres comptables qui n'auront pas rendu et soldé leurs comptes.

Pourra être admis à la réhabilitation le banqueroutier simple qui aura subi la peine à laquelle il aura été condamné.

Art. **613**. — Nul commerçant failli ne pourra se présenter à la Bourse, à moins qu'il n'ait obtenu sa réhabilitation.

Le failli non réhabilité est incapable d'être juré, et son incapacité entraîne la nullité de la déclaration à laquelle il a pris part. Il ne peut non plus concourir comme électeur aux élections municipales ni politiques.

Art. **614**. — Le failli pourra être réhabilité après sa mort.

De même qu'on a admis la mise en faillite du débiteur après sa mort, de même on a admis sa réhabilitation.

Les héritiers qui, par considération pour la mémoire du failli, tiennent à effacer la tache que la faillite y a imprimée, obtiennent sa réhabilitation, font acte de la probité la plus courageuse et la plus louable.

LIVRE IV

TITRE PREMIER

DE L'ORGANISATION DES TRIBUNAUX DE COMMERCE

La nécessité de terminer promptement les différends en matière de commerce, celle de simplifier les formalités et de diminuer les frais, ont fait établir les juridictions commerciales.

La juridiction commerciale présente un triple caractère. Elle est élective, temporaire et gratuite.

Il y a trois sortes de juridiction commerciale.

1° Les tribunaux de commerce ;

2° Les arbitres ;

3° Les prud'hommes.

Art. 615. — Un règlement d'administration publique déterminera le nombre des tribunaux de commerce, et les villes qui seront susceptibles d'en recevoir par l'étendue de leur commerce et de leur industrie.

Le nombre et la situation des tribunaux de commerce ne sont point déterminés par la loi. Le gouvernement est seul juge de l'utilité et de la nécessité d'établir dans une ville un tribunal de commerce.

Art. 616. — L'arrondissement de chaque tribunal de commerce sera le même que celui du tribunal civil dans le ressort duquel il sera placé; et s'il se trouve plusieurs tribunaux de commerce dans le ressort d'un seul tribunal civil, il leur sera assigné des arrondissements particuliers.

L'arrondissement d'un tribunal est la portion de territoire qui est soumise à sa juridiction.

Lorsque dans l'arrondissement d'un tribunal civil il ne se trouve qu'un seul tribunal de commerce, la juridiction de ce dernier s'étend sur tout le territoire de l'arrondissement du tribunal civil.

Mais si, dans l'arrondissement du tribunal civil il se trouve plusieurs tribunaux de commerce, leur territoire respectif leur est assigné par l'acte qui les établit.

Art. 617. — Chaque tribunal de commerce sera composé d'un président, de juges et de suppléants. Le nombre des juges ne pourra être au-dessous de deux, ni au-dessus de quatorze, non compris le président. Le nombre des suppléants sera proportionné aux besoins du service. Un règlement d'admistration publique fixera, pour chaque tribunal, le nombre des juges et celui des suppléants.

Art. 618. — Les membres des tribunaux de commerce seront élus dans une assemblée composée de commerçants notables, et principalement des chefs des maisons les plus anciennes et les plus recommandables par la probité, l'esprit d'ordre et d'économie.

Ainsi, le gouvernement ne nomme pas directement les juges de commerce, mais il les institue lorsqu'ils ont été élus.

Les juges rendant la justice au nom du gouvernement ou de son chef, il est nécessaire qu'il leur en confère le pouvoir; d'où il résulte que l'institution pourrait être refusée à des juges dont la nomination ne serait pas régulière.

Art. 619. — La liste des notables sera dressée, sur tous les commerçants de l'arrondissement, par le préfet, et approuvée par le ministre de l'intérieur : leur nombre ne peut être au-dessous de vingt-cinq dans les villes où la population n'excède pas quinze mille âmes ; dans les autres villes, il doit être augmenté à raison d'un électeur pour mille âmes de population.

Les étrangers, quoique autorisés à fixer leur domicile en France, ne peuvent être admis dans les assemblées chargées de procéder à l'élection des juges de commerce ; il faut être Français de naissance ou par naturalisation et jouir des droits politiques. (Pardessus.)

Le failli non réhabilité ne peut non plus faire partie de l'assemblée. (*Id.*)

Lorsqu'un jugement du tribunal de commerce déclare qu'un notable commerçant qui a concouru à ce jugement n'a été appelé qu'à défaut des autres juges et des juges suppléants, cette énonciation suffit pour constater l'absence ou l'empêchement du juge remplacé ; la loi n'exige pas qu'il soit fait mention des causes de l'empêchement ou de l'absence.

En cas de remplacement de juges par des notables, on doit prendre les commerçants suivant l'ordre dans lequel ils sont inscrits sur la liste des notables.

Art. 620. — Tout commerçant pourra être nommé juge ou suppléant, s'il est âgé de trente ans, s'il exerce le commerce avec honneur et distinction depuis cinq ans. Le président devra être âgé de quarante ans, et ne pourra être choisi que parmi les anciens juges, y compris ceux qui ont exercé dans les tribunaux actuels, et même les anciens juges-consuls des marchands.

La qualité de commerçant est une condition essentielle pour être élu aux fonctions de juge de commerce. On ne doit, en effet, admettre à ces fonctions que des personnes ayant une grande habitude des affaires commerciales; aussi la loi exige-t-elle que le commerçant ait exercé le commerce pendant cinq ans au moins, pour qu'il puisse être juge.

Mais il n'est pas rigoureusement nécessaire que cet exercice soit actuel, c'est-à-dire, au moment de l'élection; le négociant qui s'est retiré du commerce peut être nommé juge, pourvu, toutefois, qu'il n'ait pas embrassé d'autre profession.

Lorsqu'on établit pour la première fois un tribunal de commerce dans une ville où il n'y en a pas encore eu, on s'écarte alors du texte de la loi qui dit : que le président peut être choisi parmi les anciens juges; car dans ce cas on peut nommer président toute personne faisant partie de la liste des commerçants notables.

Les fonctions de juge du tribunal de commerce sont incompatibles avec celles de préfet, sous-préfets, conseillers de préfecture, maires, adjoints de maire, notaires, avoués, receveurs des contributions directes ou indirectes, et toute autre fonction sujette à comptabilité.

Art. 621. — L'élection sera faite au scrutin individuel, à la pluralité absolue des suffrages; et lorsqu'il s'agira d'élire le président, l'objet spécial de cette élection sera annoncé avant d'aller au scrutin.

La *pluralité absolue* est celle qui a lieu lorsqu'une

opinion réunit plus de voix que toutes les autres ensemble.

La *pluralité relative* est celle qui a lieu quand une opinion réunit plus de voix que chacune des autres séparément.

Il faut donc pour être élu juge, réunir, au moins, la moitié des voix, plus une, parce qu'alors on a plus de voix que tous les autres ensemble.

Art. 622. — A la première élection, le président et la moitié des juges et des suppléants dont le tribunal sera composé seront nommés pour deux ans; la seconde moitié des juges et des suppléants sera nommée pour un an : aux élections postérieures, toutes les nominations seront faites pour deux ans.

Tous les membres compris dans une même élection seront soumis simultanément au renouvellement périodique, encore bien que l'institution de l'un ou de plusieurs d'entre eux ait été différée.

Les nominations ou élections ont été ainsi arrangées par moitié pour un et deux ans, pour remplir le vœu de la loi, qui veut que la moitié des juges et suppléants soit renouvelée chaque année.

Art. 623. — Le président et les juges sortant d'exercice après deux années pourront être réélus immédiatement pour deux autres années. Cette nouvelle période expirée, ils ne seront éligibles qu'après un an d'intervalle.

Tout membre élu en remplacement d'un autre, par suite de décès ou de toute autre cause, ne demeurera en exercice que pendant la durée du mandat confié à son prédécesseur.

Cet article a pour motif d'empêcher la perpétuité dans la même place.

Cependant, après l'expiration de ces deux ans, les juges peuvent continuer leurs fonctions, tant qu'ils n'ont pas été remplacés et même tant qu'ils n'ont pas eu connaissance officielle de leur remplacement.

Ainsi, n'est pas nul le jugement rendu par un tribunal de commerce dont plusieurs membres siègent depuis plus de deux années par suite de circonstances qui ont suspendu leur remplacement.

ART. 624. — Il y aura près de chaque tribunal un greffier et des huissiers nommés par le gouvernement; leurs droits, vacations et devoirs seront fixés par un règlement d'administration publique.

Les Greffiers sont des officiers ministériels attachés à un tribunal pour conserver les minutes des jugements, les registres et tous autres actes.

Les huissiers sont des officiers chargés de faire les différentes significations, d'exécuter les jugements, d'assister aux audiences pour y maintenir le silence et recevoir les ordres des juges.

ART. 625. — Il sera établi, pour la ville de Paris seulement, des gardes du commerce pour l'exécution des jugements emportant la contrainte par corps; la forme de leur organisation et leurs attributions seront déterminées par un règlement particulier.

La contrainte par corps est un mode d'exécution qui donne au créancier le droit de faire mettre le débiteur sous la garde de la justice. Nous en traiterons plus loin dans un chapitre spécial.

ART. 626. — Les jugements, dans les tribunaux de commerce, seront rendus par trois juges au moins; aucun suppléant ne pourra être appelé que pour compléter ce nombre.

Lorsque, par des récusations ou des empêchements, il ne restera pas dans les tribunaux de commerce au moins trois juges, on appellera des suppléants; et lorsqu'il n'y aura ni juges ni suppléants en nombre suffisant, les tribunaux seront complétés par des négociants pris sur la liste des notables suivant l'ordre dans lequel ils y sont portés. (Rogron.)

Cependant ce remplacement du juge a de certaines limites, car il a été jugé qu'un jugement du tribunal de commerce rendu par un juge titulaire et trois juges suppléants, ou bien par quatre juges titulaires et un juge suppléant, était nul, et qu'un tribunal de commerce était irrégulièrement composé lorsque deux notables sont appelés à juger sous la présidence d'un juge en titre.(Teulet, Duverger et Sulpicy.)

Art. 627. — Le ministère des avoués est interdit dans les tribunaux de commerce, conformément à l'art. 414 du Code de procédure civile; nul ne pourra plaider pour une partie devant ces tribunaux, si la partie, présente à l'audience, ne l'autorise, ou s'il n'est muni d'un pouvoir spécial. Ce pouvoir, qui pourra être donné au bas de l'original ou de la copie de l'assignation, sera exhibé au greffier avant l'appel de la cause, et par lui visé sans frais.

Dans les causes portées devant les tribunaux de commerce, aucun huissier ne pourra, ni assister comme conseil, ni représenter les parties en qualité de procureur fondé, à peine d'une amende de vingt-cinq à cinquante francs, qui sera prononcée, sans appel, par le tribunal, sans préjudice des peines disciplinaires contre les huissiers contrevenants.

Cette disposition n'est pas applicable aux huissiers qui se trouveront dans l'un des cas prévus par l'art. 86 du Code de procédure civile.

L'art. 86 du Code de procédure civile autorise les magistrats à plaider leurs causes personnelles et celles de leurs femmes, parents ou alliés en ligne directe, et de leurs pupilles.

Les avoués sont des officiers chargés de diriger les

procédures devant les cours et tribunaux, dont les plaideurs doivent nécessairement se faire assister en qualité de mandataires. Leur ministère est interdit devant les tribunaux de commerce, parce que les formes de la procédure y sont plus simples et plus rapides.

Mais il y a, dans presque toutes les villes où il a été créé un tribunal de commerce, des hommes de loi qui, sous le titre d'agréés, font profession de représenter et de défendre les parties. Leur ministère n'est pas forcé; ils sont seulement présentés par le tribunal de commerce à la confiance des justiciables; aussi est-il de jurisprudence qu'un agréé ne peut être, à ce seul titre, considéré comme officier ministériel, et les tribunaux de commerce sont incompétents pour statuer sur les demandes en paiement de frais et salaires formées par les agréés qui exercent auprès d'eux.

Un jugement du tribunal de commerce, rendu contre une partie, représentée par un tiers, est par défaut, lorsqu'il n'est pas prouvé que le représentant avait un mandat spécial ou même tacite.

Les procédures faites avec les agréés fondés de pouvoirs sont réputées contradictoires, de sorte que si, après avoir comparu à une audience, ils ne se présentaient plus, les jugements rendus en l'absence des mandataires ne seraient pas considérés comme des jugements par défaut faute de comparaître. (PARDESSUS.)

Le coût de l'enregistrement du pouvoir donné par la partie à son agréé pour la représenter devant le tribunal de commerce, peut être mis, avec les dépens, à la charge de celui qui succombe. (Teulet, Duvergier et Sulpicy.)

Art. 628. —Les fonctions des juges de commerce sont seulement honorifiques.

Art. 629. — Ils prêtent serment, avant d'entrer en fonctions, à l'audience de la Cour impériale, lorsqu'elle siége dans l'arrondissement communal où le tribunal de commerce est établi; dans le cas contraire, la Cour impériale commet, si les juges de commerce le demandent, le tribunal civil de l'arrondissement pour recevoir leur serment; et, dans ce cas, le tribunal en dresse procès-verbal, et l'envoie à la Cour impériale, qui en ordonne l'insertion dans ses registres. Ces formalités sont remplies sur les conclusions du ministère public, et sans frais.

Il n'est pas nécessaire que les notables appelés à remplacer des juges de commerce empêchés prêtent serment avant d'exercer les fonctions de juges.

Nous avons déjà dit qu'avant de prêter serment, les juges devaient être institués par le gouvernement.

Art. 630. — Les tribunaux de commerce sont dans les attributions et sous la surveillance du ministre de la justice.

TITRE II

DE LA COMPÉTENCE DES TRIBUNAUX DE COMMERCE.

La compétence d'un tribunal est le droit qu'il a de connaître d'une cause.

Pour déterminer ce droit, il faut examiner trois choses :

1° La nature de la cause, qui apprend à quelle

espèce de tribunal la contestation doit être portée : par exemple, si elle est commerciale, elle dépend du tribunal de commerce.

2° Le territoire qu'embrasse le tribunal, c'est-à-dire, à quel tribunal de cette espèce l'affaire doit être soumise; selon que le défendeur, par exemple, ou l'objet de la contestation se trouve dans tel territoire, l'affaire doit être portée au tribunal de ce territoire.

3° Enfin, la valeur des objets de la contestation, qui détermine le *ressort* du tribunal, ou le droit qu'il a de prononcer sur la contestation irrévocablement, ou simplement à la charge d'*appel*, c'est-à-dire à la charge que la partie condamnée pourra se pourvoir devant un tribunal supérieur, pour faire réformer le jugement si elle trouve la cause mal jugée.

Pour la compétence relative au territoire, le demandeur peut assigner à son choix devant le tribunal du domicile du défendeur, devant celui dans l'arrondissement duquel la promesse a été faite et la marchandise livrée, ou devant celui dans l'arrondissement duquel le paiement devait être effectué.

Art. 631. — Les tribunaux de commerce connaîtront :

1° De toutes contestations relatives aux engagements et transactions entre négociants, marchands et banquiers;

2° Entre toutes personnes, des contestations relatives aux actes de commerce.

Nous avons vu au commencement du premier livre ce qui constituait un acte *fait de commerce*, et les actes qui n'étaient pas réputés tels, nous croyons inutile de le répéter ici; nous dirons seulement que, par cela seul qu'une personne fait un acte de commerce, quelle que soit d'ailleurs sa profession, elle se soumet, pour cet acte, à la juridiction commerciale.

Un tribunal de commerce légalement saisi d'une demande principale, n'est pas compétent pour connaître d'une demande en garantie formée à l'occasion de cette demande principale, alors que la garantie est exercée contre un non-commerçant; c'est une cause purement civile.

Un tribunal de commerce est incompétent pour prononcer sur les dommages-intérêts réclamés contre un officier public à raison de la nullité qu'il a pu commettre dans un acte de procédure.

Il est également incompétent pour connaître des demandes de frais, honoraires ou déboursés répétés par des officiers ministériels, agréés ou hommes d'affaires.

Les tribunaux de commerce ne sont pas compétents pour connaître des contestations élevées à l'occasion d'une vente faite par un marchand, de marchandises de son commerce, à un individu non marchand.

On divise les actes commerciaux en deux classes : les actes *commerciaux en eux-mêmes*, abstraction faite de la qualité de ceux qui les exercent; les actes *réputés commerciaux*, par suite de la qualité des contractants ou de l'un d'eux.

Dans tous les cas où l'acte n'est commercial que de la part de l'une des parties, celle qui n'a pas fait acte de commerce devant le tribunal de commerce, on est libre de traduire son adversaire, à son choix, devant le tribunal civil. (PARDESSUS, TEULET, DUVERGIER et SULPICY.)

Le commerçant assigné devant le tribunal civil, à raison d'un engagement commercial, peut demander son renvoi devant le tribunal de commerce, lors même que le demandeur ne serait pas justiciable de ce dernier tribunal.

On doit considérer comme opérations commerciales celles dites *d'entrepôt*, qui consistent à recevoir et conserver pendant un certain temps, et moyennant un prix, les marchandises d'autrui, sauf le cas où des établissements de ce genre seraient exploités par l'État.

Les choses mobilières sont les seules dont l'achat ou la vente puisse constituer une opération commerciale. On ne pourrait voir un acte de commerce dans l'achat et la revente par portions d'immeubles, lors même que cette vente aurait été faite avec bénéfice.

Mais, serait considérée comme négociation commerciale, l'achat d'une maison pour la démolir, d'une partie de bois pour l'exploiter et vendre le produit des coupes.

Les achats faits par des négociants ou marchands des objets nécessaires à l'exercice de leur profession, comme, par exemple, les fournitures de bureau par un banquier, des balances et poids par un épicier, sont considérés comme actes de commerce.

Un tribunal de commerce est compétent pour statuer sur la demande en restitution d'objets mobiliers donnés en nantissement d'une lettre de change.

Le souscripteur, non négociant, d'un billet à ordre causé valeur en marchandises, n'est point, par le seul fait de cette énonciation, présumé avoir fait un acte de commerce, et soumis à la contrainte par corps.

Les tribunaux de commerce français sont compétents pour connaître, entre étrangers négociants, de contestations relatives à des opérations de commerce qui se sont réalisées en France.

Art. 632. — La loi répute actes de commerce :

Tout achat de denrées et marchandises pour les revendre, soit en nature, soit après les avoir travaillées et mises en œuvre, ou même pour en louer simplement l'usage ;

Toute entreprise de manufactures, de commission, de transport par terre ou par eau ;

Toute entreprise de fournitures, d'agences, bureaux d'affaires, établissements de ventes à l'encan, de spectacles publics ;

Toute opération de change, banque et courtage ; — toutes les opérations des banques publiques ;

Toutes obligations entre négociants, marchands et banquiers ;

Entre toutes personnes, les lettres de change, ou remises d'argent faites de place en place.

Les achats doivent être considérés comme actes de commerce, non-seulement lorsque l'acheteur a l'intention de revendre les choses achetées, mais même lorsqu'il se propose d'en louer simplement l'usage, ainsi qu'on l'a vu au commencement de cet ouvrage.

Ainsi, celui qui expose en vente un grand nombre de marchandises, ou qui annonce qu'il est disposé à les revendre, est réputé avoir fait un acte de commerce, bien qu'il n'ait encore rien vendu.

Pour que la revente ou la location des choses achetées aient le caractère d'actes de commerce, il faut que ces choses aient été payées en argent ou par un équivalent susceptible d'une appréciation pécuniaire. Si elles avaient été données, la vente qu'en ferait le donataire n'attribuerait pas à la donation le caractère d'acte de commerce.

On ne doit entendre par entreprise de transports, considérés comme acte de commerce, que le transport fait par spéculation et trafic.

L'exploitation d'une mine, sans concession du gouvernement, constitue un fait commercial qui rend l'exploitation justiciable des tribunaux de commerce. Le contraire arrive s'il y a eu concession du gouvernement.

Les tribunaux de commerce sont compétents pour connaître des demandes formées contre un entrepreneur de diligence à fin de restitution d'un cautionnement versé entre ses mains pour garantie de la gestion d'un préposé.

Ils sont également compétents pour connaître des demandes formées contre les entrepreneurs de voitures publiques en paiement de prix d'effets à eux confiés et qui ont été perdus.

Le voiturier qui a fait un transport de marchandises, peut assigner devant le tribunal du lieu où il a livré, à moins qu'il ne résulte de la convention des parties que le paiement devait être fait dans un autre lieu.

Ne doivent pas être comprises au nombre des entreprises de fournitures, les actes des commis, facteurs ou autres préposés qui achètent pour le compte et par ordre de leurs maîtres. Ils n'achètent pas pour vendre à leurs maîtres, ce sont les maîtres qui achètent par l'entremise de leurs préposés.

Si un particulier, commerçant ou non, avait souscrit un engagement réputé commercial, la cession qu'en ferait le créancier, ne constituerait pas un acte de commerce. Il faudrait que la négociation qui transporte cette créance fût du nombre de celles qu'on peut considérer comme opération de banque ou de change.

Art. 633. — La loi répute pareillement actes de commerce : toute entreprise de construction, et tous achats, ventes et reventes, de bâtiments pour la navigation intérieure et extérieure ;

Toutes expéditions maritimes ; tout achat ou vente d'agrès, apparaux et avitaillements ;

Tout affrètement ou nolissement, emprunt ou prêt à la grosse ; toutes assurances et autres contrats concernant le commerce de mer ;

Tous accords et conventions pour salaires et loyers d'équipages ;

Tous engagements de gens de mer, pour le service de bâtiment de commerce.

Art. 634. — Les tribunaux de commerce connaîtront également : 1° des actions contre les facteurs, commis des marchands ou leurs serviteurs, pour le fait seulement du trafic du marchand auxquels ils sont attachés. — 2° Des billets faits par les receveurs, payeurs, percepteurs, ou autres comptables des deniers publics.

On entend communément par *facteur* celui auquel un commerçant confie le droit de le représenter dans son négoce et d'agir pour son compte ; par *commis*, celui qui est chargé, dans une maison commerciale, de quelque emploi, qu'il remplit sous la surveillance du chef de la maison ; par *serviteurs*, les gens qu'un commerçant emploie aux travaux corporels de son négoce.

Ces personnes, n'agissant pas pour elles-mêmes, ne sont pas réellement commerçantes ; néanmoins elles sont, dans plusieurs cas, personnellement tenues des engagements qu'elles contractent pour leur maison commerciale, et justiciables pour ces engagements des tribunaux de commerce.

Les tribunaux de commerce peuvent connaître des actions des commis contre ceux qui les emploient.

Le tribunal de commerce n'est pas compétent pour prononcer contre un percepteur des contributions directes la contrainte par corps, s'il n'est pas prouvé que le billet avait une cause commerciale, ou qu'il ait été souscrit au profit du trésor.

Art. 635. — Les tribunaux de commerce connaîtront de tout ce qui concerne les faillites, conformément à ce qui est prescrit au livre troisième du présent code.

Les tribunaux de commerce auxquels il appartient de statuer, en matière de faillite, sur les contestations relatives à l'existence ou à la non-existence des créances, sont incompétents pour décider si ces créances sont hypothécaires ou privilégiées.

Art. 636. — Lorsque les lettres de change ne seront réputées que simples promesses, aux termes de l'art. 112, ou lorsque les billets à ordre ne porteront que des signatures d'individus non négociants, et n'auront pas pour occasion des opérations de commerce, trafic, change, banque ou courtage, le tribunal de commerce sera tenu de renvoyer au tribunal civil, s'il en est requis par le défendeur.

En effet, lorsque les lettres de change contiennent supposition soit de nom, soit de qualité, soit de domicile, soit des lieux où elles sont tirées ou dans lesquels elles seront payables, ces actes perdent le caractère de lettres de change, et sortent, par conséquent, de la compétence des tribunaux de commerce, à moins qu'ils n'aient été souscrits par des négociants, ou qu'on ne prouve qu'ils aient eu pour cause une opération commerciale.

Le billet à ordre ne devient aussi acte de commerce que lorsqu'il porte la signature de personnes commerçantes, ou lorsqu'il a été souscrit pour une opération commerciale.

Si le défendeur consent, par son silence, à se soumettre au tribunal de commerce, ce tribunal est compétent et n'est point obligé de prononcer d'office le renvoi devant le tribunal civil. Alors ce tribunal est incompétent seulement à raison de la personne. S'il était incompétent à cause de la matière, il en serait différemment.

Art. 657. — Lorsque ces lettres de change et ces billets à ordre porteront en même temps des signatures d'individus négociants et d'individus non négociants, le tribunal de commerce en connaîtra; mais il ne pourra prononcer la contrainte par corps contre les individus non négociants, à moins qu'ils ne se soient engagés à l'occasion d'opérations de commerce, trafic, change, banque ou courtage.

En effet, lorsqu'un de ces actes défectueux, c'est-à-dire lorsqu'un billet à ordre ou une lettre de change ne valent que comme simple promesse et portent la signature de personnes non commerçantes et de personnes commerçantes, ces actes sont purement civils pour ces premières personnes, et commerciaux pour les autres; cependant le tribunal de commerce est compétent pour en connaître, quand bien même il n'y aurait qu'une seule signature d'individu commerçant. Mais il ne peut prononcer la contrainte par corps contre les individus non commerçants, à moins qu'il ne soit prouvé que ce soit une opération commerciale qui a donné lieu au billet, et c'est au demandeur à faire cette preuve.

Si l'accepteur d'une lettre de change n'est pas lui-même soumis à la contrainte par corps, et qu'un négociant ait donné un aval, par acte séparé, c'est-à-dire s'en soit rendu caution, ce négociant n'est pas soumis pour ce fait à la contrainte par corps.

Il suffit de la signature d'individus négociants, sur un billet à ordre, pour que les individus non négociants qui l'ont signé puissent être traduits devant le tribunal de commerce, même en l'absence des autres signataires.

La lettre de change, son aval, son acceptation, son endossement, sont des actes de commerce, quels que soient leur objet et la qualité de ceux qui les font.

Art. 638. — Ne seront point de la compétence des tribunaux de commerce, les actions intentées contre un propriétaire, cultivateur ou vigneron, pour vente de denrées provenant de son crû ;—les actions intentées contre un commerçant, pour paiement de denrées et marchandises achetées pour son usage particulier. Néanmoins, les billets souscrits par un commerçant seront censés faits pour son commerce ; et ceux des receveurs, payeurs, percepteurs, ou autres comptables des deniers publics, seront censés faits pour leur gestion, lorsqu'une autre cause n'y sera point énoncée.

La vente faite par un propriétaire des denrées provenant de son crû, c'est-à-dire de sa propriété, n'a pas les caractères indiqués à l'art. 632 pour être commerciale, car les objets n'ont point été achetés dans l'intention de les revendre, mais bien récoltés ; donc les actions qui peuvent résulter de semblables ventes ne peuvent être de la compétence des tribunaux de commerce.

Il en est de même des actions intentées contre un commerçant pour paiement des denrées et marchandises achetées pour son usage particulier, pour ses besoins personnels ou pour ceux de sa famille, comme meubles, vêtements ou denrées pour sa nourriture ; un pareil acte, quoique fait par un négociant, ne peut être considéré comme acte de commerce.

Si les comptables de deniers publics ne veulent point que leurs billets soient considérés comme actes commerciaux et être soumis, par conséquent, à la juridiction commerciale, ils doivent avoir soin d'exprimer dans le corps du billet la cause pour laquelle ils le souscrivent.

La présomption que les billets souscrits par un commerçant sont faits pour son commerce, lorsqu'une autre cause n'y est pas énoncée, peut être détruite par la preuve contraire, même à l'égard du tiers porteur.

Art. 639. — Les tribunaux de commerce jugeront en dernier ressort :

1° Toutes les demandes dans lesquelles les parties justiciables de ces tribunaux, et usant de leurs droits, auront déclaré vouloir être jugées définitivement et sans appel ;

2° Toutes les demandes dont le principal n'excédera pas la valeur de 1,500 fr. ;

3° Les demandes reconventionnelles, ou en compensation, lors même que réunies à la demande principale, elles excéderaient 1,500 fr.

Si l'une des demandes, principale ou reconventionnelle, s'élève au-dessus des limites ci-dessus indiquées, le tribunal ne prononcera sur toutes qu'en premier ressort.

Néanmoins, il sera statué en dernier ressort sur les demandes en dommages-intérêts, lorsqu'elles seront fondées exclusivement sur la demande principale elle-même.

Ces dispositions ne s'appliquent pas aux demandes introduites avant la promulgation de la présente loi.

Cet article fixe le ressort des tribunaux de commerce.

Un jugement est rendu *en premier ressort*, lorsqu'il n'est pas irrévocable; alors les parties ont le droit de faire juger de nouveau la contestation par un tribunal supérieur.

Il est rendu *en dernier ressort*, lorsque le recours devant un autre tribunal n'est point permis aux parties, sauf le recours en cassation.

Les parties peuvent, pour abréger la contestation, renoncer à l'appel et donner au tribunal de commerce le droit de juger en dernier ressort; mais il faut pour cela qu'elles soient justiciables de ce tribunal et qu'elles soient usant de leurs droits, c'est-à-dire qu'elles aient la faculté de disposer entièrement de l'objet qui fait la matière de la contestation.

Toutes les fois qu'il s'élève un incident qui dépend de la juridiction civile ou criminelle, dans une affaire pendante devant un tribunal de commerce, ce tribunal est incompétent; il doit renvoyer les parties devant qui de droit, et surseoir, s'il est nécessaire, jusqu'à ce que cet incident soit jugé.

Lorsque des associés sont convenus, par une clause, d'être jugés en dernier ressort par des arbitres, les héritiers, même mineurs, et leurs ayants-cause sont obligés de se soumettre à cette convention.

Le tribunal de commerce juge en dernier ressort toutes les demandes dont le principal n'excède pas la valeur de 1,500 fr. Ainsi, les frais de protèt et autres, les intérêts échus depuis le protèt, ne doivent pas être comptés pour déterminer la compétence du tribunal de commerce en dernier ressort.

On entend par demande *reconventionnelle* toute demande formée incidemment, par compensation, par le défendeur contre le demandeur principal. En d'autres termes, c'est une demande opposée par le défendeur à celle qui a été faite par le demandeur.

Lorsque l'une des demandes, soit principale, soit reconventionnelle, dépasse la somme de 1,500 francs, le tribunal de commerce ne peut prononcer qu'en premier ressort; alors il y a lieu à appel. Mais s'il y a en même temps des demandes de dommages-intérêts et que ces demandes soient fondées sur la demande principale, le tribunal de commerce statuera, en dernier ressort, sur les dommages-intérêts.

Lorsque l'incompétence du tribunal de commerce est matérielle sur une demande reconventionnelle, il doit juger la demande principale, et renvoyer la demande reconventionnelle devant qui de droit, c'est-à-dire devant le tribunal capable d'en connaître.

Art. 640. — Dans les arrondissements où il n'y aura pas de tribunaux de commerce, les juges du tribunal civil exerceront les fonctions et connaîtront des matières attribuées aux juges de commerce par la présente loi.

Art. 641. — L'instruction, dans ce cas, aura lieu dans la même forme que devant les tribunaux de commerce, et les jugements produiront les mêmes effets.

TITRE III

DE LA FORME DE PROCÉDER
DEVANT LES TRIBUNAUX DE COMMERCE

Art. 642. — La forme de procéder devant les tribunaux commerce sera suivie telle qu'elle a été réglée par le titre 25 du livre 2ᵉ de la 1ʳᵉ partie du Code de procédure civile.

Voici les articles formant le titre XXV du livre ɪɪᵉ de la 1ʳᵉ partie du Code de procédure :

« La procédure devant les tribunaux de commerce « se fait sans le ministère d'avoués. » (Art. 414 du Code de proc.)

« Toute demande doit y être formée par exploit « d'ajournement, suivant les formalités ci-dessus « prescrites au titre des ajournements. » (Art. 415 Code de proc.) Voir plus bas le titre qui traite des ajournements [1].

---

1.   Code de Procédure civile. — *Des Ajournements.*

Art. 59. — En matière personnelle, le défendeur sera assigné devant le tribunal de son domicile; s'il n'a pas de domicile, devant le tribunal de sa résidence.

S'il y a plusieurs défendeurs, devant le tribunal du domicile de l'un d'eux, au choix du demandeur.

En matière réelle, devant le tribunal de la situation de l'objet litigieux.

En matière mixte, devant le juge de la situation, ou devant le juge du domicile du défendeur.

En matière de société, tant qu'elle existe, devant le juge du lieu où elle est établie.

En matière de succession :

1º Sur les demandes entre héritiers, jusqu'au partage inclusivement;

« Le délai sera au moins d'un jour. » (Art. 416 Code de proc.)

« Dans les cas qui requerront célérité, le président « du tribunal pourra permettre d'assigner, même de « jour à jour, et d'heure à heure, et de saisir les

---

2° Sur les demandes qui seraient intentées par des créanciers du défunt avant le partage ;

3° Sur les demandes relatives à l'exécution des dispositions à cause de mort, jusqu'au jugement définitif, devant le tribunal du lieu où la succession est ouverte.

En matière de faillite, devant le juge du domicile du failli.

En matière de garantie, devant le juge où la demande originaire sera pendante.

Enfin, en cas d'élection de domicile pour l'exécution d'un acte, devant le tribunal du domicile élu, ou devant le tribunal du domicile réel du défendeur, conformément à l'article 111 du code civil.

ART. 60. — Les demandes formées pour frais par les officiers ministériels seront portées au tribunal où les frais ont été faits.

ART. 61. — L'exploit d'ajournement contiendra :

1° La date des jour, mois et an ; les noms, profession et domicile du demandeur, la constitution de l'avoué qui occupera pour lui, et chez lequel l'élection de domicile sera de droit, à moins d'une élection contraire par le même exploit.

2° Les noms, demeure et immatricule de l'huissier, les noms et demeure du défendeur, et mention de la personne à laquelle copie de l'exploit sera laissée ;

3° L'objet de la demande, l'exposé sommaire des moyens ;

4° L'indication du tribunal qui doit connaître de la demande, et du délai pour comparaître : le tout à peine de nullité.

ART. 62. — Dans le cas du transport d'un huissier, il ne lui sera payé pour tous frais de déplacement qu'une journée au plus.

ART. 63.—Aucun exploit ne sera donné un jour de fête légale, si ce n'est en vertu de permission du président du tribunal.

ART. 64. — En matière réelle ou mixte, les exploits annonceront la nature de l'héritage, la commune, et, autant qu'il est possible, la partie de la commune où il est situé, et, deux au moins, des tenants et aboutissants ; s'il s'agit d'un domaine, corps de ferme ou métairie, il suffira d'en désigner le nom et la situation le tout à peine de nullité.

ART. 65. Il sera donné avec l'exploit copie du procès-verbal de non-conciliation, ou copie de la mention de non-comparution, à

« effets mobiliers ; il pourra, suivant l'exigence des
« cas, assujettir le demandeur à donner caution, ou
« à justifier de solvabilité suffisante. Ses ordonnances
« seront exécutoires nonobstant opposition ou appel. »
(Art. 417 Code de proc.)

---

peine de nullité ; sera aussi donnée copie des pièces ou de la partie
des pièces sur lesquelles la demande est fondée ; à défaut de ces
copies, celles que le demandeur sera tenu de donner dans le cours
de l'instance, n'entreront point en taxe.

ART. 66. — L'huissier ne pourra instrumenter pour ses parents
et alliés, et ceux de sa femme en ligne directe à l'infini, ni pour
ses parents et alliés collatéraux, jusqu'au degré de cousin issu de
germain inclusivement : le tout à peine de nullité.

ART. 67. — Les huissiers seront tenus de mettre à la fin de l'original et de la copie de l'exploit, le coût d'icelui, à peine de cinq
francs d'amende, payables à l'instant de l'enregistrement.

ART. 68. — Tous exploits seront faits à personne ou domicile :
mais si l'huissier ne trouve au domicile ni la partie, ni aucun de
ses parents ou serviteurs, il remettra de suite la copie à un voisin ,
qui signera l'original ; si ce voisin ne peut ou ne veut signer,
l'huissier remettra la copie au maire ou adjoint de la commune,
lequel visera l'original sans frais. L'huissier fera mention du tout,
tant sur l'original que sur la copie.

ART. 69. — Seront assignés,

1º L'État, lorsqu'il s'agit de domaines et droits domaniaux, en
la personne ou au domicile du préfet du département où siége le
tribunal devant lequel doit être portée la demande de première
instance ;

2º Le trésor public, en la personne ou au bureau de l'agent ;

3º Les administrations ou établissements publics, en leurs bureaux, dans le lieu où réside le siége de l'administration ; dans les
autres lieux , en la personne et au bureau de leur préposé ;

4º Les communes, en la personne et au domicile du maire ; et à
Paris, en la personne et au domicile du préfet.

Dans les cas ci-dessus, l'original sera visé de celui à qui copie de
l'exploit sera laissée ; en cas d'absence ou de refus, le visa sera
donné, soit par le juge de paix , soit par le procureur impérial près
le tribunal de première instance, auquel, en ce cas, la copie sera
laissée.

5º Les sociétés de commerce, tant qu'elles existent, en leur
maison sociale ; et s'il n'y en a pas, en la personne ou au domicile
de l'un des associés ;

(Les art. 418 et 419 du Code de procédure ont rapport aux affaires maritimes, qui seront traitées séparément, ainsi que nous l'avons annoncé.)

« Le demandeur pourra assigner à son choix :

« Devant le tribunal du domicile du défendeur;

6° Les unions et directions des créanciers, en la personne ou au domicile de l'un des syndics ou directeurs;

7° Ceux qui n'ont aucun domicile connu en France, au lieu de leur résidence actuelle. Si le lieu n'est pas connu, l'exploit sera affiché à la principale porte de l'auditoire du tribunal où la demande est portée; une seconde copie sera donnée au procureur impérial, lequel visera l'original;

8° Ceux qui habitent le territoire français hors du continent, et ceux qui sont établis chez l'étranger, au domicile du procureur impérial près le tribunal où sera portée la demande, lequel visera l'original, enverra la copie, pour les premiers au ministre de la marine, et pour les seconds à celui des affaires étrangères.

ART. 70. — Ce qui est prescrit par les deux articles précédents sera observé à peine de nullité.

ART. 71. — Si un exploit est déclaré nul par le fait de l'huissier, il pourra être condamné aux frais de l'exploit et de la procédure annulée, sans préjudice des dommages et intérêts de la partie, suivant les circonstances.

ART. 72. — Le délai ordinaire des ajournements pour ceux qui sont domiciliés en France sera de huitaine.

Dans les cas qui requerront célérité, le président pourra, par ordonnance rendue sur requête, permettre d'assigner à bref délai.

ART. 73. — Si celui qui est assigné demeure hors de la France continentale, le délai sera :

1° Pour ceux demeurant en Corse, dans l'île d'Elbe ou de Capraja, en Angleterre et dans les États limitrophes de la France, de deux mois;

2° Pour ceux demeurant dans les autres États de l'Europe, de quatre mois;

3° Pour ceux demeurant hors d'Europe, en deçà du cap de Bonne-Espérance, de six mois; et pour ceux demeurant au delà, d'un an.

ART. 74. — Lorsqu'une assignation à une partie domiciliée hors de la France sera donnée à sa personne en France, elle n'emportera que les délais ordinaires, sauf au tribunal à les prolonger s'il y a lieu.

« Devant celui dans l'arrondissement duquel la pro-
« messe a été faite et la marchandise livrée;

« Devant celui dans l'arrondissement duquel le
« paiement devait être effectué. » (Art. 420, C. de proc.)

« Les parties seront tenues de comparaître en per-
« sonne ou par le ministère d'un fondé de procura-
« tion spéciale. » (Art. 421, Code de proc.)

« Si les parties comparaissent, et qu'à la première
« audience il n'intervienne pas de jugement définitif,
« les parties non domiciliées dans le lieu où siége le
« tribunal seront tenues d'y faire l'élection d'un do-
« micile.

« L'élection de domicile doit être mentionnée sur
« le plumitif de l'audience : à défaut de cette élection,
« toute signification, même celle du jugement défi-
« nitif, sera faite valablement au greffe du tribunal. »
(Art. 422, Code de proc.)

« Les étrangers demandeurs ne peuvent être obli-
« gés, en matière de commerce, à fournir une cau-
« tion de payer les frais et dommages-intérêts aux-
« quels ils pourront être condamnés, même lorsque
« la demande est portée devant un tribunal civil dans
« les lieux où il n'y a pas de tribunal de commerce. »
(Art. 423, Code de proc.)

« Si le tribunal est incompétent à raison de la ma-
« tière, il renverra les parties, encore que le décli-
« natoire n'ait pas été proposé.

« Le déclinatoire, pour toute autre cause, ne pourra
« être proposé que préalablement à toute autre dé-
« fense. » (Art. 424, Code de proc.)

« Le même jugement pourra, en rejetant le décli-
« natoire, statuer sur le fond, mais par deux disposi-

« tions distinctes, l'une sur la compétence, l'autre sur
« le fond : les dispositions sur la compétence pour-
« ront toujours être attaquées par la voie de l'appel. »
(Art. 425, Code de proc.)

« Les veuves et héritiers des justiciables du tribunal
« de commerce y seront assignés en reprise ou par
« action nouvelle, sauf, si les qualités sont contes-
« tées, à les renvoyer aux tribunaux ordinaires pour
« y être réglées, et ensuite être jugées sur le fond au
« tribunal de commerce. » (Art. 426, Code de proc.)

« Si une pièce produite est méconnue, déniée ou
« arguée de faux, et que la partie persiste à s'en ser-
« vir, le tribunal renverra devant les juges qui doi-
« vent en connaître, et il sera sursis au jugement de
« la demande principale.

« Néanmoins, si la pièce n'est relative qu'à un des
« chefs de la demande, il pourra être passé outre au
« jugement des autres chefs. » (Art. 427, Code de proc.)

« Le tribunal pourra, dans tous les cas, ordonner,
« même d'office, que les parties seront entendues en
« personne à l'audience ou dans la chambre, et, s'il
« y a empêchement légitime, commettre un des ju-
« ges, ou même un juge de paix pour les entendre,
« lequel dressera procès-verbal de leurs déclarations. »
(art. 428, Code de proc.)

« S'il y a lieu à renvoyer les parties devant des
« arbitres pour examen des comptes, pièces et regis-
« tres, il sera nommé un ou trois arbitres pour en-
« tendre les parties et les concilier, si faire se peut,
« sinon donner leur avis.

« S'il y a lieu à visite ou estimation d'ouvrages ou
« marchandises, il sera nommé un ou trois experts.

25.

« Les arbitres et les experts seront nommés d'of-
« fice par le tribunal, à moins que les parties n'en
« conviennent à l'audience. » (Art. 429, C. de proc.)

« La récusation ne pourra être proposée que dans
« les trois jours de la nomination. » (Art. 430, Code
de proc.)

« Le rapport des arbitres et experts sera déposé au
« greffe du tribunal. » (Art. 431, Code de proc.)

« Si le tribunal ordonne la preuve par témoins, il
« y sera procédé dans les formes ci-dessus prescrites
« pour les enquêtes sommaires. Néanmoins, dans les
« causes sujettes à appel, les dépositions seront rédi-
« gées par écrit par le greffier, et signées par le té-
« moin; en cas de refus, mention en sera faite. »
(Art. 432, Code de proc.)

« Seront observées, dans la rédaction et l'expédi-
« tion des jugements, les formes prescrites dans les
« art. 141 et 146 pour les tribunaux de première in-
« stance. » (Art. 433, Code de proc.)

« Si le demandeur ne se présente pas, le tribunal
« donnera défaut et renverra le défendeur de la de-
« mande.

« Si le défendeur ne comparaît pas, il sera donné
« défaut, et les conclusions du demandeur seront
« adjugées, si elles se trouvent justes et bien véri-
« fiées. » (Art. 434, Code de proc.)

« Aucun jugement par défaut ne pourra être signi-
« fié que par un huissier commis à cet effet par le
« tribunal; la signification contiendra, à peine de
« nullité, élection de domicile dans la commune où
« elle se fait, si le demandeur n'y est pas domicilié.

« Le jugement sera exécutoire un jour après la

« signification et jusqu'à l'opposition. » (Art. 435 ,
Code de proc.)

« L'opposition ne sera plus recevable après la hui-
« taine du jour de la signification. » (Art. 436, Code de
proc.) [1]

« L'opposition contiendra les moyens de l'opposant
« et assignation dans le délai de la loi; elle sera
« signifiée au domicile élu. » (Art. 437, Code de proc.)

« L'opposition faite à l'instant de l'exécution par
« déclaration sur le procès-verbal de l'huissier, arrê-
« tera l'exécution, à la charge, par l'opposant, de
« la réitérer dans les trois jours par exploit conte-
« nant assignation, passé lequel délai elle sera censée
« non avenue. » (Art. 438 , Code de proc.)

« Les tribunaux de commerce pourront ordonner
« l'exécution provisoire de leurs jugements nonob-
« stant l'appel et sans caution, lorsqu'il y aura titre
« non attaqué, ou condamnation précédente dont il
« n'y aura pas d'appel; dans les autres cas, l'exécu-
« tion provisoire n'aura lieu qu'à la charge de donner
« caution, ou de justifier de solvabilité suffisante. »
(Art. 439, Code de proc.)

« La caution sera présentée par acte signifié au
« domicile de l'appelant, s'il demeure dans le lieu où
« siége le tribunal, sinon au domicile par lui élu,
« en exécution de l'art. 422, avec sommation à jour
« et heure fixes, de se présenter au greffe, pour
« prendre communication, sans déplacement, des
« titres de la caution, s'il est ordonné qu'elle en four-

---

[1] Cet article a été modifié par l'art. 643 du Code de commerce
que nous allons voir.

« nira, et à l'audience, pour voir prononcer sur l'ad-
« mission en cas de contestation. » (Art. 440, C. de proc.)

« Si l'appelant ne comparaît pas, ou ne conteste
« point la caution, elle fera sa soumission au greffe;
« s'il conteste, il sera statué au jour indiqué par la
« sommation. Dans tous les cas, le jugement sera
« exécutoire nonobstant opposition ou appel. » (Art.
441, Code de proc.)

« Les tribunaux de commerce ne connaîtront point
« de l'exécution de leurs jugements. » (Art. 442, Code
de proc.)

S'il s'élève quelque contestation sur l'exécution
d'un jugement de tribunal de commerce, s'il s'agit,
par exemple, d'une saisie, d'un emprisonnement,
c'est le tribunal de première instance du lieu où
l'exécution se poursuit qui doit en connaître. Il ne
s'agit plus alors d'un acte commercial, mais bien d'un
acte d'autorité publique, et le tribunal civil est seul
compétent. Les tribunaux de commerce ne sont pas
chargés de veiller à l'exécution de leurs décisions.

Art. 643. — Néanmoins, les articles 156, 158 et 159 du
même code (Code de procédure civile) relatifs aux jugements
par défaut rendus par les tribunaux inférieurs, seront applicables aux jugements par défaut rendus par les tribunaux de
commerce.

Ces articles portent :

Art. 156. — Tous jugements par défaut contre une
partie qui n'a pas constitué d'avoué, seront signifiés
par un huissier commis, soit par le tribunal, soit par
le juge du domicile du défaillant que le tribunal
aura désigné; ils seront exécutés dans les six mois de
leur obtention, sinon seront réputés non avenus.

Art. 158. — S'il (le jugement) est rendu contre une partie qui n'a pas d'avoué, l'opposition sera recevable jusqu'à l'exécution du jugement.

Art. 159. — Le jugement est réputé exécuté, lorsque les meubles saisis ont été vendus, ou que le condamné a été emprisonné ou recommandé, ou que la saisie d'un ou de plusieurs de ses meubles lui a été notifiée, ou que les frais ont été payés, ou enfin lorsqu'il y a quelque acte duquel il résulte nécessairement que l'exécution du jugement a été connue de la partie défaillante ; l'opposition formée dans les délais ci-dessus et dans les formes ci-après prescrites, suspend l'exécution si elle n'a pas été ordonnée, nonobstant opposition. —

On nomme *partie défaillante*, celle qui ne s'est pas présentée, et contre laquelle il a été donné défaut.

Ainsi les jugements par défaut sont ceux qui sont rendus contre la partie qui ne s'est pas présentée ou fait représenter à l'audience.

Ces jugements peuvent donc être attaqués et leur exécution suspendue au moyen d'une simple opposition, parce que la partie défaillante a été jugée sans être entendue.

Nous avons vu que devant les tribunaux de commerce les avoués étaient remplacés par des agréés ; aussi la jurisprudence a-t-elle adopté que la présence d'un agréé constitué par une partie, équivaut, dans les affaires commerciales, à la présence d'un avoué constitué dans les affaires civiles, et qu'un jugement rendu contre une partie qui a chargé un agréé de la représenter devant un tribunal de commerce, n'était pas un jugement rendu faute de constituer avoué, et qu'ainsi il ne pouvait être réputé non avenu faute d'exécution dans les six mois.

La discontinuation de poursuites pendant trois ans entraîne la péremption d'instance devant les tribunaux de commerce comme devant les tribunaux civils.

En effet, lorsque l'instance est demeurée impoursuivie pendant trois années, sans qu'il ait été fait un acte de procédure manifestant l'intention d'arriver à un jugement, on suppose que l'intention des parties est de renoncer à toute contestation, et alors l'abandon de la procédure éteint naturellement l'instance.

Art. 644. — Les appels des jugements de tribunaux de commerce seront portés par-devant les Cours dans le ressort desquelles ces tribunaux sont situés.

L'appel suspend ordinairement l'exécution du jugement, à moins que cette exécution soit ordonnée par les juges, et que mention en soit faite dans le jugement même, d'être exécuté provisoirement et nonobstant appel.

La partie opposante qui se laisserait juger une seconde fois par défaut ne sera plus reçue à former une nouvelle opposition.

L'opposition ne pourra jamais être reçue contre un jugement qui aurait débouté d'une première opposition.

TITRE IV

DE LA FORME DE PROCÉDER DEVANT LES COURS D'APPEL.

Art. 645. — Le délai pour interjeter appel des jugements des tribunaux de commerce sera de trois mois à compter du jour de la signification du jugement, pour ceux qui auront été rendus contradictoirement, et du jour de l'expiration du délai de l'opposition, pour ceux qui auront été rendus par défaut; l'appel pourra été interjeté le jour même du jugement.

Art. **646**. — Dans les limites de la compétence fixée par l'article 639 pour le dernier ressort, l'appel ne sera pas reçu, encore que le jugement n'énonce pas qu'il est rendu en dernier ressort, et même quand il énoncerait qu'il est rendu à la charge d'appel.

L'appel des jugements par défaut peut être interjeté, en matière commerciale, quoique la voie de l'opposition soit encore ouverte.

Art. **647**. — Les cours d'appel ne pourront, en aucun cas, à peine de nullité, et même des dommages-intérêts des parties, s'il y a lieu, accorder des défenses, ni surseoir à l'exécution des jugements des tribunaux de commerce, quand même ils seraient attaqués d'incompétence; mais elles pourront, suivant l'exigence des cas, accorder la permission de citer extraordinairement, à jour et heure fixes, pour plaider sur appel.

Cet article a pour but d'empêcher que les Cours d'appel puissent retarder l'exécution des jugements. On n'a pas voulu nuire à la rapidité d'exécution, bien souvent indispensable dans le commerce.

Art. **648**. — Les appels des jugements des tribunaux de commerce seront instruits et jugés dans les cours, comme appels de jugements rendus en matière sommaire. La procédure, jusques et y compris l'arrêt définitif, sera conforme à celle qui est prescrite, pour les causes d'appel en matière civile, au livre III de la première partie du Code de procédure civile.

Les matières sommaires étant moins compliquées ou moins importantes, et exigeant plus de célérité que les autres, l'appel en est porté à l'audience sur simple acte et sans autre procédure; il en est de même des appels des jugements des tribunaux de commerce.

Le délai pour interjeter appel est de trois mois : il court, pour les jugements contradictoires, du jour de la signification à personne ou à domicile; pour les jugements par défaut, du jour où l'opposition ne sera plus recevable.

DE LA CONTRAINTE PAR CORPS

La contrainte par corps est un mode d'exécution qui donne au créancier le droit de faire incarcérer son débiteur, pour le contraindre au paiement de sa dette, et pour un temps fixé selon l'importance de la créance.

Il y a :

La contrainte par corps en matière commerciale ;

La contrainte par corps en matière civile ;

La contrainte par corps en matière criminelle, correctionnelle et de police.

Nous n'avons à nous occuper ici que de la première.

La contrainte par corps ne peut être exécutée qu'un jour après la signification légale, avec commandement du jugement qui l'a prononcée; à moins qu'il ne s'agisse d'une créance contre un étranger, qu'on peut faire arrêter provisoirement, ainsi que nous l'avons dit dans notre ouvrage et que l'indique la loi rapportée ci-après.

La signification doit être faite par l'huissier commis à cet effet par ledit jugement ou par le président du tribunal de première instance du lieu où se trouve le débiteur.

Le débiteur ne peut être arrêté :

1° Avant le lever et après le coucher du soleil ;

2° Les dimanches et jours de fêtes légales ;

3° Dans les édifices consacrés aux cultes pendant les exercices religieux ;

4° Dans le lieu et pendant le temps des séances des autorités constituées ;

5° Dans une maison quelconque, même à son domicile, à moins cependant que l'arrestation extraordinaire n'ait été ordonnée par le juge de paix, et, en ce cas, le juge de paix doit accompagner l'officier ministériel ;

6° Enfin, le débiteur ne peut être non plus arrêté lorsque, appelé comme témoin devant un juge d'instruction, ou devant un tribunal de première instance, ou une cour impériale ou d'assises, il est porteur d'un sauf-conduit.

Ce sauf-conduit doit régler la durée de son effet à peine de nullité.

S'il s'est écoulé une année entière depuis le commandement, il en sera fait un nouveau par un huissier commis à cet effet.

Tout débiteur arrêté peut requérir qu'il en soit référé ; alors il doit être conduit sur-le-champ devant le président du tribunal de première instance du lieu où l'arrestation a été faite, lequel statue en état de référé.

L'ordonnance sur référé est consignée sur le procès-verbal de l'huissier, et doit être exécutée sur-le-champ.

Si le débiteur ne requiert pas qu'il en soit référé, ou si, en cas de référé, le président ordonne qu'il soit passé outre, le débiteur sera conduit dans la **prison** pour dettes du lieu, et, s'il n'y en a pas, dans celle du lieu le plus voisin.

L'huissier et tous autres qui conduiraient, recevraient ou retiendraient le débiteur dans un lieu de détention non légalement désigné comme tel, seront poursuivis comme coupables du crime de détention arbitraire.

Les arrestations sont faites par les huissiers, excepté à Paris, où elles ne peuvent être faites que par les gardes du commerce.

Tout créancier qui fait incarcérer son débiteur doit toujours consigner d'avance la valeur des aliments pour trente jours, qui est fixée à Paris à 30 francs, et ailleurs à 25 francs. S'il néglige de faire cette consignation en temps convenable et d'avance, le débiteur est relâché et considéré comme quitte de la dette pour laquelle il avait été incarcéré.

Mais s'il avait été recommandé par quelque autre de ses créanciers, il serait retenu pour le compte de ce dernier, en vertu de l'acte de recommandation.

La recommandation est soumise aux mêmes formalités que l'emprisonnement, et les créanciers recommandants contribuent aux aliments par portions égales.

A défaut d'observation des formalités ci-dessus prescrites, le débiteur pourra demander la nullité de l'emprisonnement devant le tribunal du lieu où il est détenu.

Si la demande en nullité est fondée sur les moyens du fond, elle sera portée devant le tribunal de l'exécution du jugement.

La nullité de l'emprisonnement, pour quelque cause qu'elle ait été prononcée, n'emporte point la nullité des recommandations.

Tout débiteur dont l'emprisonnement est déclaré nul ne peut être arrêté pour la même dette qu'un jour au moins après sa sortie.

Si l'emprisonnement est déclaré nul, le créancier peut être condamné en des dommages-intérêts envers le débiteur.

Le débiteur légalement incarcéré obtient son élargissement :

1° Par le consentement du créancier et des recommandants ;

2° Par le paiement ou la consignation des sommes dues, tant au créancier qui l'a fait incarcérer qu'aux recommandants, des intérêts échus, des frais liquidés, de ceux de l'emprisonnement et de la restitution des aliments consignés ;

3° Par le bénéfice de cession ;

4° A défaut par le créancier d'avoir consigné d'avance les aliments ;

5° Si le débiteur a commencé sa soixante-dixième année, et si, dans ce dernier cas, il n'est pas stellionataire ;

6° Par la consignation du tiers du principal de la dette et de ses accessoires en donnant caution pour le surplus ;

7° Enfin, par l'expiration du terme fixé par le jugement de condamnation.

La contrainte par corps est régie par la loi du 17 avril 1832, qui a subi des modifications par suite de la loi du 13-16 décembre 1842; nous les donnons ici toutes les deux.

LOI

SUR LA CONTRAINTE PAR CORPS

TITRE Ier.

Dispositions relatives à la Contrainte par corps en matière de commerce.

ART. 1er. — La contrainte par corps sera prononcée, sauf les exceptions et les modifications ci-après, contre toute personne condamnée pour dette commerciale au paiement d'une somme principale de deux cents francs et au-dessus.

ART. 2. — Ne sont point soumis à la contrainte par corps en matière de commerce,

1° Les femmes et les filles non légalement réputées marchandes publiques ;

2° Les mineurs non commerçants, ou qui ne sont point réputés majeurs pour fait de leur commerce ;

3° Les veuves et héritiers des justiciables des tribunaux de commerce assignés devant ces tribunaux en reprise d'instance, ou par action nouvelle, en raison de leur qualité.

ART. 3. — Les condamnations prononcées par les tribunaux de commerce contre des individus non négociants, pour signatures apposées, soit à des lettres de change réputées simples promesses aux termes de l'art. 112 du Code de commerce, soit à des billets à ordre, n'emportent point la contrainte par corps, à moins que ces signatures et engagements n'aient eu pour cause des opérations de commerce, trafic, change, banque ou courtage.

ART. 4. — La contrainte par corps, en matière de commerce, ne pourra être prononcée contre les débiteurs qui auront commencé leur soixante et dixième année.

ART. 5. — L'emprisonnement pour dette commerciale cessera de plein droit après un an, lorsque le montant de la condamnation principale ne s'élèvera pas à cinq cents francs ;

Après deux ans, lorsqu'il ne s'élèvera pas à mille francs ;
Après trois ans, lorsqu'il ne s'élèvera pas à trois mille francs ;
Après quatre ans, lorsqu'il ne s'élèvera pas à cinq mille francs ;
Après cinq ans, lorsqu'il sera de cinq mille francs et au-dessus.

Art. 6. — Il cessera pareillement de plein droit le jour où le débiteur aura commencé sa soixante et dixième année.

TITRE II.

Dispositions relatives à la Contrainte par corps en matière civile.

SECTION Ire.

Contrainte par corps en matière civile ordinaire.

Art. 7. — Dans tous les cas où la contrainte par corps a lieu en matière civile ordinaire, la durée en sera fixée par le jugement de condamnation ; elle sera d'un an au moins et de dix ans au plus.

Néanmoins, s'il s'agit de fermages de biens ruraux aux cas prévus par l'art. 2062 du Code civil, ou de l'exécution des condamnations intervenues dans le cas où la contrainte par corps n'est pas obligée, et où la loi attribue seulement aux juges la faculté de la prononcer, la durée de la contrainte ne sera que d'un an au moins et de cinq ans au plus.

SECTION II.

Contrainte par corps en matière de deniers et effets mobiliers publics.

Art. 8. — Sont soumis à la contrainte par corps, pour raison du reliquat de leurs comptes, déficit ou débet constatés à leur charge, et dont ils ont été déclarés responsables,

1º Les comptables de deniers publics ou d'effets mobiliers publics, et leurs cautions ;

2º Leurs agents ou préposés qui ont personnellement géré ou fait la recette ;

3º Toutes personnes qui ont perçu des deniers publics dont elles n'ont point effectué le versement ou l'emploi, ou qui, ayant reçu des effets mobiliers appartenant à l'État, ne les représentent pas, ou ne justifient pas de l'emploi qui leur avait été prescrit.

Art. 9. — Sont compris dans les dispositions de l'article précédent, les comptables chargés de la perception des deniers ou de la garde et de l'emploi des effets mobiliers appartenant aux communes, aux hospices et aux établissements publics, ainsi que leurs cautions, et leurs agents et préposés ayant personnellement géré ou fait la recette.

26.

Art. 10. — Sont également soumis à la contrainte par corps,

1° Tous entrepreneurs, fournisseurs, soumissionnaires et traitants, qui ont passé des marchés ou traités intéressant l'État , les communes, les établissements de bienfaisance et autres établissements publics, et qui sont déclarés débiteurs par suite de leurs entreprises ;

2° Leurs cautions, ainsi que leurs agents et préposés qui ont personnellement géré l'entreprise, et toutes personnes déclarées responsables des mêmes services.

Art. 11. — Seront encore soumis à la contrainte par corps, tous redevables, débiteurs et cautions de droits de douanes, d'octrois et autres contributions indirectes, qui ont obtenu un crédit et qui n'ont pas acquitté à échéance le montant de leurs soumissions ou obligations.

Art. 12. — La contrainte par corps pourra être prononcée, en vertu des quatre articles précédents, contre les femmes et les filles.

Elle ne pourra l'être contre les septuagénaires.

Art. 13. — Dans les cas énoncés dans la présente section, la contrainte par corps n'aura jamais lieu que pour une somme principale excédant trois cents francs.

Sa durée sera fixée dans les limites de l'art. 7 de la présente loi, paragraphe 1er.

TITRE III.

Dispositions relatives à la Contrainte par corps contre les Étrangers.

Art. 14. — Tout jugement qui interviendra au profit d'un Français contre un étranger non domicilié en France, emportera la contrainte par corps, à moins que la somme principale de la condamnation ne soit inférieure à cent cinquante francs, sans distinction entre les dettes civiles et les dettes commerciales.

Art. 15. — Avant le jugement de condamnation, mais après l'échéance ou l'exigibilité de la dette, le président du tribunal de première instance dans l'arrondissement duquel se trouvera l'étranger non domicilié, pourra, s'il y a de suffisants motifs, ordonner son arrestation provisoire, sur la requête du créancier français.

Dans ce cas, le créancier sera tenu de se pourvoir en condamnation dans la huitaine de l'arrestation du débiteur, faute de quoi celui-ci pourra demander son élargissement.

La mise en liberté sera prononcée par ordonnance de référé, sur une assignation donnée au créancier par l'huissier que le président aura commis dans l'ordonnance même qui autorisait l'arrestation, et , à défaut de cet huissier, par tel autre qui sera commis spécialement.

Art. 16. — L'arrestation provisoire n'aura pas lieu ou cessera, si l'étranger justifie qu'il possède sur le territoire français un établissement de commerce ou des immeubles, le tout d'une valeur suffisante pour assurer le paiement de la dette, ou s'il fournit pour caution une personne domiciliée en France et reconnue solvable.

Art. 17. — La contrainte par corps exercée contre un étranger en vertu de jugement pour dette civile ordinaire, ou pour dette commerciale, cessera de plein droit après deux ans, lorsque le montant de la condamnation principale ne s'élèvera pas à cinq cents francs;

Après quatre ans, lorsqu'il ne s'élèvera pas à mille francs;

Après six ans, lorsqu'il ne s'élèvera pas à trois mille francs;

Après huit ans, lorsqu'il ne s'élèvera pas à cinq mille francs;

Après dix ans, lorsqu'il sera de cinq mille francs et au-dessus.

S'il s'agit d'une dette civile pour laquelle un Français serait soumis à la contrainte par corps, les dispositions de l'art. 7 seront applicables aux étrangers, sans que toutefois le minimum de la contrainte puisse être au-dessous de deux ans.

Art. 18. — Le débiteur étranger, condamné pour dette commerciale, jouira du bénéfice des art. 4 et 6 de la présente loi. En conséquence, la contrainte par corps ne sera point prononcée contre lui, ou elle cessera dès qu'il aura commencé sa soixante et dixième année.

Il en sera de même à l'égard de l'étranger condamné pour dette civile, le cas de stellionat excepté.

La contrainte par corps ne sera pas prononcée contre les étrangères pour dettes civiles, sauf aussi le cas de stellionat, conformément au premier paragraphe de l'art. 2066 du Code civil, qui leur est déclaré applicable.

TITRE IV.

Dispositions communes aux trois titres précédents.

Art. 19. — La contrainte par corps n'est jamais prononcée contre le débiteur au profit,

1º De son mari ni de sa femme;

2º De ses ascendants, descendants, frères ou sœurs, ou alliés au même degré.

Les individus mentionnés dans les deux paragraphes ci-dessus, contre lesquels il serait intervenu des jugements de condamnation par corps, ne pourront être arrêtés en vertu desdits jugements : s'ils sont détenus, leur élargissement aura lieu immédiatement après la promulgation de la présente loi.

Art. 20. — Dans les affaires où les tribunaux civils ou de commerce statuent en dernier ressort, la disposition de leur jugement relative à la contrainte par corps sera sujette à l'appel ; cet appel ne sera pas suspensif.

ART. 21. — Dans aucun cas, la contrainte par corps ne pourra être exécutée contre le mari et contre la femme simultanément pour la même dette.

ART. 22. — Tout huissier, garde du commerce ou exécuteur de mandements de justice, qui, lors de l'arrestation d'un débiteur, se refuserait à le conduire en référé devant le président du tribunal de première instance, aux termes de l'art. 786 du Code de procédure civile, sera condamné à mille francs d'amende, sans préjudice des dommages-intérêts.

ART. 23. — Les frais liquidés que le débiteur doit consigner ou payer pour empêcher l'exercice de la contrainte par corps, ou pour obtenir son élargissement, conformément aux art. 798 et 800, paragraphe 2, du Code de procédure, ne seront jamais que les frais de l'instance, ceux de l'expédition et de la signification du jugement et de l'arrêt, s'il y a lieu ; ceux enfin de l'exécution relative à la contrainte par corps seulement.

ART. 24. — Le débiteur, si la contrainte par corps n'a pas été prononcée pour dette commerciale, obtiendra son élargissement en payant ou consignant le tiers du principal de la dette et de ses accessoires, et en donnant pour le surplus une caution acceptée par le créancier, ou reçue par le tribunal civil dans le ressort duquel le débiteur sera détenu.

ART. 25. — La caution sera tenue de s'obliger solidairement avec le débiteur à payer, dans un délai qui ne pourra excéder une année, les deux tiers qui resteront dus.

ART. 26. — A l'expiration du délai prescrit par l'article précédent, le créancier, s'il n'est pas intégralement payé, pourra exercer de nouveau la contrainte par corps contre le débiteur principal, sans préjudice de ses droits contre la caution.

ART. 27. — Le débiteur qui aura obtenu son élargissement de plein droit après l'expiration des délais fixés par les art. 5, 7, 13 et 17 de la présente loi, ne pourra plus être détenu ou arrêté pour dettes contractées antérieurement à son arrestation et échues au moment de son élargissement, à moins que ces dettes n'entraînent, par leur nature et leur quotité, une contrainte plus longue que celle qu'il aura subie, et qui, dans ce dernier cas, lui sera toujours comptée pour la durée de la nouvelle incarcération.

ART. 28. — Un mois après la promulgation de la présente loi, la somme destinée à pourvoir aux aliments des détenus pour dettes devra être consignée d'avance et pour trente jours au moins.

Les consignations pour plus de trente jours ne vaudront qu'autant qu'elles seront d'une seconde ou de plusieurs périodes de trente jours.

ART. 29. — A compter du même délai d'un mois, la somme destinée aux aliments sera de trente francs à Paris, et de vingt-cinq francs dans les autres villes, pour chaque période de trente jours.

Art. 30. — En cas d'élargissement, faute de consignation d'aliments, il suffira que la requête présentée au président du tribunal civil soit signée par le débiteur détenu et par le gardien de la maison d'arrêt pour dettes, ou même certifiée véritable par le gardien, si le détenu ne sait pas signer.

Cette requête sera présentée en *duplicata* : l'ordonnance du président, aussi rendue par *duplicata*, sera exécutée sur l'une des minutes qui restera entre les mains du gardien ; l'autre minute sera déposée au greffe du tribunal et enregistrée *gratis*.

Art. 31. — Le débiteur élargi faute de consignation d'aliments ne pourra plus être incarcéré pour la même dette.

Art. 32. — Les dispositions du présent titre et celles du Code de procédure civile sur l'emprisonnement auxquelles il n'est pas dérogé par la présente loi, sont applicables à l'exercice de toutes contraintes par corps, soit pour dettes commerciales, soit pour dettes civiles, même pour celles qui sont énoncées à la deuxième section du titre II ci-dessus, et enfin à la contrainte par corps qui est exercée contre les étrangers.

Néanmoins, pour les cas d'arrestation provisoire, le créancier ne sera pas tenu de se conformer à l'art. 780 du Code de procédure, qui prescrit une signification et un commandement préalable.

TITRE V.

Dispositions relatives à la contrainte par corps en matière criminelle, correctionnelle et de police.

Art. 33. — Les arrêts, jugements et exécutoires portant condamnation, au profit de l'État, à des amendes, restitutions, dommages-intérêts et frais en matière criminelle, correctionnelle ou de police, ne pourront être exécutés par la voie de la contrainte par corps que cinq jours après le commandement qui sera fait aux condamnés, à la requête du receveur de l'enregistrement et des domaines.

Dans le cas où le jugement de condamnation n'aurait pas été précédemment signifié au débiteur, le commandement portera en tête un extrait de ce jugement, lequel contiendra le nom des parties et le dispositif.

Sur le vu du commandement et sur la demande du receveur de l'enregistrement et des domaines, le procureur du roi adressera les réquisitions nécessaires aux agents de la force publique et autres fonctionnaires chargés de l'exécution des mandements de justice.

Si le débiteur est détenu, la recommandation pourra être ordonnée immédiatement après la notification du commandement.

Art. 34. — Les individus contre lesquels la contrainte par corps aura été mise à exécution aux termes de l'article précédent, **su**biront l'effet de cette contrainte jusqu'à ce qu'ils aient payé le montant des condamnations, ou fourni une caution admise par le receveur des domaines, ou, en cas de contestation de sa part, déclarée bonne et valable par le tribunal civil de l'arrondissement.

La caution devra s'exécuter dans le mois, à peine de poursuites.

ART. 35. — Néanmoins les condamnés qui justifieront de leur insolvabilité, suivant le mode prescrit par l'article 420 du Code d'instruction criminelle, seront mis en liberté après avoir subi quinze jours de contrainte, lorsque l'amende et les autres condamnations pécuniaires n'excéderont pas quinze francs; un mois, lorsqu'elles s'élèveront de quinze à cinquante francs ; deux mois, lorsque l'amende et les autres condamnations s'élèveront de cinquante à cent francs ; et quatre mois, lorsqu'elles excéderont cent francs.

ART. 36. — Lorsque la contrainte par corps aura cessé en vertu de l'article précédent, elle pourra être reprise, mais une seule fois, et quant aux restitutions, dommages et intérêts et frais seulement, s'il est jugé contradictoirement avec le débiteur qu'il lui est survenu des moyens de solvabilité.

ART. 37. — Dans tous les cas, la contrainte par corps exercée en vertu de l'article 33 est indépendante des peines prononcées contre les condamnés.

ART. 38. — Les arrêts et jugements contenant des condamnations en faveur des particuliers pour réparations de crimes, délits ou contraventions commis à leur préjudice, seront, à leur diligence, signifiés et exécutés suivant les mêmes formes et voies de contrainte que les jugements portant des condamnations au profit de l'État.

Toutefois les parties poursuivantes seront tenues de pourvoir à la consignation d'aliments aux termes de la présente loi, lorsque la contrainte aura lieu à leur requête et dans leur intérêt.

ART. 39. — Lorsque la condamnation prononcée n'excédera pas trois cents francs, la mise en liberté des condamnés, arrêtés ou détenus à la requête et dans l'intérêt des particuliers ne pourra avoir lieu, en vertu des articles 34, 35 et 36, qu'autant que la validité des cautions ou l'insolvabilité des condamnés auront été, en cas de contestation, jugées contradictoirement avec le créancier.

La durée de la contrainte sera déterminée par le jugement de condamnation dans les limites de six mois à cinq ans.

ART. 40. — Dans tous les cas et quand bien même l'insolvabilité du débiteur pourrait être constatée, si la condamnation prononcée, soit en faveur d'un particulier, soit en faveur de l'État, s'élève à trois cents francs, la durée de la contrainte sera déterminée par le jugement de condamnation dans les limites fixées par l'article 7 de la présente loi.

Néanmoins, si le débiteur a commencé sa soixante et dixième année avant le jugement, les juges pourront réduire le minimum à six mois, et ils ne pourront dépasser un maximum de cinq ans.

S'il atteint sa soixante et dixième année pendant la durée de la contrainte, sa détention sera de plein droit réduite à la moitié du temps qu'elle avait encore à courir aux termes du jugement.

Art. 41. Les articles 19, 21 et 22 de la présente loi, sont applicables à la contrainte par corps exercée par suite des condamnations criminelles, correctionnelles et de police.

TITRE VI.

Dispositions transitoires.

Art. 42. Un mois après la promulgation de la présente loi, tous débiteurs actuellement détenus pour dettes civiles ou commerciales obtiendront leur élargissement, s'ils ont commencé leur soixante et dixième année, à l'exception toutefois des stellionataires, à l'égard desquels il n'est nullement dérogé au Code civil.

Art. 43. — Après le même délai d'un mois, les individus actuellement détenus pour dettes civiles emportant contrainte par corps obtiendront leur élargissement, si cette contrainte a duré dix ans, dans les cas prévus au premier paragraphe de l'article 7, et si cette contrainte a duré cinq ans, dans les cas prévus au deuxième paragraphe du même article, comme encore si elle a duré dix ans, et s'ils sont détenus comme débiteurs ou rétentionnaires de deniers ou effets mobiliers de l'État, des communes et des établissements publics.

Art. 44. Deux mois après la promulgation de la présente loi, les étrangers actuellement détenus pour dettes, et dont l'emprisonnement aura duré dix ans, obtiendront également leur élargissement.

Art. 45. — Les individus actuellement détenus pour amendes, restitutions et frais, en matière correctionnelle et de police, seront admis à jouir du bénéfice des articles 35, 39 et 40, savoir : les condamnés à quinze francs et au-dessous dans la huitaine; et les autres, dans la quinzaine de la promulgation de la présente loi.

Dispositions générales.

Art. 46. — Les lois du 15 germinal an VI, du 4 floréal de la même année et du 10 septembre 1807, sont abrogées. Sont également abrogées, en ce qui concerne la contrainte par corps, toutes dispositions de lois antérieures relatives au cas où cette contrainte peut être prononcée contre les débiteurs de l'État, des communes et des établissements publics. Néanmoins celles de ces dispositions qui concernent le mode des poursuites à exercer contre ces mêmes débiteurs, et celle du titre XIII du Code forestier, de la loi sur la pêche fluviale, ainsi que les dispositions relatives au bénéfice de cession, sont maintenues et continueront d'être exécutées.

La présente loi, discutée, délibérée et adoptée par la Chambre des Pairs et par celle des Députés, et sanctionnée par nous ce-'ourd'hui, sera exécutée comme loi de l'État.

LOI

SUR LA CONTRAINTE PAR CORPS

DU 13 DÉCEMBRE 1848

(Promulguée le 16 décembre 1848.)

L'ASSEMBLÉE NATIONALE A ADOPTÉ ET LE PRÉSIDENT DE L'ASSEMBLÉE PROMULGUE LA LOI dont la teneur suit :

ART. 1er. — Le décret du 9 mars 1848, qui suspend l'exercice de la contrainte par corps, cesse d'avoir son effet.

La législation antérieure sur la contrainte par corps est remise en vigueur sous les modifications suivantes :

TITRE Ier.

Dispositions relatives à la contrainte par corps en matière civile.

ART. 2. — A l'avenir, la contrainte par corps ne pourra être stipulée dans un acte de bail pour le paiement des fermages des biens ruraux.

ART. 3. — Les greffiers, les commissaires-priseurs et les gardes du commerce seront, comme les notaires, les avoués et les huissiers, soumis à la contrainte par corps, dans les cas prévus par le paragraphe 7 de l'art. 2060 du Code civil.

TITRE II.

Dispositions relatives à la contrainte par corps en matière commerciale.

ART. 4. — L'emprisonnement pour dette commerciale cessera de plein droit après trois mois, lorsque le montant de la condamnation en principal ne s'élèvera pas à cinq cents francs ; après six mois, lorsqu'il ne s'élèvera pas à mille francs ; après neuf mois, lorsqu'il ne s'élèvera pas à quinze cents francs ; après un an, lorsqu'il ne s'élèvera pas à deux mille francs.

L'augmentation se fera ainsi successivement de trois mois en trois mois pour chaque somme en sus qui ne dépassera pas cinq cents francs, sans pouvoir excéder trois années pour les sommes de six mille francs et au-dessus.

Art. 5. — Pour toute condamnation en principal au-dessous de cinq cents francs, même en matière de lettre de change et de billet à ordre, le jugement pourra suspendre l'exercice de la contrainte par corps, pendant trois mois au plus, à compter de l'échéance de la dette.

Art. 6. — A l'avenir, les dispositions des art. 24 et 25 de la loi du 17 avril 1832 seront applicables aux matières commerciales.

TITRE III.

Dispositions communes aux dettes civiles et aux dettes commerciales.

Art. 7. — Le débiteur contre lequel la contrainte par corps aura été prononcée par jugement des tribunaux civils ou de commerce conservera le droit d'interjeter appel du chef de la contrainte, dans les trois jours qui suivront l'emprisonnement ou la recommandation, lors même qu'il aurait acquiescé au jugement et que les délais ordinaires de l'appel seraient expirés. Le débiteur restera en état.

TITRE IV.

Dispositions relatives à la contrainte par corps en matières criminelle, correctionnelle et de police.

Art. 8. — La durée de la contrainte par corps, dans les cas prévus par l'art. 35 de la loi du 16 avril 1832, ne pourra excéder trois mois.

Lorsque les condamnations auront été prononcées au profit d'une partie civile et qu'elles seront inférieures à trois cents francs, si le débiteur fait les justifications prescrites par l'art. 39 de la même loi, la durée de l'emprisonnement sera la même que pour les condamnations prononcées au profit de l'État.

Lorsque le débiteur de l'État ou de la partie civile ne fera pas les justifications exigées par les articles ci-dessus indiqués de la loi du 17 avril 1832, et par le paragraphe 2 de l'art. 420 du Code d'instruction criminelle, la durée de l'emprisonnement sera du double

Art. 9. — Si le débiteur a commencé sa soixante et dixième année avant le jugement, la contrainte par corps sera déterminée dans la limite de trois mois à trois ans.

S'il a atteint sa soixante et dixième année avant d'être écroué ou pendant son emprisonnement, la durée de la contrainte sera, de plein droit, réduite de la moitié du temps qui restera à courir.

La contrainte par corps en matière criminelle, correctionnelle et de simple police ne sera exercée, dans l'intérêt de l'État ou des particuliers, contre des individus âgés de moins de seize ans accomplis à l'époque du fait qui a motivé la poursuite, qu'autant qu'elle aura été formellement prononcée par le jugement de condamnation.

TITRE V.

Dispositions générales.

ART. 10. — La contrainte par corps ne peut être prononcée ni exécutée au profit de l'oncle ou de la tante, du grand oncle ou de la grand'-tante, du neveu ou de la nièce, du petit-neveu ou de la petite-nièce, ni des alliés au même degré.

ART. 11. — En aucune matière, la contrainte par corps ne pourra être exercée simultanément contre le mari et la femme, même pour des dettes différentes.

Les tribunaux pourront, dans l'intérêt des enfants mineurs du débiteur et par le jugement de condamnation, surseoir, pendant une année au plus, à l'exécution de la contrainte par corps.

ART. 12. — Dans tous les cas où la durée de la contrainte par corps n'est pas déterminée par la présente loi, elle sera fixée par le jugement de condamnation dans les limites de six mois à cinq ans.

Néanmoins, les lois spéciales qui assignent à la contrainte une durée moindre continueront d'être observées.

TITRE VI.

Dispositions transitoires.

ART. 13. — Les débiteurs mis en liberté par suite du décret du 9 mars 1848, et à l'égard desquels la contrainte par corps est maintenue, pourront être écroués de nouveau, à la requête de leurs créanciers, huit jours après une simple mise en demeure, mais ils profiteront des dispositions de la présente loi.

ART. 14. — Les dettes antérieures ou postérieures au décret du 9 mars qui, d'après la législation en vigueur avant cette époque, entraînent la contrainte par corps, continueront à produire cet effet, dans le cas où elle demeure autorisée par la présente loi, et les jugements qui l'auront prononcée recevront leur exécution, sous les restrictions prononcées par les articles précédents.

ART. 15 — Dans les trois mois qui suivront la promulgation de la présente loi, un arrêté du pouvoir exécutif, rendu dans la forme des règlements d'administration publique, modifiera le tarif des frais en matière de contrainte par corps.

Délibéré en séance publique, à Paris, le 13 décembre 1848.

DES BREVETS D'INVENTION

Tout inventeur a droit à une juste récompense du fruit de son invention, de son intelligence et de sa fortune qu'il a souvent engagée dans son entreprise.

La récompense que trouve l'inventeur dans la mise en œuvre de son invention consiste à prendre ce qu'on nomme *un brevet*, qui lui permet de tirer parti de sa découverte, et à lui donner le droit d'exploiter seul son industrie pendant le temps pour lequel il a pris le brevet.

Pour que l'inventeur ne puisse être tourmenté dans l'exploitation de son œuvre, il faut qu'il soit protégé par la loi. Mais, à son tour, il contracte des obligations dont il ne peut se dispenser.

Il doit d'abord témoigner une confiance pleine et entière dans l'autorité qui le protége et lui donner une connaissance exacte de l'objet pour lequel il a demandé sa protection.

Toute personne qui veut prendre un brevet d'invention doit suivre la marche suivante :

Elle doit d'abord se présenter, à Paris, au Trésor public, ou, dans les départements, chez le receveur général, pour acquitter la première annuité de la taxe du brevet qu'elle sollicite.

Elle doit se rendre ensuite au secrétariat de la préfecture du département qu'elle habite, y déposer le reçu qui certifie du paiement de la première annuité, et, sous enveloppe cachetée, les pièces suivantes :

Sa demande au ministère de l'agriculture et du commerce ;

Une description claire et précise de son invention ;

Les dessins nécessaires pour l'intelligence de la description ;

Un double de cette description et de ces dessins exactement conforme à l'original ;

Et enfin un bordereau de toutes les pièces déposées.

La taxe pour les brevets d'invention est de :

500 fr. pour un brevet de cinq ans ;

1,000 fr. pour un brevet de dix ans ;

1,500 fr. pour un brevet de quinze ans.

Si, pendant la durée de son brevet, on veut apporter des changements, perfectionnements ou additions à son œuvre, on doit demander un ou plusieurs certificats d'addition au brevet principal.

Il faut suivre la même marche pour l'obtention de certificats d'addition et remplir les mêmes formalités que pour les brevets d'invention.

La taxe, pour chaque demande de certificat d'addition, est de 25 francs, et la durée de ce certificat ne peut excéder celle du brevet auquel il se rattache.

Si au lieu d'un certificat d'addition, expirant avec le brevet principal, on veut obtenir un brevet distinct, pour cinq, dix ou quinze années, il faut faire une demande de brevet d'invention pour perfectionnement.

Alors on doit acquitter la taxe et remplir les mêmes formalités que pour les brevets d'invention.

Les brevets demandés sont délivrés dans l'ordre de leur arrivée au ministère. Il n'y a point de sursis à leur expédition.

On peut céder tout ou partie d'un brevet; mais la cession doit en être faite par acte notarié et après le paiement complet de la taxe.

La cession n'est valable, à l'égard des tiers, que lorsqu'elle a été enregistrée au secrétariat de la préfecture du département dans lequel l'acte a été passé.

Le titre ou brevet délivré par le gouvernement constate, quant à la forme seulement, la régularité du dépôt de l'invention. Il ne garantit pas l'exactitude de la déclaration de l'inventeur, car le brevet est délivré sans examen préalable. Que l'idée soit nouvelle ou ancienne, bonne ou mauvaise, le gouvernement n'en est nullement solidaire; il se borne à l'enregistrer. Si l'idée est bonne ou neuve, l'inventeur en recueille les fruits; si elle est ancienne, elle est bientôt réclamée par ceux qui l'ont employée avant lui.

Le brevet est accordé soit à l'inventeur, soit à celui qui aurait acquis de lui la propriété exclusive de la découverte.

Il peut être délivré à une seule ou à plusieurs personnes, soit en leurs noms personnels, soit au nom d'une société.

Lorsqu'il est pris au nom d'une société régulièrement constituée, il appartient à la raison sociale et non aux associés individuellement.

Lorsque les brevets sont délivrés, et les droits de l'inventeur assurés, les descriptions, dessins, échantillons et modèles, déposés au ministère de l'agriculture et du commerce, sont communiqués gratuitement à ceux qui veulent en prendre connaissance; mais il est défendu de prendre aucune note : on peut seulement, en en faisant la demande, obtenir une copie du brevet en payant un droit de 25 francs pour chaque brevet principal, et de 20 francs pour chaque brevet d'addition. Les frais de copie du dessin, si on tient à les avoir, se paient en plus.

Lorsque les brevets sont expirés et tombés dans le domaine public, ils sont déposés au Conservatoire des arts et métiers, où on peut les consulter et en prendre copie sans aucune rétribution.

Pour mieux renseigner encore les personnes qui voudraient obtenir un brevet d'invention, nous insérons ici, dans tout son contenu, la loi du 5 juillet 1844, qui leur fera connaître, outre les formalités à remplir, leurs obligations et leurs droits.

LOI

SUR LES BREVETS D'INVENTION

TITRE Ier.

Dispositions générales.

ARTICLE 1er. — Toute nouvelle découverte ou invention dans tous les genres d'industrie confère à son auteur, sous les conditions et pour le temps ci-après déterminés, le droit exclusif d'exploiter à son profit ladite découverte ou invention.

Ce droit est constaté par des titres délivrés par le Gouvernement, sous le nom de *brevets d'invention*.

ART. 2. — Seront considérées comme inventions ou découvertes nouvelles,

L'invention de nouveaux produits industriels;

L'invention de nouveaux moyens ou l'application nouvelle de

moyens connus, pour l'obtention d'un résultat ou d'un produit industriel.

ART. 3. — Ne sont pas susceptibles d'être brevetés,

1º Les compositions pharmaceutiques ou remèdes de toute espèce, lesdits objets demeurant soumis aux lois et règlements spéciaux sur la matière, et notamment au décret du 18 août 1810, relatif aux remèdes secrets ;

2º Les plans et combinaisons de crédit ou de finances.

ART. 4. — La durée des brevets sera de cinq, dix ou quinze années.

Chaque brevet donnera lieu au paiement d'une taxe, qui est fixée ainsi qu'il suit, savoir :

Cinq cents francs pour un brevet de cinq ans :

Mille francs pour un brevet de dix ans ;

Quinze cents francs pour un brevet de quinze ans.

Cette taxe sera payée par annuité de cent francs, sous peine de déchéance si le breveté laisse écouler un terme sans l'acquitter.

TITRE II.

Des formalités relatives à la délivrance des brevets.

SECTION Ire.

Des demandes de Brevets.

ART. 5 — Quiconque voudra prendre un brevet d'invention devra déposer, sous cachet, au secrétariat de la préfecture, dans le département où il est domicilié, ou dans tout autre département, en y élisant domicile,

1º Sa demande au ministère de l'agriculture et du commerce ;

2º Une description de la découverte, invention ou application faisant l'objet du brevet demandé ;

3º Les dessins ou échantillons qui seraient nécessaires pour l'intelligence de la description ;

Et 4º un borderau des pièces déposées.

ART. 6. — La demande sera limitée à un seul objet principal, avec les objets de détail qui le constituent, et les applications qui auront été indiquées.

Elle mentionnera la durée que les demandeurs entendent assigner à leur brevet dans les limites fixées par l'article 4, et ne contiendra ni restrictions, ni conditions, ni réserves.

Elle indiquera un titre renfermant la désignation sommaire et précise de l'objet de l'invention.

La description ne pourra être écrite en langue étrangère. Elle devra être sans altération ni surcharges. Les mots rayés comme nuls seront comptés et constatés, les pages et les renvois paraphés.

Elle ne devra contenir aucune dénomination de poids ou de mesures autre que celles qui sont portées au tableau annexé à la loi du 4 juillet 1837.

Les dessins seront tracés à l'encre et d'après une échelle métrique.

Un duplicata de la description et des dessins sera joint à la demande.

Toutes les pièces seront signées par le demandeur ou par un mandataire, dont le pouvoir restera annexé à la demande.

ART. 7. — Aucun dépôt ne sera reçu que sur la production d'un récépissé constatant le versement d'une somme de cent francs à valoir sur le montant de la taxe du brevet.

Un procès-verbal, dressé sans frais par le secrétaire général de la préfecture, sur un registre à ce destiné, et signé par le demandeur, constatera chaque dépôt, en énonçant le jour et l'heure de la remise des pièces.

Une expédition dudit procès-verbal sera remise au déposant, moyennant le remboursement des frais de timbre.

ART. 8. — La durée du brevet courra du jour du dépôt prescrit par l'article 5.

SECTION II.

De la délivrance des Brevets.

ART. 9. Aussitôt après l'enregistrement des demandes, et dans les cinq jours de la date du dépôt, les préfets transmettront les pièces, sous le cachet de l'inventeur, au ministre de l'agriculture et du commerce, en y joignant une copie certifiée du procès-verbal de dépôt, le récépissé constatant le versement de la taxe, et, s'il, y a lieu, le pouvoir mentionné dans l'article 6.

ART. 10. — A l'arrivée des pièces au ministère de l'agriculture et du commerce, il sera procédé à l'ouverture, à l'enregistrement, des demandes et à l'expédition des brevets, dans l'ordre de la réception desdites demandes.

ART. 11. — Les brevets dont la demande aura été régulièrement formée seront délivrés, sans examen préalable, aux risques et périls des demandeurs, et sans garantie, soit de la réalité, de la nouveauté ou du mérite de l'invention, soit de la fidélité ou de l'exactitude de la description.

Un arrêté du ministre, constatant la régularité de la demande, sera délivré au demandeur, et constituera le brevet d'invention.

A cet arrêté sera joint le duplicata certifié de la description et des dessins, mentionné dans l'article 6, après que la conformité avec l'expédition originale en aura été reconnue et établie au besoin.

La première expédition des brevets sera délivrée sans frais.

Toute expédition ultérieure, demandée par le breveté ou ses ayants cause, donnera lieu au paiement d'une taxe de vingt-cinq francs.

Les frais de dessin, s'il y a lieu, demeureront à la charge de l'impétrant.

ART. 12. — Toute demande dans laquelle n'auraient pas été observées les formalités prescrites par les nᵒˢ 2 et 3 de l'article 5, et par l'article 6, sera rejetée. La moitié de la somme versée restera acquise au trésor, mais il sera tenu compte de la totalité de cette somme au demandeur s'il reproduit sa demande dans un délai de trois mois, à compter de la date de la notification du rejet de sa requête.

ART. 13. — Lorsque, par application de l'article 3, il n'y aura pas lieu à délivrer un brevet, la taxe sera restituée.

ART. 14. — Une ordonnance royale, insérée au Bulletin des lois, proclamera, tous les trois mois, les brevets délivrés.

ART. 15. — La durée des brevets ne pourra être prolongée que par une loi.

SECTION III.

Des certificats d'addition.

ART. 16. — Le breveté ou les ayants droit au brevet auront, pendant toute la durée du brevet, le droit d'apporter à l'invention des changements, perfectionnements ou additions, en remplissant, pour le dépôt de la demande, les formalités déterminées par les articles 5, 6 et 7.

Ces changements, perfectionnements ou additions, seront constatés par des certificats délivrés dans la même forme que le brevet principal, et qui produiront, à partir des dates respectives des demandes et de leur expédition, les mêmes effets que ledit brevet principal, avec lequel ils prendront fin.

Chaque demande de certificat d'addition donnera lieu au paiement d'une taxe de vingt francs.

Les certificats d'addition, pris par un des ayants droit, profiteront à tous les autres.

ART. 17. — Tout breveté qui, pour un changement, perfectionnement ou addition, voudra prendre un brevet principal de cinq, dix ou quinze années, au lieu d'un certificat d'addition expirant avec le brevet primitif, devra remplir les formalités prescrites par les articles 5, 6 et 7, et acquitter la taxe mentionnée dans l'article 4.

ART. 18. Nul autre que le breveté ou ses ayants droit, agissant comme il est dit ci-dessus, ne pourra, pendant une année, prendre valablement un brevet pour un changement, perfectionnement ou addition à l'invention qui fait l'objet du brevet primitif.

Néanmoins, toute personne qui voudra prendre un brevet pour

changement, addition ou perfectionnement à une découverte déjà brevetée, pourra, dans le cours de ladite année, former une demande qui sera transmise, et restera déposée sous cachet, au ministère de l'agriculture et du commerce.

L'année expirée, le cachet sera brisé et le brevet délivré.

Toutefois, le breveté principal aura la préférence pour les changements, perfectionnements et additions pour lesquels il aurait lui-même, pendant l'année, demandé un certificat d'addition ou un brevet.

ART. 19. — Quiconque aura pris un brevet pour une découverte, invention ou application se rattachant à l'objet d'un autre brevet, n'aura aucun droit d'exploiter l'invention déjà brevetée, et réciproquement le titulaire du brevet primitif ne pourra exploiter l'invention, objet du nouveau brevet.

SECTION IV.

De la transmission et de la cession des Brevets.

ART. 20. — Tout breveté pourra céder la totalité ou partie de la propriété de son brevet.

La cession totale ou partielle d'un brevet, soit à titre gratuit, soit à titre onéreux, ne pourra être faite que par acte notarié, et après le paiement de la totalité de la taxe déterminée par l'art. 4.

Aucune cession ne sera valable, à l'égard des tiers, qu'après avoir été enregistrée au secrétariat de la préfecture du département dans lequel l'acte aura été passé.

L'enregistrement des cessions et de tous autres actes emportant mutation sera fait sur la production et le dépôt d'un extrait authentique de l'acte de cession ou de mutation.

Une expédition de chaque procès-verbal d'enregistrement, accompagnée de l'extrait de l'acte ci-dessus mentionné, sera transmise, par les préfets, au ministre de l'agriculture et du commerce, dans les cinq jours de la date du procès-verbal.

ART. 21. — Il sera tenu, au ministère de l'agriculture et du commerce, un registre sur lequel seront inscrites les mutations intervenues sur chaque brevet, et, tous les trois mois, une ordonnance royale proclamera, dans la forme déterminée par l'art. 14, les mutations enregistrées pendant le trimestre expiré.

ART. 22. — Les cessionnaires d'un brevet, et ceux qui auront acquis d'un breveté ou de ses ayants droit la faculté d'exploiter la découverte ou l'invention, profiteront, de plein droit, des certificats d'addition qui seront ultérieurement délivrés au breveté ou à ses ayants droit. Réciproquement, le breveté ou ses ayants droit profiteront des certificats d'addition qui seront ultérieurement délivrés aux cessionnaires.

Tous ceux qui auront droit de profiter des certificats d'addition pourront en lever une expédition au ministère de l'agriculture et du commerce, moyennant un droit de vingt francs.

SECTION V.

De la communication et de la publication des descriptions et dessins de Brevets.

ART. 23. — Les descriptions, dessins, échantillons et modèles des brevets délivrés, resteront, jusqu'à l'expiration des brevets, déposés au ministère de l'agriculture et du commerce, où ils seront communiqués sans frais, à toute réquisition.

Toute personne pourra obtenir, à ses frais, copie desdites descriptions et dessins, suivant les formes qui seront déterminées dans le règlement rendu en exécution de l'art. 50.

ART. 24. — Après le paiement de la deuxième annuité, les descriptions et dessins seront publiés, soit textuellement, soit par extrait.

Il sera en outre publié, au commencement de chaque année, un catalogue contenant les titres des brevets délivrés dans le courant de l'année précédente.

ART. 25. — Le recueil des descriptions et dessins et le catalogue publiés en exécution de l'article précédent seront déposés au ministère de l'agriculture et du commerce, et au secrétariat de la préfecture de chaque département, où ils pourront être consultés sans frais.

ART. 26. — A l'expiration des brevets, les originaux des descriptions et dessins seront déposés au Conservatoire royal des arts et métiers.

TITRE III.

Des droits des étrangers.

ART. 27. — Les étrangers pourront obtenir en France des brevets d'invention.

ART. 28. — Les formalités et conditions déterminées par la présente loi seront applicables aux brevets demandés ou délivrés en exécution de l'article précédent.

ART. 29. — L'auteur d'une invention ou découverte déjà brevetée à l'étranger pourra obtenir un brevet en France ; mais la durée de ce brevet ne pourra excéder celle des brevets antérieurement pris à l'étranger.

TITRE IV.

Des nullités et déchéances, et des actions y relatives.

SECTION Ire.

Des nullités et déchéances.

ART. 30. — Seront nuls, et de nul effet, les brevets délivrés dans les cas suivants, savoir :

1º Si la découverte, invention ou application n'est pas nouvelle ;

2º Si la découverte, invention ou application n'est pas, aux termes de l'art. 3, susceptible d'être brevetée ;

3º Si les brevets portent sur des principes, méthodes, systèmes, découvertes et conceptions théoriques ou purement scientifiques, dont on n'a pas indiqué les applications industrielles ;

4º Si la découverte, invention ou application est reconnue contraire à l'ordre ou à la sûreté publique, aux bonnes mœurs ou aux lois du royaume, sans préjudice, dans ce cas et dans celui du paragraphe précédent, des peines qui pourraient être encourues pour la fabrication ou le débit d'objets prohibés ;

5º Si le titre sous lequel le brevet a été demandé indique frauduleusement un objet autre que le véritable objet de l'invention ;

6º Si la description jointe au brevet n'est pas suffisante pour l'exécution de l'invention, ou si elle n'indique pas, d'une manière complète et loyale, les véritables moyens de l'inventeur ;

7º Si le brevet a été obtenu contrairement aux dispositions de l'art. 18.

Seront également nuls, et de nul effet, les certificats comprenant des changements, perfectionnements ou additions qui ne se rattacheraient pas au brevet principal.

ART. 31. — Ne sera pas réputée nouvelle toute découverte, invention ou application qui, en France ou à l'étranger, et antérieurement à la date du dépôt de la demande, aura reçu une publicité suffisante pour pouvoir être exécutée.

ART. 32. — Sera déchu de tous ses droits,

1º Le breveté qui n'aura pas acquitté son annuité avant le commencement de chacune des années de la durée de son brevet ;

2º Le breveté qui n'aura pas mis en exploitation sa découverte ou invention en France, dans le délai de deux ans, à dater du jour de la signature du brevet, ou qui aura cessé de l'exploiter pendant deux années consécutives, à moins que, dans l'un ou l'autre cas, il ne justifie des causes de son inaction ;

3º Le breveté qui aura introduit en France des objets fabriqués en pays étranger et semblables à ceux qui sont garantis par son brevet.

Sont exceptés des dispositions du précédent paragraphe, les modèles de machines dont le ministre de l'agriculture et du commerce pourra autoriser l'introduction dans le cas prévu par l'article 29.

Art. 33. — Quiconque, dans des enseignes, annonces, prospectus, affiches, marques ou estampilles, prendra la qualité de breveté sans posséder un brevet délivré conformément aux lois, ou après l'expiration d'un brevet antérieur; ou qui, étant breveté, mentionnera sa qualité de breveté ou son brevet sans y ajouter ces mots, *sans garantie du gouvernement*, sera puni d'une amende de cinquante francs à mille francs.

En cas de récidive, l'amende pourra être portée au double.

SECTION II.

Des actions en nullité et en déchéance.

Art. 34. — L'action en nullité et l'action en déchéance pourront être exercées par toute personne y ayant intérêt.

Ces actions, ainsi que toutes contestations relatives à la propriété des brevets, seront portées devant les tribunaux civils de première instance.

Art. 35. — Si la demande est dirigée en même temps contre le titulaire du brevet et contre un ou plusieurs cessionnaires partiels, elle sera portée devant le tribunal du domicile du titulaire du brevet.

Art. 36. — L'affaire sera instruite et jugée dans la forme prescrite pour les matières sommaires, par les articles 405 et suivants du Code de procédure civile. Elle sera communiquée au procureur du roi.

Art. 37. — Dans toute instance tendant à faire prononcer la nullité ou la déchéance d'un brevet, le ministère public pourra se rendre partie intervenante et prendre des réquisitions pour faire prononcer la nullité absolue du brevet. Il pourra même se pourvoir directement par action principale pour faire prononcer la nullité, dans les cas prévus aux nᵒˢ 2, 4 et 5 de l'article 30.

Art. 38. — Dans les cas prévus par l'article 37, tous les ayants droit au brevet dont les titres auront été enregistrés au ministère de l'agriculture et du commerce, conformément à l'article 21, devront être mis en cause.

Art. 39. — Lorsque la nullité ou la déchéance absolue d'un brevet aura été prononcée par jugement ou arrêt ayant acquis force de chose jugée, il en sera donné avis au ministre de l'agriculture et du commerce, et la nullité ou la déchéance sera publiée dans la forme déterminée par l'article 14 pour la proclamation des brevets.

TITRE V.

De la Contrefaçon, des poursuites et des peines.

ART. 40. — Toute atteinte portée aux droits du breveté, soit par la fabrication de produits, soit par l'emploi de moyens faisant l'objet de son brevet, constitue le délit de contrefaçon.

Ce délit sera puni d'une amende de cent à deux mille francs.

ART. 41. — Ceux qui auront sciemment recélé, vendu ou exposé en vente, ou introduit sur le territoire français, un ou plusieurs objets contrefaits, seront punis des mêmes peines que les contrefacteurs.

ART. 42. — Les peines établies par la présente loi ne pourront être cumulées.

La peine la plus forte sera seule prononcée pour tous les faits antérieurs au premier acte de poursuite.

ART. 43. — Dans le cas de récidive, il sera prononcé, outre l'amende portée aux articles 40 et 41, un emprisonnement d'un mois à six mois.

Il y a récidive lorsqu'il a été rendu contre le prévenu, dans les cinq années antérieures, une première condamnation pour un des délits prévus par la présente loi.

Un emprisonnement d'un mois à six mois pourra aussi être prononcé, si le contrefacteur est un ouvrier ou un employé ayant travaillé dans les ateliers ou dans l'établissement du breveté, ou si le contrefacteur, s'étant associé avec un ouvrier ou un employé du breveté, a eu connaissance, par ce dernier, des procédés décrits au brevet.

Dans ce dernier cas, l'ouvrier ou l'employé pourra être poursuivi comme complice.

ART. 44. — L'article 463 du Code pénal pourra être appliqué aux délits prévus par les dispositions qui précèdent.

ART. 45. — L'action correctionnelle, pour l'application des peines ci-dessus, ne pourra être exercée par le ministère public que sur la plainte de la partie lésée.

ART. 46. — Le tribunal correctionnel, saisi d'une action pour délit de contrefaçon, statuera sur les exceptions qui seraient tirées par le prévenu, soit de la nullité ou de la déchéance du brevet, soit des questions relatives à la propriété dudit brevet.

ART. 47. — Les propriétaires de brevet pourront, en vertu d'une ordonnance du président du tribunal de première instance, faire procéder, par tous huissiers, à la désignation et description détaillées, avec ou sans saisie, des objets prétendus contrefaits.

L'ordonnance sera rendue sur simple requête, et sur la représentation du brevet; elle contiendra, s'il y a lieu, la nomination d'un expert pour aider l'huissier dans sa description.

Lorsqu'il y aura lieu à la saisie, ladite ordonnance pourra imposer au requérant un cautionnement qu'il sera tenu de consigner avant d'y faire procéder.

Le cautionnement sera toujours imposé à l'étranger breveté qui requerra la saisie.

Il sera laissé copie au détenteur des objets décrits ou saisis, tant de l'ordonnance que de l'acte constatant le dépôt du cautionnement, le cas échéant; le tout, à peine de nullité et de dommages-intérêts contre l'huissier.

ART. 48. — A défaut par le requérant, de s'être pourvu, soit par la voie civile, soit par la voie correctionnelle, dans le délai de huitaine, outre un jour par trois myriamètres de distance, entre le lieu où se trouvent les objets saisis ou décrits, et le domicile du contrefacteur, recéleur, introducteur ou débitant, la saisie ou description sera nulle de plein droit, sans préjudice des dommages-intérêts qui pourront être réclamés, s'il y a lieu, dans la forme prescrite par l'article 36.

ART. 49. — La confiscation des objets reconnus contrefaits, et, le cas échéant, celle des instruments ou ustensiles destinés spécialement à leur fabrication, seront, même en cas d'acquittement, prononcées contre le contrefacteur, le recéleur, l'introducteur ou le débitant.

Les objets confisqués seront remis au propriétaire du brevet, sans préjudice de plus amples dommages-intérêts et de l'affiche du jugement, s'il y a lieu.

TITRE VI.

Dispositions particulières et transitoires.

ART. 50. — Des ordonnances royales, portant règlement d'administration publique, arrêteront les dispositions nécessaires pour l'exécution de la présente loi, qui n'aura d'effet qne trois mois après sa promulgation.

ART. 51. — Des ordonnances rendues dans la même forme pourront régler l'application de la présente loi dans les colonies, avec les modifications qui seront jugées nécessaires.

ART. 52. — Seront abrogés, à compter du jour où la présente loi sera devenue exécutoire, les lois des 7 janvier et 25 mai 1791, celle du 20 septembre 1792, l'arrêté du 19 vendémiaire an VII, l'arrêté du 5 vendémiaire an IX, les décrets des 25 novembre 1806 et 25 janvier 1807, et toutes dispositions antérieures à la présente loi, relatives aux brevets d'invention, d'importation et de perfectionnement.

ART. 53. — Les brevets d'invention, d'importation et de perfectionnement actuellement en exercice, délivrés conformément aux lois antérieures à la présente, ou prorogés par ordonnance royale, conserveront leur effet pendant tout le temps qui aura été assigné à leur durée.

Art. 54. — Les procédures commencées avant la promulgation de la présente loi seront mises à fin conformément aux lois antérieures.

Toute action, soit en contrefaçon, soit en nullité ou déchéance de brevet, non encore intentée, sera suivie conformément aux dispositions de la présente loi, alors même qu'il s'agirait de brevets délivrés antérieurement.

La présente loi, discutée, délibérée et adoptée par la Chambre des Pairs et par celle des Députés, et sanctionnée par nous cejourd'hui, sera exécutée comme loi de l'État.

DES MARQUES DE FABRIQUE

Les fabricants sont autorisés à frapper leurs produits d'une marque particulière, assez distincte de celles déjà adoptées pour ne pouvoir être confondue avec elles.

Tout fabricant qui voudra s'assurer la propriété de sa marque est tenu de la faire empreindre sur les tables communes déposées à cet effet dans l'une des salles du chef-lieu de la sous-préfecture, ou par le dépôt d'un modèle au greffe du tribunal de commerce d'où relève le chef-lieu de la manufacture ou de l'atelier, et enfin au secrétariat du conseil des prud'hommes, s'il en existe.

Il est perçu une somme de 6 fr. pour chaque dépôt de marque, plus celle de 3 fr. pour l'expédition du procès-verbal de dépôt.

D'après la jurisprudence actuelle, tout propriétaire d'une marque, légalement déposée, peut faire saisir les fausses marques par tout officier ministériel ou de police, soit chez le contrefacteur, soit chez toute personne qui en fait usage.

On peut constater la contrefaçon soit par témoin, soit par facture, soit enfin par tous autres moyens de preuve.

Il en est pour les étiquettes comme pour les marques.

DES DESSINS DE FABRIQUE

On comprend sous cette dénomination tous les genres de dessins susceptibles d'être reproduits d'une manière quelconque sur les tissus, papiers, bois, porcelaines, etc.

Tout fabricant qui voudra pouvoir revendiquer la propriété d'un dessin de son invention sera tenu d'en déposer aux archives du conseil des prud'hommes, ou, à défaut, au greffe du tribunal de commerce, ou enfin au greffe du tribunal de première instance, un échantillon, sous enveloppe, revêtu de ses cachet et signature, sur lequel sera également apposé le timbre de la juridiction où il aura fait le dépôt.

En présentant son échantillon, le fabricant déclarera qu'il entend se réserver la propriété exclusive pendant une, trois ou cinq années, ou à perpétuité.

Il sera tenu note de cette déclaration.

Ce dépôt sera reçu gratuitement, sauf le droit du greffier pour la délivrance du certificat constatant ledit dépôt.

Dans le cas de contrefaçon, on peut le faire constater et faire saisir comme il est dit pour les marques de fabrique.

FORMULES

ET MODÈLES

Modèle N° 1. — BROUILLARD.

——— Du 1er janvier 1853. ———		
J'ai acheté à **Dupré**, de Bordeaux,		
100m de drap à. 12 50	1250	»
——— 2 id. ———		
Vendu à **Martin**, de Rouen,		
15m drap à. . . . . 16 » 240 »		
à **Bertrand**, de Paris,		
20m drap à. . . . . 15 » 300 »	540	»
——— 3 id. ———		
J'ai reçu de **Martin**, de Rouen, pour solde de ma		
facture d'hier, en espèces.	240	»

Le *Brouillard*, qu'on nomme aussi *Mémorial* ou *Main-Courante*, est un livre sur lequel on inscrit les opérations au fur et à mesure qu'elles se font. Ce n'est autre chose qu'un journal, tenu avec moins de soin que le journal véritable, qui doit être coté, paraphé et visé, sur lequel toutes les écritures doivent être passées selon les règles de la tenue des livres et sur lequel on doit aussi éviter les surcharges et les ratures.

Modèle N° 2. — JOURNAL.

		— Du 1er janvier 1853. —				
1	Marchandises générales					
2	à **Dupré**, de Bordeaux, sa facture de ce jour,					
	100m drap à.................... 12 50	»	»	1250	»
	— 2 id. —				
1	Divers à marchandises générales					
3	**Martin**, de Rouen,					
	15m drap à..................... 16 »	240	»		
4	**Bertrand**, de Paris,					
	20m drap à..................... 15 »	300	»	540	»
	— 3 id. —				
5	Caisse					
3	à **Martin**, de Rouen, solde de ma facture					
	du 2 courant, espèces....................	»	»	240	»
				2030	»

Le modèle de journal ci-dessus est celui d'un journal tenu
en partie double. On y voit que, ainsi qu'il a été dit au commencement de cet ouvrage à propos des livres de commerce,
il figure à chaque article un ou plusieurs débiteurs et un ou
plusieurs créanciers.

Avant de passer un article au journal on doit le raisonner
et ne pas s'écarter de ce principe de tenue des livres en partie double; que *ce qui entre doit à ce qui sort*, ou bien, si
l'opération est simple, c'est-à-dire qu'on vende ou qu'on
achète, par exemple, des marchandises et qu'on ne reçoive
ou qu'on ne donne rien, on devient créancier ou débiteur de
la personne à qui on a vendu ou acheté.

Dans le premier article de ce modèle, j'ai acheté à Dupré
100 mètres de drap à 12 fr. 50 c. le mètre, montant à
fr. 1,250 : je reçois des marchandises que j'achète à Dupré,
donc je deviens son débiteur; et comme, ainsi que nous

l'avons expliqué au chapitre des livres de commerce, le négociant se trouve représenté par les cinq comptes généraux, je dois, puisqu'il entre des marchandises, en charger ou débiter le compte de Marchandises générales, et en créditer Dupré, qui me les remet, et qui devient par là mon créancier.

Je passe cet article au journal de la manière suivante : Marchandises générales doivent à Dupré de Bordeaux, etc.

Mais, comme en tenue de livres, par abréviation, on supprime le mot *doit*, j'écris :

« Marchandises générales,

« à Dupré de Bordeaux.

Les articles ainsi passés, on voit d'un coup d'œil au journal que les comptes précédés de la lettre *à* sont créanciers, et qu'on doit porter au crédit de leur compte l'article qui les concerne ; que, par contre, ceux qui ne sont pas précédés de cette particule sont débiteurs, et qu'on doit porter au débit de leur compte l'article qui les concerne également.

Lorsqu'il y a plusieurs débiteurs comme dans le second article, ou bien plusieurs créditeurs, on sort chacune des sommes qui concerne chaque compte dans la colonne intérieure de droite destinée à cet effet, et le total de l'article est porté dans la colonne extérieure, c'est-à-dire, la dernière de droite. (Voir au journal l'article du 2 janvier.)

La colonne de gauche est destinée à recevoir les folios que les comptes occupent au grand-livre. Au fur et à mesure qu'on reporte les articles au grand-livre, on fait un signe quelconque devant le folio du compte dont on vient d'inscrire l'article. Le point • qu'on voit sur notre modèle de journal, en regard de chaque folio, est la marque que nous avons adoptée.

Ces signes servent donc à faire reconnaître d'un coup d'œil les articles qu'on aurait pu omettre en reportant les écritures.

Nous devons faire remarquer ici la différence qui existe entre notre méthode d'inscrire les articles sur le journal et celle de la majeure partie des auteurs qui ont publié des ouvrages sur la tenue des livres. Nous mettons un compte sur chaque ligne, tandis qu'ils en mettent deux dans une seule. Ainsi, par exemple, dans un article où il y aura un seul débi-

teur et un seul créditeur, ils écriront sur la même ligne : *Marchandises générales à Paul.* Ils sont alors obligés de mettre
les folios de chacun de ces comptes en regard de cette ligne et
ils les séparent par une petite barre, le folio débiteur au-dessus, le folio créditeur au-dessous. Cela fait une confusion que
notre méthode fait disparaître. Notre système a l'avantage
d'offrir plus facilement à l'œil les comptes mentionnés dans
l'article ; on voit de suite quel est le débiteur et quel est le
créditeur ; la colonne des folios se trouve plus régulière, et on
évite par là bien des erreurs.

Les sommes totales de chaque article du journal sorties
dans la dernière colonne de droite doivent être additionnées
au bas de chaque page et reportées à la suivante, afin de
pouvoir en confronter le total avec ceux du débit et du crédit
du grand livre, lorsqu'on fait la balance de vérification des
écritures.

Lorsque ces trois totaux sont parfaitement conformes, les
écritures ont été exactement reportées ; s'il en était autrement, il y aurait erreur, et il faudrait pointer les écritures,
c'est-à-dire, rappeler les sommes, article par article, à chaque
compte, jusqu'à ce qu'on aurait découvert toutes les erreurs
formant la différence qui existait entre les trois totaux ci-
dessus.

C'est au moyen de cette balance d'écritures qu'on obtient
en partie double, qu'on peut s'assurer que les écritures ont été
bien reportées et que chaque compte du grand livre est chargé
de tout ce qui est écrit au journal le concernant.

F° 1.   *Modèle* N° 3. — **GRAND**

Doivent.   MARCHANDISES

1853. Janiver.	1	A DUPRÉ, suivant journal............	1	1250	»	1250	»
		A nouveau.....................		740	»		
F° 2. *Doit.*		DUPRÉ.					1
F° 3. *Doit.*		MARTIN.					
1853. Janvier.	2	A Marchandises générales, suivant journal.	1	240			
F° 4. *Doit.*		BERTRAND.					
1853. Janvier.	2	A Marchandises générales, suivant journal.	1	300			

Le grand livre représente, par ordre de comptes, les écritures qui sont passées au journal par ordre de dates.

On doit donc, non-seulement ouvrir un compte au grand livre à chaque individu qui figure au journal, mais on doit aussi en ouvrir un à chacun des cinq comptes généraux par lequel le commerçant se trouve représenté, ainsi qu'à chaque objet qui est le sujet d'un compte spécial.

Chaque compte occupe sur le grand livre deux pages en regard, ou bien une seule page divisée en deux parties. On inscrit sur le côté de gauche tous les articles de débit portés au journal, et sur le côté de droite tous ceux de crédit.

IVRE.   F° 1.

ÉNÉRALES.   *Avoir.*

. Janvier.	2	Par divers, suivant journal.............	1	540	»		
		Solde débiteur à nouveau..............		710	»	1250	»

rdeaux.   F° 2.
                                        Avoir.

. Janvier.	1	Par march. générales, suivant journal.	1	1250	»		

Paris.   F° 3.
                                        Avoir.

Rouen.   F° 4.
                                        Avoir.

En tête du côté gauche du grand livre on met le mot *Doit* pour indiquer le débit, et du côté droit celui *Avoir* pour indiquer le crédit. Le titre du compte occupe la distance qui existe entre ces deux mots.

Ainsi, le grand livre est un tableau qui présente du côté gauche, celui du débit, tout ce que le compte ou l'individu qu'il représente doit ; et du côté droit, celui du crédit, tout ce qu'il est dû à ce compte ou à la personne qu'il représente.

La différence qui existe entre le total du débit et celui du crédit d'un compte se nomme solde ou balance. Si le débit l'emporte sur le crédit, la différence est due par la personne que le compte représente; si au contraire le crédit l'emporte sur le débit, la différence est due à cette personne. Dans le premier cas on nomme cette différence *solde débiteur* et dans le second cas, *solde créditeur*.

Ainsi, dans notre modèle de grand livre, au premier compte, celui de Marchandises générales, le débit est de 1,250 fr. et le crédit de 540 fr.; donc le solde ou la balance de ce compte est de 710 fr. et le compte de Marchandises générales est débiteur par solde de cette somme.

Si au lieu d'être le compte de Marchandises générales c'était le compte d'un individu , de Pierre, par exemple, Pierre serait notre débiteur de 710 fr. par solde de balance de compte.

Lorsqu'on veut balancer un compte on porte la différence, c'est-à-dire le solde, du côté le plus faible ; au crédit si c'est un solde débiteur, et au débit si c'est un solde créditeur; on fait l'addition de chaque côté qui doit produire le même total, on ferme le compte par des traits, et on porte ensuite à nouveau le solde qui a servi à faire la balance , au débit si c'est un solde débiteur, au crédit si c'est un solde créditeur. (Voyez au compte de Marchandises générales.)

Le modèle de grand livre que nous avons tracé nous paraît être le plus commode, tout en remplissant les besoins de la pratique. Les colonnes de gauche sont destinées aux dates; la première colonne de droite est réservée aux folios du journal sur lequel se trouve l'article qu'on reporte. La seconde colonne suivante est réservée à la somme de ce même article, et enfin la troisième suivante est réservée pour sortir les totaux des sommes portées dans la colonne voisine, lorsqu'on veut balancer ce compte ou le solder, ou bien le total de chaque mois lorsqu'on fait la balance des écritures tous les mois.

Dans l'espace qui existe entre les colonnes de gauche et celles de droite, on met d'abord le compte à qui il est dû, si c'est un article de débit, ou le compte par qui il est dû , si c'est un crédit. Ainsi, dans le premier article du journal : *Marchandises générales à Dupré*, je mets au grand livre, au compte de Marchandises générales, du côté du débit, d'abord la date, puis *à Dupré*, ensuite le libellé de l'article, c'est-à-dire l'objet qui en fait l'importance, enfin le folio du journal et la somme. J'opère de même pour les crédits du côté droit, avec cette différence que, au compte de Dupré, par exemple, je mets : *Par Marchandises générales*, etc.

Comme à chaque compte au grand livre chaque article ne doit occuper qu'une ligne, on a généralement adopté de mettre, au lieu du libellé du journal, qui souvent ne pourrait y être inséré faute d'espace, les mots : *Suivant journal*. Cela suffit en effet, car, si on a besoin de renseignements sur un article, on doit se reporter au journal, et le folio placé dans la première colonne de droite du grand livre, indique où est l'article dont on a besoin.

Dans les maisons de commerce importantes et dans lesquelles un seul grand livre serait trop volumineux s'il devait contenir tous les comptes nécessaires, on a des grands livres auxiliaires qu'on nomme livres de comptes courants et dont chacun a sa spécialité. Sur l'un, par exemple, on n'ouvrira des comptes qu'aux maisons de Paris seulement avec lesquelles on fait des affaires; sur un autre, les comptes des maisons de la province et de l'étranger. On en fait de même pour le journal, on a des livres sur lesquels on n'inscrit que les ventes, et d'autres sur lesquels on n'inscrit que les crédits. Lorsqu'une comptabilité est ainsi établie, on fait tous les mois la balance de ces divers livres, dont les écritures sont reportées sur les grands livres de comptes-courants, et on porte le total du mois au journal principal. Par exemple, pour les ventes, on écrit : « *Débiteurs divers* (auxquels il doit être ouvert un compte au grand livre principal) *à Marchandises générales*, pour le montant des ventes du mois de ..... fr. .....; » et, pour les crédits, on écrit : « *Caisse à Débiteurs divers*, pour le montant des recettes du mois de ..... fr. .....; » et enfin s'il y a des escomptes : « *Escomptes*, » s'il y a un compte spécial pour eux; ou bien : « *Profits et Pertes*, » s'il n'y en a pas, *à Débiteurs divers*, pour le montant des escomptes accordés pendant le mois de ..... fr. .....

DU LIVRE D'INVENTAIRE.

Le livre d'inventaire est un livre sur lequel on transcrit l'inventaire que la loi ordonne de faire au moins une fois tous les ans.

L'inventaire doit présenter la situation exacte du commerçant. Tous les effets composant son actif et son passif doivent y figurer; et c'est par la balance qui en résulte qu'il voit ce qu'il a gagné ou perdu dans son commerce.

On commence par faire l'inventaire de toutes les marchandises qu'on possède, on y ajoute le relevé de toutes les sommes qui sont dues, des espèces en caisse, valeurs en portefeuille, mobilier, immeubles, enfin tout ce qui peut constituer son actif. On établit ensuite son passif, c'est-à-dire le relevé de tout ce qu'on peut devoir, à quel titre que ce soit, on fait une récapitulation du tout, et on obtient une balance générale qui est le résultat de l'inventaire.

Voici un modèle d'inventaire :

INVENTAIRE GÉNÉRAL

de toutes mes valeurs et de mes dettes actives et passives,
clos et arrêté le ....

ACTIF.

Marchandises en magasin	50,000	»
Dû par débiteurs divers	65,000	»
Effets en portefeuille.................... .	15,000	»
Espèces en caisse........................	11,000	»
Mobilier industriel	8,000	»
Mobilier particulier.....................	5,000	»
Immeubles (s'il y en a)..................	»	•
Total de l'actif, fr......	154,000	»

PASSIF.

Dû à créditeurs divers (ou diverses personnes).	75,000	»
Billets à payer, pour ceux souscrits ou endossés restant à payer	20,000	»
(Il est inutile de dire qu'on peut faire le détail du passif comme celui de l'actif, c'est-à-dire désigner les principales créances.)		
Total du passif........	95,000	»

RÉCAPITULATION.

Actif................................... fr. **154,000**

Passif................................... fr. **95,000**

                                              59,000

(Si on suppose qu'on ait commencé les affaires avec un capital de)............. **50,000**

L'inventaire présente un bénéfice de....... **9,000**

Chaque inventaire doit être daté et signé par le négociant,
et par tous les associés, s'il y a société.

DU LIVRE DE CAISSE.

Le livre de caisse se tient par Doit et Avoir.

Du côté du *Doit* on inscrit toutes les sommes qu'on reçoit,
du côté de l'*Avoir* toutes celles que l'on paie.

Lorsqu'on veut faire *sa caisse*, c'est-à-dire arrêter et balancer le livre de caisse, on additionne les sommes portées de
chaque côté : la différence qui existe entre le débit et le crédit indique la somme qu'on doit avoir en caisse. On porte cet
encaisse au crédit qui égalise les deux totaux, et on ferme
par des traits les écritures de la caisse ; on porte à nouveau
au débit cette balance, ou cet encaisse, et on continue comme
précédemment. Exemple :

Doit.   *Modèle* Nº 5. — CAISSE.   *Avoir*.

1853. Sept.				1853. Sept.			
1	Reçu de Durand......	3000	»	1	Payé mon billet échu ce jour, ordre Le-moine............	1500	»
2	Reçu de Pierre pour ma facture de ce jour..	450	»				
»	Reçu de Jean pour son billet 1er courant...	300	»	2	Payé pour les imposi-tions............	200	»
				»	Payé à David sa facture 30 courant........	1160	»
		3750	»	3	Reste en caisse......	890	»
Id. 3	A nouveau..........	890	»			3750	»

DU CARNET D'ÉCHÉANCE.

Le carnet d'échéance n'est autre chose qu'une espèce d'agenda sur lequel on inscrit à chaque mois tous les effets qu'on a à payer dans le courant du mois, en indiquant le jour de l'échéance. A mesure qu'on acquitte ces effets on passe un trait dessus, ou bien, pour plus de propreté, on a une colonne pour indiquer la personne à laquelle on a payé.

La tenue de ce livre est tellement simple, qu'elle nous dispense d'en donner un modèle.

Modèle N° 6. — Li

NUMÉROS d'ordre.	DATES des ENTRÉES.		CÉDANTS.	VILLES.	NATURE des EFFETS.	DATES des EFFETS.		ORDRE
1	1853. Janvier...	1	Paul.	Bordeaux.	Billet.	1852. Décembre.	15	Gontran.
2	Id. ..	3	Louis.	Toulouse.	Traite.	1853. Janvier...	1	Louis.
3	Id. ..	3	Moi-même.	Paris.	Mandat.	Id. ..	5	Moi-mêm

Dans le premier exemple nous supposons que, le 1er janvier 1853, Paul, de Bordeaux, nous a remis un billet de Guillaume, de Narbonne, daté du 15 décembre 1852, à l'ordre de Gontrand, payable au 15 février 1853, de fr. 1,500, et que le 10 janvier nous l'avons remis ou négocié à Durand.

Dans le second exemple, nous supposons que, le 3 janvier, Louis, de Toulouse, nous a remis une traite datée du 1er janvier, qu'il a fournie à son ordre sur Colin, de Paris, payable à vue, de fr. 1,200, et que nous l'avons encaissée le 15 janvier.

Enfin, dans le troisième exemple, nous supposons que, le

DU LIVRE DES EFFETS A RECEVOIR.

Le livre des effets à recevoir est un registre sur lequel on inscrit par numéro d'ordre tous les effets que l'on reçoit et tous les mandats ou traites que l'on fournit. D'après le modèle ci-dessous, on voit en tête de chaque colonne ce qui doit être inscrit dans chacune. A l'extrème droite se trouvent des colonnes pour indiquer la sortie des effets avec la date et les noms des personnes à qui ils ont été négociés ou bien s'ils ont été encaissés par soi-même. Ce livre, regulièrement tenu, sert à faire la vérification du portefeuille qui doit contenir tous les effets non sortis.

EFFETS A RECEVOIR.

Souscripteurs ou payeurs des effets.	VILLES.	ÉCHÉANCES		MONTANT des EFFETS.		SORTIE.		
						DATES.		REMIS A
		1853.				1853.		
Guillaume.	Narbonne.	Février.	15	1500	»	Janvier.	10	A. Durand.
Colin.	Paris.	A vue..	»	1200	»	Id.	15	Encaissé.
David.	Angoulême.	Mars...	15	500	»			

5 janvier, nous ayons fourni un mandat à notre ordre sur David, d'Angoulême, au 15 mars, et que cet effet est encore en portefeuille.

DU LIVRE D'ENTRÉE ET DE SORTIE DES MARCHANDISES.

Dans les maisons de commerce bien tenues, on a un livre d'entrée et de sortie des marchandises qu'on nomme aussi livre de numéros.

On inscrit sur ce livre chaque pièce de marchandise qui entre dans la maison, on lui donne un numéro d'ordre qu'on a

29.

soin de mentionner sur la facture chaque fois qu'on vend la pièce ou une partie de cette pièce. Des colonnes sont réservées à droite pour inscrire la sortie des pièces, ainsi qu'on le voit par le modèle ci-dessous.

Au moyen de ce livre régulièrement tenu, il est facile, en faisant la défalcation des marchandises sorties de celles entrées, de savoir quelles sont les marchandises qui doivent exister en magasin.

Lorsqu'une pièce est entièrement vendue, on a soin de faire une marque quelconque pour indiquer que ce numéro n'est plus en magasin.

Modèle N° 7. — LIVRE D'ENTRÉE ET DE SORTIE DES MARCHANDISES.

ENTRÉE.   SORTIE.

NUMÉROS d'ordre.	DATES.	FACTURES de MESSIEURS		NATURE des MARCHANDISES.	QUANTITÉ.	PRIX.		DATES.		VENDU A	QUANTITÉ.	OBSERVATIONS.
	1853.							1853.				
1	Janv.	1	Brunet.	Draps.	20ᵐ	»	14 50	Janv.	4	Paul.	20ᵐ	
2	»	»	Id.	Id.	18	50	14 »	»	6	Louis.	10	
3	»	15	David.	Flanelle.	30	»	3 25	»	20	Bertrand	20	Louis, 10ᵐ
4	»	»	Id.	Id.	25	»	3 5					

DES COMPTES-COURANTS.

Le compte-courant est un compte dont les sommes qui y figurent rapportent un intérêt à 3, 4, 5 ou 6 p. 100, suivant les conventions.

Ces comptes sont tenus au grand livre de la même manière que les autres.

Quelquefois l'intérêt du débit est à un taux différent de celui du crédit. Cela arrive assez fréquemment chez les banquiers où l'intérêt du débit d'un correspondant peut être calculé, par exemple, à 5 p. 100, et celui du crédit à 3 p. 100 seulement.

Lorsqu'on veut établir un compte-courant d'intérêts, on fait d'abord le relevé de ce compte tel qu'il est au grand livre. On porte dans des colonnes à ce destinées les époques fixant les les valeurs, c'est-à-dire les mois et jour à dater desquels l'intérêt doit être calculé. Ainsi, par exemple, on aura une facture du 1er janvier, payable à 90 jours; on la portera au compte-courant, valeur à 90 jours, et on mettra dans la colonne des dates des valeurs : 1er avril, parce que l'intérêt du montant de cette facture doit être calculé de cette dernière époque, à laquelle elle sera devenue exigible, jusqu'au jour où on est convenu d'arrêter le compte-courant.

Dans une autre colonne, on met le nombre de jours qu'il y a entre l'époque de la valeur et celle où on arrête le compte. Dans l'exemple que nous venons de citer, si on voulait arrêter le compte-courant au 31 juillet, on dirait : du 1er avril au 31 juillet il y a 121 jours, on porterait donc 121 dans la colonne des nombres de jours. On fait ensuite le calcul de ce que produit la somme donnée par le nombre de jours et on porte ce produit dans la colonne à ce destinée.

Lorsqu'on a ainsi procédé à chaque article, tant au débit qu'au crédit, on fait les additions des intérêts de chaque côté, et la différence qui existe entre elles forme ce qu'on nomme la balance des intérêts.

Si les intérêts du crédit l'emportent sur ceux du débit, la balance est en faveur de la personne au nom de laquelle le compte est ouvert; si, au contraire, ceux du débit sont plus forts que ceux du crédit, la balance est en votre faveur.

Nous donnons ici deux modèles de compte-courant, le premier fait d'après les principes que nous venons d'expliquer, le second d'après une méthode plus briève et qui est la plus usitée; elle consiste, au lieu de faire le calcul complet des intérêts à chaque article, à ne porter que les nombres produits par la multiplication du nombre de jours par la somme, et de ne faire à la fin le calcul des intérêts que sur la balance de ces nombres.

Enfin, il y a une méthode, qui est la plus nouvelle et la plus suivie aujourd'hui par les maisons de banque, au moyen de laquelle on dresse à l'avance les intérêts d'un compte-courant sans connaître l'époque de sa clôture ni le taux de l'intérêt. Par là on peut préparer tous ses comptes et les arrêter et envoyer spontanément, ce qui est impossible en suivant les anciennes méthodes.

Nous ne parlerons pas ici des calculs à faire pour trouver les intérêts et établir un compte-courant, parce que cela est purement et simplement de l'arithmétique. Nous publierons prochainement un ouvrage spécial de comptabilité commerciale, où toutes les démonstrations nécessaires trouveront naturellement leur place.

Pour établir un compte-courant d'intérêt, il faut avoir du papier préparé exprès : ce papier doit être tracé de manière à avoir de chaque côté, en regard, c'est-à-dire du côté du débit et du côté du crédit, huit colonnes.

Les deux premières servent à mettre les dates auxquelles les opérations ont été faites;

La troisième est destinée aux sommes formant l'importance des opérations;

La quatrième est pour le libellé des opérations et les échéances qui ne sont pas celles de la valeur;

Les cinquième et sixième pour les époques des valeurs ou échéances à partir desquelles courent les nombres de jours d'intérêts;

La septième pour ces nombres de jours;

La huitième pour le montant des intérêts (voir modèle n° 8), ou pour les nombres résultant de la multiplication des jours avec les sommes (voir modèle n° 9).

Le titre ou l'en-tête du compte doit désigner les noms des deux contractants, le taux de l'intérêt auquel le compte est fait, et enfin l'époque où il est arrêté.

Pour obtenir le nombre de jours à chaque article, on compte la quantité de jours qui se trouvent entre la date de la valeur ou échéance et celle fixée pour l'arrêté du compte en négligeant un jour. Ainsi, par exemple : du 15 juillet au 22 août, il y a trente-huit jours; en effet, du 15 au 31 juillet, on en compte seize qui, avec les vingt-deux jours du mois d'août, font bien trente-huit jours. On voit par ce calcul que le jour du 15 juillet n'a pas été compté; car, s'il l'avait été, on aurait dix-sept jours en juillet au lieu de seize.

Il n'en est pas de même pour les bordereaux d'escompte des banquiers, dans lesquels le jour de départ et celui de l'échéance comptent pour l'intérêt. C'est un usage généralement adopté comme compensation à l'avance de fonds que fait l'escompteur.

Les comptes-courants doivent être inscrits exactement avec toutes leurs dispositions sur un livre spécial nommé livre des comptes courants d'intérêts.

Il est d'usage dans le commerce que les comptes courants soient réglés à des époques fixes, et que celui des deux contractants qui se trouve débiteur s'acquitte alors de ce qu'il doit. S'il ne le fait pas, son solde est porté à nouveau compte, et produit des intérêts à partir de chaque règlement, lors même qu'il y aurait plusieurs règlements par année.

Les intérêts se trouvent ainsi capitalisés et produisent de nouveaux intérêts.

Ces principes ont été adoptés par la jurisprudence, parce qu'on regarde le solde de chaque compte courant comme un prêt nouveau, une avance nouvelle.

En effet, il est juste que, par exemple, un négociant qui a promis à son banquier de solder son compte-courant tous les trois mois et qui ne tient pas sa promesse, l'indemnise en lui tenant compte des intérêts que produira le solde porté à nouveau.

Le taux pour l'intérêt, d'après la loi du 3 septembre 1807, ne peut excéder 5 pour 100 en matière civile, et 6 pour 100 en matière commerciale.

Modèle

DOIT. Monsieur BERTRAND, en ville, son compte courant et d'intérêts

DATES.		SOMMES.		LIBELLÉ.	DATE des VALEURS.		NOMBRE DE JOURS.	INTÉRÊTS.	
1853 Janvier....	5	500	»	Ma facture de ce jour					
» Février....	15			payable à 3 mois......	Avril......	5	209	17	40
» Mars......	20	2000	»	Ma remise espèces	Février....	15	258	86	»
» Avril......	25	1500	»	Ma facture payable à 4					
» Octobre...	31			mois................	Juillet......	20	103	25	75
		600	»	Ma remise au 31 mai	Mai.......	31	153	15	30
		59	30	Intérêts en ma faveur à ce					
				jour................					
		4659	30					144	45
» Octobre...	31	1884	30	Débiteur à nouveau.					

Modèle

(Même compte fait selon une autre méthode qui consiste à

DOIT.   deux chiffres et ne faisant le calcul

DATES.		SOMMES.		LIBELLÉ.	DATE des VALEURS.		NOMBRE DE JOURS.	INTÉRÊTS.
1853 Janvier....	5	500	»	Ma facture de ce jour				
				payable à 3 mois......	Avril......	5	209	1045
» Février ...	15	2000	»	Ma remise espèces	Février....	15	258	5160
» Mars......	20	1500	»	Ma facture payable à 4				
				mois	Juillet......	20	103	1545
» Avril	25	600	»	Ma remise au 31 mai	Mai.......	31	153	918
		59	30	Produit des nombres à				
				6 p. 100............				
		4659	30					8668
» Octobre...	31	1884	30	Débiteur à nouveau				

Certifié le présent compte balançant en ma faveur

Paris, le 31 octobre 1853.

n° 8.

à 6 p. 100 l'an, chez M.   , arrêté au 31 octobre 1853.   AVOIR.

DATES.			SOMMES.		LIBELLÉ.	DATE des VALEURS.		NOMBRE DE JOURS.	INTÉRÊTS.	
1853 Février....	10	1000	»		Sa remise espèces.......	Février....	10	263	43	80
» Mars......	15	500	»		Sa remise au 31 courant.	Mars......	31	214	17	85
» Avril	25	1275	»		Sa facture, valeur de ce jour.................	Avril......	25	189	23	50
			»		Balance des intérêts.....				59	30
» Octobre ...	31	1884	30		Solde débiteur à nouveau.					
		4659	30						144	45

n° 9.

...multiplier la somme par le nombre de jours en retranchant
...les intérêts que sur la balance).   AVOIR.

DATES.			SOMMES.		LIBELLÉ.	DATE des VALEURS.		NOMBRE DE JOURS.	INTÉRÊTS.
1853 Février ...	10	1000	»		Sa remise espèces.......	Février....	10	263	2630
» Mars.......	15	500	»		Sa remise au 30 courant.	Mars......	31	214	1070
» Avril	25	1275	»		Sa facture, valeur de ce jour.................	Avril......	25	189	1409
					Balance des nombres....				3559
		1884	30		Solde débiteur à nouveau.				
		46594	30						8668

Sauf erreurs ou omissions.

...ar mille huit cent quatre-vingt-quatre francs trente centimes.

Signé :

On voit figurer assez souvent dans la colonne des intérêts des comptes courants des nombres rouges.

En voici l'explication.

Lorsque l'époque de la valeur d'une somme portée au compte courant dépasse celle fixée pour l'arrêté de ce compte, on met les nombres d'intérêts qui ont rapport à cette somme à l'encre rouge, parce que ces intérêts sont acquis alors en sens contraire. Supposons, par exemple, un compte courant arrêté au 30 juin, et qu'à ce compte il figure une facture de fr. 500 » à la date du 31 mai ; que cette facture soit faite valeur à trois mois, elle ne sera échue ou exigible que le 31 août suivant ; les intérêts du compte-courant étant arrêtés au 30 juin, nous devons porter au crédit de ce compte les intérêts du 30 juin au 31 août, jour de l'échéance de la facture ; mais comme cette facture figure au débit, nous mettons ces intérêts au débit à l'encre rouge, pour ne pas les confondre avec les autres intérêts échus et nous ne les comprenons pas dans l'addition qui en est faite. Comme les intérêts représentés par ces nombres rouges devaient figurer du côté opposé, c'est-à-dire au crédit, nous les y portons à l'encre noire et les comprenons dans l'addition. De cette manière, la transposition des chiffres rouges met les intérêts dans leur véritable situation en faisant passer du côté où ils doivent exister réellement les intérêts figurant à l'encre rouge du côté opposé.

FORMULES

Modèle N° 10.

ACTE DE SOCIÉTÉ EN NOM COLLECTIF.

Entre les soussignés :

1° M. Jean D......., négociant, demeurant à ...., rue ......, n°...;

2° M. Louis H......., négociant, demeurant à ...., rue ......, n°...;

A été dit et convenu de ce qui suit :

Art. 1er. — Il est formé par ces présentes, entre les soussignés, une Société, en nom collectif, ayant pour but le commerce des soieries en gros.

La durée de la Société est fixée à ..... années consécutives qui ont commencé (ou commenceront) à courir le (jour, mois et an) et finiront le .....

Le siége de la Société est établi à ...., rue....., n° ...

La raison et la signature sociales seront

Jean D..., Louis B... et Ce.

Art. 2. — Le capital social est fixé à la somme de .... fr. et sera fourni par chacun des associés, comme suit :

Par M. J. D. (telle somme).	»»	fr.
Par M. L. B. *Id.*	»»	
Par M. A. J. *Id.*	»»	
Ensemble. . .	»»	fr.

Ce capital produira des intérêts à chacun des associés à raison de ... p. 100 par an, payables (en fixer les époques).

Chaque associé pourra avoir un compte courant libre dans la maison ; ce compte ne pourra dépasser la somme de ... fr. sans le consentement de ses co-associés.

Les sommes versées à ce compte courant ne pourront être

retirées que par fraction de .... francs, en prévenant ... mois à l'avance.

Ce compte courant libre produira intérêts à ... p. 100 l'an, payables aux

Art. 3. — La Société sera administrée conjointement et solidairement par les trois associés.

Chacun d'eux aura la signature sociale, dont il ne pourra faire usage que dans l'intérêt et pour les affaires de la Société, à peine de nullité et de tous dommages-intérêts.

Chacun des soussignés doit donner tout son temps et tous ses soins aux affaires de la Société. Il ne pourra s'intéresser, soit directement, soit indirectement, dans aucune autre opération commerciale, sans une autorisation par écrit de ses co-associés, à peine aussi de tous dommages-intérêts.

Les livres de la Société seront tenus en partie double au siége social et devront, autant que possible, être constamment à jour.

Art. 4. — Les frais généraux de la Société comprendront :

1° Les loyers des lieux occupés par l'établissement commercial ;

2° Les prélèvements des associés indiqués ci-après ;

3° Les appointements des employés, les gages des garçons de magasin, et leur nourriture s'il y a lieu ;

4° Les chauffage et éclairage relatifs au commerce, les frais de bureau, les assurances, la correspondance, les impôts, les voyages, l'entretien du mobilier industriel, en un mot tous les frais nécessités par l'exploitation de l'industrie.

Chaque associé aura droit aux prélèvements ci-après, savoir :

1° Prélèvement d'une somme de ... francs par mois, soit francs par an ;

2° Prélèvement des intérêts de son compte capital, comme il est dit ci-dessus ;

3° Prélèvement des intérêts de son compte-courant libre, s'il en existe, aussi comme il a été déjà dit.

Chaque année, le ......, il sera fait, au siége social, un inventaire de tous les objets composant l'actif et le passif de la Société. Cet inventaire sera transcrit sur un livre spécial, signé par tous les associés qui devront en retirer chacun un double.

Les bénéfices et les pertes résultant de cet inventaire seront partagés entre les associés, pendant toute la durée de la Société, de la manière suivante :

(Indiquer ici la part de chacun.)

ART. 5. — La Société sera ou pourra être dissoute dans un des cas suivants :

1° Par la volonté unanime des associés ;

2° Par l'expiration du terme fixé pour sa durée ;

3° En cas de perte de ..... du capital social ;

4° Par la mort (d'un ou deux) des associés ;

5° Enfin dans l'un des cas prévus à l'article 3 concernant l'abus de la signature sociale, ou l'intérêt dans une autre opération commerciale sans autorisation.

Dans les trois premiers cas ci-dessus, la liquidation sera faite par tous les associés sans aucune forme ni délai de justice.

(Indiquer comment se fera la liquidation dans les autres cas de dissolution. — Indiquer aussi les conditions pour l'estimation, la vente et le paiement du fonds de commerce.)

ART. 6. — (Prévoir les cas de mort d'un ou de plusieurs des associés, régler les droits des décédés ou de leurs héritiers, et indiquer le mode de liquidation.)

ART. 7. — En cas de difficultés entre les associés pendant la durée de la Société, elles seront jugées par des arbitres-juges conformément à la loi.

Les présentes seront revêtues des formalités légales dans les délais de la loi.

Fait en autant d'exemplaires que de parties contractantes, à ....., le .....

Approuvé l'écriture,

Signé :

Modèle N° 11.

EXTRAIT

D'ACTE DE SOCIÉTÉ EN NOM COLLECTIF.

Par un acte sous signatures privées, passé à ....., le ....., enregistré à ....., le ....., par ....., folio ... case ..., qui a reçu cinq francs cinquante centimes.

M. Jean D..., négociant, demeurant à ....., rue ....., n° ...

M. Louis B..., négociant, demeurant à ....., rue ....., n° ...

Et M. Adolphe J....., négociant, demeurant à ....., rue ..... n° ...

Ont formé entre eux une Société en nom collectif ayant pour but le commerce des soieries en gros.

La durée de la Société est fixée à ..... années consécutives, lesquelles ont commencé (ou commenceront à courir) le ..... et finiront le .....

Le siége de la Société est établi à ....., rue ....., n° ...

La raison et la signature sociales seront :

Jean D., Louis B. et Ce.

La Société sera administrée conjointement et solidairement par les trois associés. Chacun d'eux aura la signature sociale, dont il ne pourra faire usage que dans l'intérêt et pour les affaires de la Société, à peine de nullité même à l'égard des tiers.

Pour faire les dépôt et publications voulus par la loi, tous pouvoirs sont donnés au porteur du présent extrait.

Nota. « Cet extrait doit être signé par tous les associés, et « enregistré. Il doit en être fait deux exemplaires, l'un qui « reste déposé au greffe du Tribunal de Commerce, l'autre « entre les mains de la personne chargée de faire le dépôt et « les publications dans les journaux. Trois journaux sont dé- « signés à Paris pour les publications légales, ce sont : *le* « *Droit, la Gazette des Tribunaux* et *les Petites Affiches.* »

Modèle N° 12.

ACTE DE SOCIÉTÉ EN NOM COLLECTIF
ET EN COMMANDITE.

Entre les soussignés :

1° M. Julien S..., négociant, demeurant à ....., rue ....,
n° ... ;

2° M. Benoît M..., négociant, demeurant à ....., rue ....,
n° ... ;

3° Et M. Raimond T..., propriétaire, demeurant à .....,
rue ....., n° ... ;

A été dit et convenu ce qui suit :

ART. 1er. — Il est formé par ces présentes, entre les soussignés, une Société en nom collectif à l'égard de messieurs
Julien S. et Benoît M., et en commandite à l'égard de M. Raimond T., simple bailleur de fonds.

La Société aura pour but l'exploitation du fonds de commerce
de draperie en gros, fondé par M. Julien S.

La durée de la Société est fixée à cinq années consécutives,
lesquelles commenceront à courir le ..... et finiront le .....

Le siége de la Société sera à ....., rue ....., n° ...

La raison et la signature sociale seront :

Julien S. , Benoît M. et Cᵉ.

ART. 2. — Le capital social est fixé à la somme de ......
francs, qui sera fournie par les trois soussignés comme suit,
savoir :

M. Julien S. apporte et met en société son fonds de commerce, ensemble, les marchandises, l'achalandage, enfin tout
ce qui le constitue, le tout évalué d'un commun accord à la
somme de. . . . . »» fr.

M. Benoît M. versera dans la caisse de la
Société (de suite ou indiquer les époques) la
somme de. . . . . »»

M. Raimond T. versera également, à titre de
commandite, la somme de . . . . »»

Ensemble. . .   »» fr.

(Le reste comme au même article de l'acte de Société en nom collectif.)

ART. 3. — La Société sera administrée par MM. Julien S. et Benoît M., associés gérants responsables, qui seront tenus de donner tout leur temps et leurs soins aux affaires de la Société.

(Le reste comme à l'art. 3 de l'acte en nom collectif.)

ART. 4, 5, 6. — (Comme dans l'acte précédent, sauf, bien entendu, que le commanditaire ne peut être liquidateur.)

ART. 7. — (Prévoir le cas de mort du commanditaire et dire s'il entraînerait la dissolution de la Société, ou bien si ses héritiers seraient tenus de la continuer jusqu'au terme fixé pour sa durée.)

ART. 8. — (Comme l'art. 7 du précédent acte.)

Modèle N° 13.

EXTRAIT D'ACTE DE SOCIÉTÉ

EN NOM COLLECTIF ET EN COMMANDITE.

Par un acte sous signatures privées passé à ....., le....., enregistré à ..... par ....., folio... case..., qui a reçu cinq francs cinquante centimes ;

M. Julien S., négociant, demeurant à ....., rue ....., n° ... ;

M. Benoît M., négociant, demeurant à ....., rue ....., n° ... ;

Et un commanditaire désigné audit acte ;

Ont formé une société en nom collectif et en commandite ayant pour but le commerce de draperie en gros.

La durée de la Société est fixée à ..... années consécutives, qui ont commencé à courir le ..... et finiront le .....

Le siége de la Société est établi à ....., rue ....., n° ...

La raison et la signature sociale seront :

         Julien S., Benoît M. et Ce.

La commandite est fixée à la somme de ..... francs.

La Société sera administrée par MM. Julien S. et Benoît M., associés en nom collectif et gérants responsables. Ils auront tous les deux la signature sociale dont ils ne pourront faire usage que dans l'intérêt et pour les affaires de la Société, à peine de nullité même à l'égard des tiers.

Pour faire les dépôt et publications, etc. (comme à l'extrait précédent).

Modèle N° 14.

ACTE DE SOCIÉTÉ ANONYME.

Pardevant Me B. et son collègue, notaires à ....., ont comparu :

M. Alexis B., négociant, demeurant à ..., rue ..., n° ..;
M. Jean L., propriétaire, demeurant à ..., rue ..., n° ..;
M. Jacques D., banquier, demeurant à ..., rue ..., n° ..;
Agissant tous les trois comme fondateurs de la Société Anonyme, dont il va être ci-après parlé, ont arrêté, ainsi qu'il suit, sauf l'approbation du gouvernement, les statuts de ladite Société.

TITRE Ier.

Objet, dénomination et durée de la Société.

ART. 1er. Il est formé, entre les souscripteurs, propriétaires de toutes les actions créées ci-après, une Société Anonyme ayant pour objet l'exploitation du Chemin de fer de B. à M.

Cette Société prendra le titre de : *Compagnie générale du Chemin de Fer de B. à M.*

ART. 2. — Le siége de la Société est établi à Paris, rue ....., n° ...

ART. 3. — La durée de la Société est fixée à ..... années consécutives, qui commenceront à courir de la date du décret qui l'aura autorisée.

Titre II.

De la Concession.

Art. 4 — Les comparants, en leur qualité de concessionnaires, font apport à la Société, sans aucune restriction ni réserve, de tous les droits que leur confèrent les lois, conventions, décrets et cahier des charges relatifs à l'exploitation du Chemin de Fer de B. à M., dont ils se sont rendus adjudicataires, à la charge par elle de satisfaire à toutes les clauses, conditions et obligations qui en résultent.

Le compte des frais relatifs à l'entreprise, jusqu'à la promulgation du décret approbatif des présents statuts, sera réglé par l'assemblée générale qui en autorisera le remboursement à qui de droit.

Titre III.

Fonds social, Actions, Versements.

Art. 5. — Le fonds social est fixé à ..... millions de francs. Il est divisé en ..... actions de ..... francs chacune.

Art. 6. — En souscrivant, les actionnaires contractent l'obligation de verser (indiquer ici la quotité du versement à faire de suite).

Art. 7. — Après l'approbation des statuts, et le versement indiqué ci-dessus, il sera remis aux ayant-droit des titres définitifs.

Art. 8. — (Indiquer si les titres seront *nominatifs* ou *au porteur*, ou bien si ce sera au choix du souscripteur.)

Art. 9.—Les actionnaires ne seront responsables des engagements de la compagnie que jusqu'à concurrence du montant de leurs actions.

Art. 10. — A défaut de versement aux époques déterminées, l'intérêt sera dû, pour chaque jour de retard, à raison de 5 p. 100 par an, et la Société pourra faire vendre les actions en retard.

Titre IV.

De l'administration de la Société.

Art. 11. — La Société est administrée par un conseil de
..... membres.

Les fonctions d'administrateur sont gratuites, mais les administrateurs recevront des jetons de présence dont la valeur
sera fixée par l'assemblée générale.

Art. 12. — Tout administrateur doit être propriétaire de
..... actions, au moins, lesquelles étant inaliénables, seront
déposées dans la caisse de la Société.

Art. 13. — Les administrateurs sont nommés par l'Assemblée générale des actionnaires. (Indiquer la durée de leurs
fonctions.)

Art. 14. — (Indiquer comment se renouvellera le conseil d'administration, et les conditions de l'élection et de la
réélection.)

Art. 15. — (De la nomination du président, de ses fonctions, de sa réélection et de son remplacement en cas d'absence.)

Art. 16. — (Du remplacement des administrateurs et des
autres conditions relatives à l'administration.)

Titre V.

De la Direction.

Art. 17. — Le directeur est nommé par le conseil d'administration. Il peut être révoqué par ce conseil ou par une
décision de l'assemblée générale des actionnaires prise à la
majorité de ..... (Indiquer quelle majorité.)

Il doit être propriétaire de ..... actions, au moins, lesquelles sont inaliénables et restent déposées dans la caisse
de la Société, comme garantie de sa gestion pendant toute la
durée de ses fonctions.

Art. 18. — Le directeur assiste au conseil d'administration, y a voix consultative et est chargé de l'exécution de ses délibérations.

Art. 19. — Il dirige les travaux, la comptabilité, etc.

Titre VI.

De l'Assemblée générale des actionnaires.

Art. 20. — L'assemblée générale, légalement constituée, représente l'universalité des actionnaires.

Art. 21. — Elle se compose de tous les porteurs de ..... actions.

Art. 22. — L'assemblée générale est convoquée par délibération du conseil d'administration.

(Dans les articles suivants, indiquer comment se fera la nomination du président, du secrétaire et des membres du bureau chargés de présider et de diriger l'assemblée.

Des objets et matières sur lesquelles l'assemblée aura à délibérer.

A quelles conditions les déliberations de l'assemblée seront valables.

Du mode de scrutin, etc.)

Titre VII.

Des comptes annuels et des répartitions des bénéfices.

Art. .... — Chaque année la situation de la compagnie sera arrêtée au .....

Le conseil d'administration, d'après cette situation, décide s'il y a lieu à une répartition de bénéfices et en fixe l'importance.

(Dans les articles suivants, parler du fonds de réserve, qui doit être pris sur les bénéfices; des cas de pertes et des autres conditions relatives aux comptes et répartitions.)

TITRE VIII.

Dissolution et Liquidation.

La dissolution de la Société aura lieu de plein droit :

1° Si les pertes excèdent la moitié du capital social ;

2° Si elle est demandée par un nombre d'actionnaires représentant, au moins, les trois quarts des actions.

Le conseil d'administration est tenu de convoquer immédiatement l'assemblée générale, qui nomme les liquidateurs.

(Indiquer, autant que possible, comment devra se faire cette liquidation.)

TITRE IX.

Contestations.

Toutes contestations au sujet des présentes entre les actionnaires de la Société seront jugées par des arbitres, conformément aux articles 51 et suivants du Code de commerce.

(Parler ici de l'élection de domicile.)

TITRE X.

Dispositions diverses.

(Indiquer les personnes auxquelles pouvoirs sont donnés pour faire les publications et le dépôt de l'acte, ainsi que pour obtenir l'approbation du gouvernement.)

Suit le décret autorisant les présents statuts.

Nota. Les actes des sociétés anonymes, ainsi que le décret qui les autorise, doivent être publiés en entier et non par extrait.

Les conditions et engagements mentionnés dans un acte de Société faisant la loi des parties, loi à laquelle elles doivent se soumettre ; il est prudent, avant de s'engager, dans une Société anonyme, surtout, de bien prendre connaissance de ses statuts. Les conditions, variant à l'infini et selon l'objet et le but de la Société, nous avons dû nous borner à indiquer seulement les principales clauses que doivent contenir les Actes de Société, et la marche à suivre, pour ne pas oublier ou négliger ce qu'il est essentiel qu'ils contiennent.

Modèle N° 15.

ACTE DE DISSOLUTION DE SOCIÉTÉ.

Entre les soussignés :

1° M. B., négociant, demeurant à ....., rue ....., n° ..;
2° M. A., négociant, demeurant à ....., rue ....., n° ..;
3° Et M. L.. négociant, demeurant à...., rue ....., n° ..;

A été dit et convenu ce qui suit :

La Société en nom collectif, qui avait été formée entre les soussignés, suivant acte sous seing privé passé à ....., le ....., enregistré à ....., le ....., sous la raison sociale B., A. et Cie, ayant pour but le commerce de soieries et de nouveautés, dont la durée était fixée à ..... années, qui devaient finir le ....., et dont le siége était établi à ....., rue ....., n° ...

Est et demeure dissoute à partir de ce jour (ou du .....).

La liquidation sera faite au siége social, à ....., rue ....., n° ..., par les soins de M. B., investi à cet effet de tous les pouvoirs nécessaires.

Fait triple à ....., le .....

(Tous les associés doivent signer.)

(Un extrait de cet acte doit être fait en deux exemplaires, et les mêmes formalités doivent être remplies que pour l'acte de formation de Société.)

Modèle N° 16.

BILLET A ORDRE.

Paris, le 1ᵉʳ octobre 1853.   *B. P. F.* 500.

Au quinze novembre prochain, je paierai à l'ordre de M. Louis B., la somme de *cinq cents francs*, valeur reçue... (Indiquer la valeur reçue, soit *comptant*, ou *en marchandises*, ou *en compte.*)

Signé : JEAN P.

Rue ....., n° ...

(*Nota*. Si le souscripteur n'a pas écrit de sa main le corps du billet, il doit mettre : *Bon pour* .... telle somme, avant de signer. Il en est de même pour les tireurs de mandats, traites ou lettres de change.)

Modèle N° 17.

MANDAT SANS FRAIS.

Paris, le 10 mars 1853.   *B. P. F.* 300

Au vingt courant, veuillez payer contre ce mandat, à l'ordre de M. Gérard, la somme de *Trois cents Francs*, valeur en compte, et que passerez suivant mon avis.

A Monsieur   Signé : LOUIS A.
Bertrand, rue .....
    A Rouen.   Sans frais.

Modèle N° 18.

TRAITE OU LETTRE DE CHANGE.

Paris, le 1er juin 1853.   *B. P. F.* 1,000

Au trente et un août prochain, veuillez payer, par cette première de change, à mon ordre (ou à l'ordre de M. .....), la somme de *mille francs*, valeur reçue (indiquer la valeur reçue), et que passerez suivant l'avis de .....

  A Monsieur   Signé : GONTRAND.
 Nicolas Gérard, négociant,
  à Marseille.

La lettre de change est susceptible d'acceptation. Ainsi, tout porteur, avant l'échéance, peut la faire présenter à l'acceptation et la faire protester en cas de refus.

Si la lettre de change est faite par deuxième, troisième, etc., chaque copie doit être conforme à la première, sauf qu'elle doit mentionner si elle est la deuxième, la troisième, etc. (Voir, du reste, les explications données à ce sujet au chapitre de la lettre de change.)

Modèle n° 19.

RETRAITE A UNE LETTRE DE CHANGE IMPAYÉE.

Paris, le 10 novembre 1853.   *B. P. F.* 420

A présentation, veuillez payer, par cette seule de change, à l'ordre de M. Paul N., la somme de *quatre cent vingt francs*, valeur en une traite de vous sur Bertrand, de Paris, non acquittée, avec compte de retour, le tout joint à la présente, et que paierez sans autre avis de .....

  A Monsieur   Signé : AUGUSTE M.
 L. André, négociant,
  à Lyon.

Modèle N° 20.

COMPTE DE RETOUR.

Compte de retour dû par M. Charles A., négociant à Bordeaux, à M. Victor B., banquier, à Lille, à une traite tirée par M. ....., de ....., sur M. ....., banquier, à Lille, au 10 courant, impayée.

Principal de la lettre de change. . . . fr.	600	»
Trente jours d'intérêts.	3	»
Rechange suivant le cours de ce jour, 0/0. . .	5	»
Frais de protêt et dénonciation.	12	»

Total. . . . fr.   620 »

Signé : .....

Certifié véritable, à Paris, le .....
(Signature de l'agent de change.)

Nota. — Dans les villes où il n'y a pas d'agents de change le compte de retour doit être certifié par deux commerçants.

LOI

Relative au Timbre des Effets de Commerce et des Bordereaux de Commerce, promulguée le 14 juin 1850.

DES EFFETS DE COMMERCE

Art. 1er. — Le droit de timbre proportionnel sur les lettres de change, billets à ordre ou au porteur, mandats, retraites et tous autres effets négociables ou de commerce, est fixé ainsi qu'il suit :

A cinq centimes pour les effets de cent francs et au-dessous ;

A dix centimes pour ceux au-dessus de cent francs jusqu'à deux cents francs ;

A quinze centimes pour ceux au-dessus de deux cents francs jusqu'à trois cents francs.

A vingt centimes pour ceux au-dessus de trois cents francs jusqu'à quatre cents francs.

A vingt-cinq centimes pour ceux au-dessus de quatre cents francs jusqu'à cinq cents francs.

A cinquante centimes pour ceux au-dessus de cinq cents francs jusqu'à mille francs.

A un franc pour ceux au-dessus de mille francs jusqu'à deux mille francs.

A un franc cinquante centimes pour ceux au-dessus de deux mille francs jusqu'à trois mille francs.

A deux francs pour ceux au-dessus de trois mille francs jusqu'à quatre mille francs.

Et ainsi de suite, en suivant la même progression et sans fraction.

Art. 2. — Celui qui reçoit du souscripteur un effet non timbré conformément à l'article 1er est tenu de le faire viser pour timbre dans les quinze jours de sa date, ou avant l'échéance si cet effet a moins de quinze jours de date, et dans tous les cas avant toute négociation.

Ce visa pour timbre sera soumis à un droit de quinze centimes par cent francs ou fraction de cent francs, qui s'ajoutera au montant de l'effet nonobstant toute stipulation contraire.

Art. 3. — Les effets venant soit de l'étranger, soit des îles ou des colonies dans lesquelles le timbre n'aurait pas encore été établi, et payables en France, seront, avant qu'ils puissent y être négociés, acceptés ou acquittés, soumis au timbre ou au visa pour timbre, et le droit sera payé d'après la quotité fixée par l'article 1er.

Art. 4. — En cas de contravention aux articles précédents, le souscripteur, l'accepteur, le bénéficiaire ou premier endosseur de l'effet non timbré ou non visé pour timbre, seront passibles chacun d'une amende de six pour cent.

A l'égard des effets compris en l'article 3, outre l'application, s'il y a lieu, du paragraphe précédent, le premier des endosseurs résidant en France, et, à défaut d'endossement en France, le porteur sera passible de l'amende de six pour cent.

Si la contravention ne consiste que dans l'emploi d'un timbre inférieur à celui qui devait être employé, l'amende ne portera que sur la somme pour laquelle le droit de timbre n'aura pas été payé.

Art. 5. — Le porteur d'une lettre de change non timbrée ou non visée pour timbre, conformément aux articles 1, 2 et 3, n'aura d'action en cas de non-acceptation, que contre le tireur; en cas d'acceptation, il aura seulement action contre l'accepteur et contre le tireur, si ce dernier ne justifie pas qu'il y avait provision à l'échéance.

Le porteur de tout autre effet sujet au timbre et non timbré ou non visé pour timbre, conformément aux mêmes articles, n'aura d'action que contre le souscripteur.

Toutes stipulations contraires seront nulles.

ART. 6. — Les contrevenants seront soumis solidairement au paiement du droit de timbre et des amendes prononcées par l'article 4. Le porteur fera l'avance de ce droit et de ces amendes, sauf son recours contre ceux qui en seront passibles. Ce recours s'exercera devant la juridiction compétente pour connaître de l'action en remboursement de l'effet.

ART. 7. — Il est interdit à toutes personnes, à toutes sociétés, à tous établissements publics, d'encaisser ou de faire encaisser pour leur compte ou pour le compte d'autrui, même sans leur acquit, des effets de commerce non timbrés ou non visés pour timbre, sous peine d'une amende de six pour cent du montant des effets encaissés.

ART. 8. — Toute mention ou convention de retour sans frais, soit sur le titre, soit en dehors du titre, sera nulle, si elle est relative à des effets non timbrés ou non visés pour timbre.

ART. 9. — Les dispositions de la présente loi sont applicables aux lettres de change, billets à ordre ou autres effets souscrits en France et payables hors de France.

ART. 10. — L'exemption de timbre accordée, par l'art. 6 de la loi du 1er mai 1822, aux duplicata des lettres de change est maintenue. Toutefois, si la première, timbrée ou visée pour timbre, n'est pas jointe à celle mise en circulation et destinée à recevoir les endossements, le timbre ou visa pour timbre devra toujours être apposé sur cette dernière, sous les peines prescrites par la présente loi.

ART. 11. — Les dispositions des articles précédents ne seront applicables qu'aux effets souscrits à partir du 1er octobre 1850.

Disposition transitoire.

ART. 12. — Jusqu'au 1er octobre 1850, et vingt-quatre heures au moins avant l'échéance, le porteur de tout effet de commerce assujetti au timbre aura la faculté de le faire timbrer à l'extraordinaire ou viser pour timbre, sans amende.

Il ne sera dû que le droit fixé par la loi ancienne. L'avance de ce droit sera faite par le porteur, sauf son recours contre les divers obligés.

Toute contravention sera passible d'une amende de six pour cent contre le porteur, outre les amendes prononcées par les lois anciennes contre le souscripteur, l'accepteur et le premier endosseur.

Les effets assujettis au timbre et échus antérieurement à la promulgation de la présente loi seront admis, jusqu'au 1er août inclusivement, au visa pour timbre sans amende, et au droit fixé par la loi ancienne.

DES BORDEREAUX DE COMMERCE.

ART. 13. — A compter du 1er juillet 1850, les bordereaux et arrêtés des agents de change ou courtiers ne pourront être rédigés, sous peine d'une amende de cinq cents francs contre l'agent de change ou le courtier contrevenant, que sur du papier au timbre de dimension ou timbré à l'extraordinaire conformément à l'article 6 de la loi du 11 juin 1842.

DISPOSITIONS GÉNÉRALES.

Lorsqu'un effet, certificat d'action, titre, livre, bordereau, police d'assurance, ou tout autre acte sujet au timbre et non enregistré, sera mentionné dans un acte public, judiciaire ou extra-judiciaire, et ne devra pas être représenté au receveur lors de l'enregistrement de cet acte, l'officier public ou officier ministériel sera tenu de déclarer expressément dans l'acte si le titre est revêtu du timbre prescrit, et d'énoncer le montant du droit du timbre payé.

En cas d'omission, les notaires, avoués, greffiers, huissiers et autres officiers publics seront passibles d'une amende de dix francs par chaque contravention.

Modèle N° 21.

BORDEREAU DE NÉGOCIATION.

Paris, le 10 janvier 1853.

Négocié à M. Richard les effets ci-après, à 6 p. 0/0 l'an et 3/4 de commission et change de place.

		fr.	c.		fr.	c.	
Lyon,	26 avril. . .	1,000	»	106 jours.	17	65	intérêts.
Id.	16 mai . . .	1,000	»	126	21	»	
Id.	26 *Id.* . . .	2,000	»	136	45	35	
Bordeaux,	11 juin. .	1,000	»	152	25	35	
		5,000	»		109	35	

Report. 5,000

A déduire :

Intérêts. . . . . 109 30 } 146 85
3/4 commission et change . 37 50 }

Net. 4,853 15

Modèle N° 22.

BILAN.

Bilan du sieur S., marchand de Nouveautés, à . . . ., rue . . .,
n° . . .;

ACTIF.

Marchandises en magasin. . . . . . fr. 20,000 »
Mobilier industriel. . . . . 5,000 »
Mobilier particulier. . . . . 1,000 »
Créances bonnes. . . . . 3,000 »
—— douteuses ou mauvaises. . . . 5,000 »
Espèces en caisse et effets en portefeuille. . 1,000 »

Total de l'actif. . . . 25,500 »

(Porter les immeubles s'il y en a.)

PASSIF.

Dû aux créanciers suivants :
(Créanciers hypothécaires, s'il y en a.)

Créanciers privilégiés.

M. Grand, propriétaire, pour loyer. . . fr. 500 »
Paul, mon commis, un mois. . . . . . 100 »
Annette, ma domestique. . . . . . . 50 »

Créanciers chirographaires.

(En faire le détail.) Ensemble. . . . . 75,000 »

Total du passif. . . . . 75,650 »

Certifié sincère, véritable et conforme à mes livres.

Paris, le .....

Signé : S.....

(*Nota*. Lorsque le bilan est fait par les syndics, il doit être certifié et signé par eux.)

Modèle Nº 23.

BORDEREAU POUR PRODUIRE A UNE FAILLITE OU PRODUCTION.

Bordereau des sommes réclamées par MM. J. David et Cᵒ, négociants à Paris, rue ....., nº ..., dans la faillite du sieur Louis Legrand, négociant, demeurant à .....

1853. Janvier	5.	Notre facture. . . . . . . fr.	510 »»
Id.	15.	Retour de son billet au 10 courant, avec protêt..	415 »»
Février	9.	Notre facture.	335 »»
		Ensemble. . . . . fr.	1,260 »»

Dont nous demandons l'admission au passif de la faillite du dit sieur Legrand.

Paris, le .....

Signé : J. DAVID et Cᵉ.

Pièces à l'appui :

1ᵒ Notre facture 5 janvier ;
2   Id.   9 février ;
3ᵒ Billet Legrand, au 10 janvier, protesté.

(On doit joindre les pièces à la production.)

Modèle N° 24.

CONCORDAT.

L'an mil huit cent cinquante-trois, le premier octobre, à dix heures du matin, les soussignés, créanciers chirographaires de la faillite du sieur B....., tous dénommés, qualifiés et domiciliés au procès-verbal des vérifications, réunissant la majorité en nombre, et représentant les trois quarts en somme de la dette vérifiée et affirmée, réunis dans la salle ordinaire des assemblées des créanciers au Tribunal de Commerce de ...., sous la présidence de M. ......, juge-commissaire de ladite faillite, assisté du greffier;

Après avoir entendu le rapport de M. le syndic sur l'état de la faillite, les opérations qui ont eu lieu, les formalités qui ont été remplies et les propositions du failli tendant à avoir un concordat;

Considérant qu'il résulte du rapport dressé par M. le syndic et des explications données par le failli, qu'on ne peut lui reprocher ni fraude, ni inconduite, et qu'il peut être, au contraire, considéré comme débiteur malheureux et de bonne foi, et déclaré excusable, que les propositions qu'il fait sont préférables à la formation d'un contrat d'union;

Ont discuté, arrêté et signé séance tenante, le traité suivant à titre de concordat.

Art. 1er. — MM. les créanciers font remise pure, simple et définitive au sieur B., qui l'accepte, de (tant pour cent) sur le montant de leurs créances, et de tous intérêts et frais.

Art. 2. — Les (tant pour cent) non remis seront payés par le sieur B. de la manière suivante :

(Indiquer les échéances et la quotité des dividendes.)

Art. 3. — (Indiquer la garantie s'il y en a.)

Indépendamment des dividendes ci-dessus promis, le sieur B. s'engage à payer les créances privilégiées, s'il en existe, et les frais occasionnés par la faillite.

Art. 4. — MM. les créanciers réservent tous leurs droits et

actions contre les autres obligés aux titres dont ils sont porteurs.

Art. 5. — Sous la foi de l'exécution des présentes, les créanciers font au sieur B. main-levée pure et simple de toutes oppositions, saisie-arrêt, et consentent la radiation des inscriptions hypothécaires qui auraient pu être prises par le syndic en exécution de l'art. 490 du Code de commerce, et autorisent ledit syndic à remettre au sieur B. ses livres, papiers, etc., en un mot, à le remettre à la tête de ses affaires.

Art. 6. — Faute par le sieur B. d'exécuter et accomplir fidèlement les conditions du présent Concordat, et après une mise en demeure restée un mois sans effets, il sera déchu des remises et délais qui lui sont accordés, et MM. les créanciers susnommés et soussignés rentreront dans la plénitude de leurs droits individuels pour les exercer ainsi qu'ils le jugeront convenable.

Les présentes seront soumises à l'homologation du Tribunal dans le délai de la loi.

Fait à ....., les jour, mois et an que dessus.

(Suivent les signatures.)

Modèle N° 25.

POUVOIR POUR POURSUIVRE UN DÉBITEUR ET REPRÉSENTER A UNE FAILLITE.

Je soussigné ...., (profession), demeurant à ...., rue ....., n° ...;

Créancier de M. ....., demeurant à ....., donne pouvoir à M. ....., demeurant à ....., de, pour moi et en mon nom, poursuivre le recouvrement de toutes les sommes qui me sont dues par ledit sieur ..... En conséquence, exercer toutes poursuites judiciaires, ordinaires et extraordinaires que ledit mandataire jugera convenable ; faire tous commandements ou sommations ; citer et comparaître tant en demandant qu'en défendant devant tous juges des tribunaux compétents ;

se concilier s'il est possible ; nommer tous arbitres ou amiables compositeurs, s'en rapporter à leur décision ou s'y opposer ; désigner tous agréés , avoués ou avocats ; obtenir tous jugements ou arrêts , les faire exécuter par toutes les voies et moyens de droit, même par corps ; s'en désister ; consentir tous arrangements amiables ou judiciaires ; faire toutes remises ; céder et transporter ma créance , recevoir toutes sommes, donner toutes quittances et décharges ;

En cas de faillite , requérir toutes oppositions , reconnaissance et levée de scellés ; procéder à tous inventaires et récolements ; faire en procédant tous dires, réquisitions et réserves ; demander la nomination de tous syndics définitifs, présenter toutes requêtes ; faire vérifier ma créance , en affirmer la sincérité comme je l'affirme par ce présent pouvoir ; vérifier, admettre ou rejeter tous titres présentés par les autres créanciers ; en constater la validité, se faire rendre compte de ladite faillite ; prendre part à toutes les délibérations ; consentir toutes remises, accorder termes et délais, traiter, transiger, composer ; à cet effet , signer tous actes , concordats ou arrangements particuliers ; s'y opposer, même par les voies extraordinaires ; poursuivre la résolution ou l'annulation du concordat ; former tous contrats d'union ; remettre ou retirer tous titres ou pièces, toucher tous dividendes, en donner quittance à valoir ou pour solde ; élire domicile, substituer tout ou partie des présentes, et généralement faire tout ce qu'il croira nécessaire, promettant l'avouer.

Fait à ....., le .....

Bon pour pouvoir.

Signé :

Nota. Le modèle de pouvoir ci-dessus est très-étendu, et peut servir tant pour les poursuites ordinaires à exercer contre les débiteurs , que pour représenter à une faillite. Mais nous devons faire observer qu'un pouvoir doit toujours contenir d'une manière spéciale le but dans lequel il a été donné. Ainsi, par exemple, un pouvoir qui ne dirait que ces mots , qui semblent cependant donner toute latitude et tout pouvoir au mandataire d'agir comme il voudrait : *Je donne pouvoir à*

M. ...... de me représenter à cette faillite et de faire en mon nom tout ce qu'il jugera convenable, ne pourrait servir.

Pour que le pouvoir soit valable, il faut aussi avoir soin de faire précéder sa signature des mots : *Bon pour pouvoir*, écrits de sa main.

Le pouvoir, avant d'être produit en justice, doit être enregistré (le coût est de 2 fr. 20 cent.,) et certifié par le mandataire.

FIN.

TABLE DES MATIÈRES

TITRE III

TITRE IV

TITRE V

Section deuxième.

Section troisième.

LIVRE II

CODE MARITIME

LIVRE III

TITRE Ier

CHAPITRE Ier

CHAPITRE II

CHAPITRE III

CHAPITRE IV

CHAPITRE V

Section première.

Section deuxième.

Section troisième.

Section quatrième.

Section cinquième.

CHAPITRE VI

Section première.

Section deuxième.

CHAPITRE PREMIER

CHAPITRE II

CHAPITRE III

CHAPITRE IV

TITRE III

LIVRE IV

TITRE PREMIER

TITRE II

TITRE III

TITRE IV.

FIN DE LA TABLE DES MATIÈRES.

PARIS. — IMPRIMERIE DE J. CLAYE ET Cᵉ, RUE SAINT-BENOÎT, 7.